U0329895

THE POWER OF MONEY

How Governments and Banks Create Money and Help Us All Prosper

[美] 保罗·谢尔德（Paul Sheard）◎著

孙树强◎译

中国出版集团

中 译 出 版 社

著作权合同登记号：图字 01-2024-4112 号

图书在版编目（CIP）数据

金钱的力量 / (美) 保罗・谢尔德 (Paul Sheard) 著 ; 孙树强译 . -- 北京 : 中译出版社 , 2025. 3.
ISBN 978-7-5001-8019-7
Ⅰ. F82
中国国家版本馆 CIP 数据核字第 2024F5C591 号

金钱的力量
JINQIAN DE LILIANG

著　　者：[美] 保罗・谢尔德（Paul Sheard）
译　　者：孙树强
策划编辑：于　宇　李梦琳
责任编辑：于　宇
文字编辑：李梦琳

出版发行：中译出版社
地　　址：北京市西城区新街口外大街 28 号 102 号楼 4 层
电　　话：（010）68002494（编辑部）
邮　　编：100088
电子邮箱：book@ctph.com.cn
网　　址：http://www.ctph.com.cn

印　　刷：固安华明印业有限公司
经　　销：新华书店
规　　格：710 mm × 1000 mm　1/16
印　　张：19.75
字　　数：213 千字
版　　次：2025 年 3 月第 1 版
印　　次：2025 年 3 月第 1 次印刷

ISBN 978-7-5001-8019-7　　定价：89.00 元

引 言

有钱能使鬼推磨。

——约翰 · 坎德（John Kander）和弗雷德 · 艾伯（Fred Ebb），

《歌厅》（*Cabaret*）

货币①确实能让世界有效地运行——至少在经济领域是这样。如果没有货币，我们所熟知的经济就不会是现在这个样子，借用托马斯 · 霍布斯（Thomas Hobbes）②的话，生活很可能是“孤独、贫穷、肮脏、野蛮和短暂的”[1]。想象一下，如果从别人那里获得你需要的东西的唯一方法是用你所拥有的东西或你可以提供的服务作为交换，也就是所谓的物物交换，这将严重限制经济中可以达成交易的规模，经济活动将高度本地化，效率也会极其低下。货币内嵌于经济之中，除了在非常原始的时代和经济学教科书虚拟的世界当中，物物交换经济可能从未真正存在过。货币使全球

① 本书中，将根据具体情境交叉使用货币、钞票、金钱等概念。——译者注

② 托马斯 · 霍布斯（Thomas Hobbes），1588 年 4 月—1679 年 12 月，英国政治家、哲学家，代表作有《利维坦》《论公民》等。——译者注

经济中的每个人都能跨越空间和时间，间接地相互交易。

这是一本关于货币的书，但不是一本关于如何赚钱的书：周围有很多那样的书，而且有很多人比我更适合写那类书。相反，我将解构货币，讲述货币是什么、是如何产生的，以及政府、商业银行和中央银行是如何创造货币并影响货币的创造。[2] 更好地理解货币可能会帮助你赚钱，但我想把这个问题留给你自己。

为什么这个世界还需要这样一本关于货币的书？因为货币很重要！也许正因为如此，关于货币的误解、困惑和争议比比皆是。我敢打赌，你自己对于货币的理解大多似是而非，或者是完全错误的。以下是许多人对于货币的一些误解：

- 货币是一个简单而明确的概念。事实上，“货币”是一个非常难以捉摸的概念，没有简单的方法来定义和衡量它，货币对不同的人有明显不同的含义。
- “印钞”的工作是美国联邦储备委员会（Federal Reserve，简称为美联储）、欧洲中央银行（European central Bank，简称为欧洲央行）和日本银行（Bank of Japan，下文称为日本央行）等中央银行负责。从狭义上讲，这些央行可以“印钞”，它们也确实这样做了，但真正“印钞”或创造货币的首先是政府和商业银行。
- 自全球金融危机以来，各国央行创造了数万亿美元、欧元、英镑、日元和其他货币，以应对新型冠状病毒对经济的二次冲击。与其说是中央银行创造了货币，不如说是它们将货币从一种形式（政府债券）转换为另一种形式（商业银行在中央银行的存款）。

- 通过累积如山的债务，美国政府给美国人的子孙后代带来了巨大的负担，并抵押了他们的未来。事实上，政府债务对于持有它的人来说是一种资产，并帮助社会将购买力（金钱）转移到未来。虽然政府可能需要通过税收从流通中回收货币，但实际上并不需要偿还债务。
- 世界上金钱分配的不平等，也就是收入和财富的不平等，是市场经济中一个令人憎恶却可以避免的方面。事实上，这更像是一个繁荣生成系统的特征而非缺陷，它比通常的绝望所暗示的要有更多的好处。
- 比特币和其他加密货币等新型货币，将取代我们所熟知的货币。实际上更有可能的情况是，现在的孩子长大后，现存的大多数货币将难觅踪影。

货币是什么？

考虑到人们对货币存在的许多误解，这个问题实际上比看起来要棘手得多。对普通人来说，“钱”通常是“金融财富”的同义词：如果某人非常富有，他们就有“很多钱”。但这些“钱”中的大部分并不是经济学家所定义的货币。金融财富，尤其是非常富有的人持有的金融财富，通常包括一系列金融资产，如银行存款、货币市场基金、共同基金、个股和债券投资组合，以及对冲基金和私募股权基金等“另类投资”（Alternative Investments）①。

另外，经济学家有两种定义货币的方式：一种是概念上的（Conceptual），另一种是经验上的（Empirical）。从19世纪经济学家威廉·斯坦利·杰文斯（William Stanley Jevons）开始，几乎每一本经济学教科书都根据货币的三种功能来对其进行定义：记账单位、交换媒介和价值储存手段。[3]这种职能定义并没有说明货币是什么，而是明确了被认为是货币的必要条件。在经验上，经济学家根据货币的发行者（政府或商业银行）、使用的难易程度（考虑一下支票账户与定期存款或定期存单）以及如何发挥价值储存职能（第一章将详细介绍）将其分为不同的类别。

货币作为记账单位意味着物品的价格是以其进行衡量的：美国是美元和美分、日本是日元（过去日元的单位写法是sen）、欧洲大部分地区是欧元和欧分、英国是英镑和便士，具体依国家而定。记账单位的地位也使货币成为一个共同的基准，用于比较经济中无数商品、服务和资产的价值并促进了交易。某物的价格就是购买它所需的货币单位的数量。货币的记账单位职能延伸到经济中所有商品、服务和金融工具（资产和负债）的价格。[4]在美国，几乎所有的交易都以美元报价。

当我们买东西的时候，我们用货币作为交换的媒介。我付给星巴克5美元，星巴克卖给我一杯咖啡，现在我获得了咖啡，星巴克则得到了5美元。货币作为一种交换媒介，使分散的市场经济得以有效运行和繁荣发展。只要有足够的货币，我就可以得到

① 另类投资是指将资金投资于传统的存款、股票、债券之外的资产。——译者注

任何待售的东西：卖给我这个东西的人不必担心我从哪里得到这笔钱，我也不必担心卖东西的那个人要用这笔钱做什么。货币打破了双方的这些联系。

由于数千年的文明进步以及相关的科学发现、技术和社会创新，经济生产了大量的商品和服务。所有这些商品和服务都是通过货币这个简单的媒介进行交易和计价的。截至2022年第三季度，美国生产了价值25万亿美元的商品和服务。想想看，我们可以用一个简单的数字、一个商定的共同单位，来概括美国庞大经济的几乎全部经济活动。[5]

货币也是将购买力从现在转移到未来的一种手段，如果我口袋里有20美元，我可以今天花，也可以明天花。人们可以利用货币或更广泛的金融资产进行储蓄，将他们今天获得的一些购买力转移到未来；人们也可以通过借贷把他们预期在未来获得的购买力部分转移到现在，来享受今天的生活。货币连接着经济的过去、现在和未来。

货币是一种很好的价值储存手段，意味着它至少能在一段时期内相当好地储存价值。例如，我今天有100美元，我可以现在把它花在一顿丰盛的晚餐上，也可以储存起来，一年后再吃一顿丰盛的晚餐。如果我决定等待，并且100美元还能让我吃到梦寐以求的大餐，而不是在附近的餐馆吃个三明治，那就太好了。因为要考虑通货膨胀的影响！

可以在未来消费100美元享用晚餐体现了货币储存价值，但由于通货膨胀的存在，晚餐的价格并不会固定不变。在市场经济中，个别商品和服务的价格随供求变化而涨跌。这是一件好事，因为这将有助于在社会中有效地分配稀缺资源。对货币的长期保值来说，重要的不是个别商品和服务的价格固定不变，而是总体价格水平保持稳定。总体价格水平指的是一个典型消费者可能会购买的一篮子“具有代表性”的商品和服务的价值。这种“生活成本”的变化是居民消费价格指数（Consumer Price Index，简称为 CPI）和其他类似的价格指数所衡量的内容。在现代世界，社会赋予中央银行的主要责任是维持货币的长期购买力，或者至少不让货币的购买力过快下降。大多数中央银行通过将 CPI 增长率控制在 2% 左右来实现这一目标。[6] 第三章将详细介绍这些内容。

货币的价值储存表现形式多样：所有金融资产都可以作为价值储存手段，因为它们可以实现购买力的跨期转移。但金融资产的风险程度各不相同，其可靠性也存在差异。如果一种金融资产必须具有稳定或非常稳定的价值储存功能方能被视为货币，这就缩小了可接受的候选范围。但稳定的底线在哪里呢？纸币和其他固定名义债权的实际价值可能因通货膨胀而降低（或因通货紧缩而增加）。银行可能会出现流动性危机甚至破产，这通常会使货币作为价值储存手段的稳定性受到质疑。政府通过为银行存款提供保险来应对这种风险（每个存款人在每家银行的最高限额是一定的，目前在美国这一限额是 25 万美元）。美国国债被普遍认为是“无风险”的（就息票支付和本金偿还而言），尽管国债是一种高度稳定的价值储存手段，但在传统意义上，国债并不被归类为货币（我不同意这一点）。从长期来看，股票，尤其是一个多元化的投资组合，除了能大幅增加其价值外，还被证明是相当好的价值储存手段。[7]

经济的两个维度：实体经济和货币经济

经济实际上包括两个不同但又错综复杂的方面：实体经济和货币经济。实体经济是国内生产总值（Gross Domestic Product，简称为GDP）试图衡量的内容，主要指企业使用资本设备和劳动力生产商品和服务，消费者购买并现在消费（“易腐品”或“非耐用品”，如新鲜食品和出租车服务）或长期消费（“耐用消费品”，如个人电脑和汽车）的商品及服务。

货币经济是实体经济的金融镜像，与实体经济紧密相连并为实体经济加油助力。货币经济是实体经济的一部分，因为金融和货币体系消耗并使用真实的资源，如计算机、电信网络、金融部门的管理人员和职员，以及建筑物和其他资本设备；金融部门及其产出是GDP的一部分。但货币经济在很大程度上也是虚拟和想象的，是一个充满符号、惯例和信仰的世界。

人们很容易把货币看作是一种东西，一种真实而有形的东西。虽然货币被用来获得真实、有形的东西，但它实际上是一种“社会建构”——一种或多种社会接受并同意遵守的约定俗成。正如历史学家尤瓦尔·诺亚·赫拉利（Yuval Noah Harari）所说，货币“涉及创造一种新的主体间现实，这种现实只存在于人们的共同想象中”。[8]

现代世界的货币是“法定”货币（“Fiat” Money），或由法律认可的货币（Money by Decree）：一张20美元纸币的价值是一张10美元纸币的两倍，因为社会认为如此，尽管生产不同面值纸币的成本是一样的（银行计算机分类账上的货币条目更是如此）。诚然，钞票和硬币都是看得见摸得着的实物，但用于制造货币的纸张、金属和劳动力的价值或成本，只是实物货币所能购买东西的一小部分（政府所获得的差额被称为“铸币税”，这是一个更难拼写的关于货币的词汇）。实物货币只是货币总量的一小部分，大多数货币都是电子账本上的数字。如果你“存在银行里”1 000 美元，银行的计算机系统中就会有一个电子记录，其中包含你的姓名、账号和存款金额：1 000 美元。银行投资于贷款、公司债券、其他风险资产和政府债券等一系列资产，但除了一些库存现金和在中央银行的准备金外，银行里实际上没有“钱”。[9]有些人对所谓“部分准备金银行体系”的欺诈本质大发牢骚，但这确实是现代经济体系的一个特征，总体来说，这是一个可取的特征，而不是一个缺陷。

货币是社会衡量谁对经济产出和生产这些产出的经济机器（兼具字面意义和比喻意义）有索取权的一种方式。我们可以把货币想象成在现在或将来代表购买力的某种东西。

货币表现出很强的网络效应，每个人都处于同一个“平台”，这具有很大的优势。货币还解决了协调问题：只要知道社会上的其他人会接受我所拥有的货币作为他们转移给我商品、服务或资产的支付手段，我就会欣然地接受它。货币本身不一定有任何内在价值，但如果每个人都同意使用它，它就会有价值。但是，社会公众是如何同意使用某种东西作为他们的记账单位、交换媒介和价值储存手段的呢？让政府参与货币的创造和监管有助于解决这一协调难题，并确保货币的网络效应得到充分发挥。法定货币“法定”的一个关键部分是，政府有能力决定接受哪些货币来支付税收——也就是说，政府接受什么作为债务的偿还方式。

作为债务的货币

作为债务的货币强调了货币的另一个关键方面：货币被认为是一种债务。[10]仔细看一张20美元的纸币，这是一张联邦储备券，是美国国家中央银行——美联储的负债，上面印着："此券是偿还一切公共或私人债务的法定货币。"并不是所有的国家都在纸币上清楚地说明了这一点，但美国却在其货币上白纸黑字写得很清楚（或者应该说是白纸绿字）：货币是一种资产，持有者可以用它来偿还债务。

钞票上还印有"美利坚合众国"字样，以及美国财政部的印章，并有美国联邦国库和美国财政部部长这两个美国政府内部不同职务的人员签名。[11]美联储是美国政府的一个机构，纸币是美国政府债务的一种形式。

从技术上讲，纸币是中央银行的债务，它们出现在中央银行资产负债表的负债一侧。但央行到底欠的是什么债务呢？在现代的法定货币体系中，除了货币本身并没有其他东西①。一张钞票，比如联邦储备券，可能是债务，但它是一种特殊的债务：一种永远不需要偿还的债务。你可以向发行货币的人出示一张钞票，并要求得到它背后的黄金或白银的日子早已一去不复返了。如果你把这张20美元的钞票交给美联储要求其偿还欠你的债务，美联储唯一能做的就是把这张20美元的钞票还给你，或者给你两张10美元的钞票，或者20张1美元的钞票。然而，如果你欠政府20美元

① 这里的意思是，法定货币背后并没有黄金、白银等其他物质的支持。——译者注

的税，你可以通过支付这张20美元的钞票（在存入银行账户之后）来还清这笔债务。政府的债务对你来说是一种资产，可以用来抵销你因为承担纳税义务而欠政府的债务。

关于货币有一件有趣的事情：其中一部分是中央银行的债务，也就是政府的债务，而另一部分——实际上是大部分——是商业银行的债务。这是我们货币体系的一个特征，一个我们在很大程度上认为理所当然的特征，即钞票（和硬币）形式的货币和商业银行存款是可以按面值等额兑换的——也就是说，一比一兑换。[12] 如果你在银行有100美元，银行欠你100美元；如果你从银行取出那100美元，中央银行（政府）现在就欠你100美元。同样的道理，当你把一张100美元的钞票存入你的银行账户时，你就把你的资产从政府债务变成了商业银行债务。这是本书一个更广泛的观点和主题的体现：政府、中央银行和商业银行在货币创造中是紧密联系在一起的，财政政策和货币政策并不像人们通常认为的那样泾渭分明。

这本书的主要内容

在第一章中，我探讨了当今世界的货币是如何产生的——或者用行业术语来说，是如何“进入流通”的。实际上，是谁创造了我们通过工作挣到的钱、从银行借到的钱、卖东西时收到的钱，或者是政府发放给我们的钱？事实证明，商业银行、政府和中央银行都参与了货币创造，狭义的货币是指纸币和银行存款。想想所有这些货币（在撰写本书时，美国约有20万亿美元）放在一个巨大的桶里。银行、政府和中央银行都有投入资金的“水管”和取出资金的“勺子”。但是，正如我们将看到的，这些水管以一种复杂的方式交织在一起。如果我们从最广义的金融财富的角度来看待货币，我们会看到另一种与金融市场，尤其是与股市有关的“水管”和“勺子”。

在第二章中，我澄清了围绕政府债务（撰写本书时，美国的政府债务规模约为31万亿美元）的许多误解和警告。维持预算赤字是政府让资金进入流通的一种方式——原则上，这是一件好事。政府通常把这些货币转换成另一种形式，即政府债券（美国的国库券）。政府债券允许家庭、企业和投资者积累财富，并将购买力转移到未来。过多的政府支出和过高的政府债务存量可能会给现在和未来的经济带来问题，但这并不是因为债务必须偿还，也不是因为它是后代的负担。作为财政政策的一部分，政府可能不得不提高税收来降低消费者的购买力并抑制通货膨胀，但它永远不会为了筹集资金偿还债务而征税。在第三章（以及技术讲义）中，我解释了中央银行和商业银行如何融入货币创造过程，以及中央银行实施的“货币政策”如何发挥作用。经济中的大部分货币是商业银行发放贷款时创造的。银行不会把它们“吸收”的存款“借出”；相反，它们在放贷时创造了存款。央行在必要时利用其对利率的控制来刺激或限制银行贷款，这样做是为了控制通货膨胀和维持经济的运转。

为了应对由全球金融危机引发的2007—2009年大衰退，以及最近为应对由新冠疫情大流行引发的2020年2月至4月更严重的衰退，全球主要央行通过扩大资产负债表来实施宽松的货币政策，这一政策被称为量化宽松（Quantitative Easing，简称为QE）。[13] 在第四章中，我解释了什么是量化宽松以及它是如何运作的。量化宽松通常被描述为央行的大规模“印钞”，但这是一种误解。当量化宽松涉及央行购买本国政府债券时，就像它通常做的那样，更好的视角是将其视为改变了目前由预算赤字创造“货币”的形式。量化宽松只能通过“买入”资产（通常是政府债券）来“注入”资金（流动性）。

在第五章中，我将从一个更广阔的视角来解读货币。实体经济和货币经济共同创造了巨大的财富和繁荣，但这些财富在社会内部和社会之间的分配非常不均匀。降低不平等已经成为我们这个时代的任务之一。在这章中，我研究了这些财富差距背后的经济力量，特别是与规模相对较小但极其富有的群体出现有关的力量。我认为，极端的财富不平等在很大程度上是创造繁荣的市场过程的副产品。而且，从纯粹的经济学角度来看，超级富豪们造成的危害远没有人们通常声称或假设的那么大。如果政府作为社会的代表，认为改善穷人的困境是可取的，那么它可以这样做（或者至少尝试这样做），而与是否以及如何“向富人征税”无关。

在第六章中，我考虑了货币的另一面：货币有可能对经济和社会造成严重破坏。金融危机有多种表现形式和影响规模，是现代经济史上反复出现的主题。货币经济有助于实体经济繁荣发展，但前者偶尔会偏离轨道，并将后者引入歧途。货币经济所产生的金融债权的流动性与构成实体经济的生产性资产的非流动性之间存在固有的不匹配。这种不匹配造成了银行体系出现“挤兑”的风险，进而引发金融危机。央行作为“最后贷款人”的角色赋予了它防范和平息金融危机的职责。我在本章中指出，美联储在2008年9月没有充当雷曼兄弟（Lehman Brothers）公司的最后贷款人是错误的。

在欧洲，2007—2009年的全球金融危机演变为欧元区主权债务危机，2010年初，希腊爆发了一场更为局部的主权债务危机；2015年年中，希腊债务危机在接受欧盟和国际货币基金组织（IMF）的救助计划后得以平息。在第七章中，我认为欧元区主权债务危机表明了欧元区经济架构中一个深刻的结构性缺陷：成员国必须集中其货币主权（使用单一货币并形成货币联盟），但并没有集中其财政主权（集中财政预算并形成财政联盟）。它们将货币主权交给欧洲央行，同时保留对本国财政事务的责任。其结果是，成员国不得不借入一种它们无法随意创造的货币。更糟糕的是，欧元区成员国不得不接受严格的财政限制。

到目前的章节为止，本书仅考察了单一货币体系，即单个国家的单一货币体系，或者像欧元区那样，多个国家使用同一种货币的单一货币体系。在第八章中，我以一种不同的方式扩大关注范围，看看世界上无数的货币或货币体系是如何融合在一起并相互作用的。浮动汇率、储备货币和美联储的巨大影响都在这一过程中发挥了重要作用。

在第九章中，我将切换到数字时代，看看数千年货币历史上的一项真正了不起的创新：比特币和其他加密货币。加密货币是21世纪颠覆性技术创新的产物，并开辟了新的货币领域。由于对以主权为中心的货币体系不满并对其提出了挑战，加密货币通过使用新颖的“区块链”技术来运营分散的点对点货币和支付系统，从而避开了中央权威和中介机构。

尽管比特币和其他加密货币具有开创性且在技术上令人印象深刻，但它们并不像表面上那样“离经叛道”。在履行货币的三个标准职能（记账单位、交换媒介和价值储存）方面，它们可能很难与传统货币体系竞争。然而，加密货币可能会在货币生态系统中找到一个永久的利基，并且可能仍处于其创新周期的早期阶段，这使得对其做出明确的预测非常困难。至少，加密货币的出现正在撼动现有以主权为基础的货币体系：每个主要央行都在积极探索引入央行数字货币的可行性和可取性。加密货币及其基础技术似乎更有可能通过刺激创新来帮助重塑传统货币体系，而不是严重挑战（更不用说取代）传统货币体系。在本书的最后，我提出了一些结论性的想法，将这些线索联系在一起，并着眼于货币的未来。

保罗·谢尔德

目　录

第一章

政府与银行如何创造货币

度量货币 / 006

银行创造货币 / 008

预算赤字创造存款 / 017

中央银行创造货币 / 020

钱能生钱 / 022

两个货币龙头 / 024

第二章

政府债务从来不需要偿还

“政府就像是一个家庭”的谬误 / 032

债券的目的 / 037

我们并不贫穷的后代 / 039

发挥国民核算等式的作用 / 042

政府债务从来不需要偿还 / 049

税收的目的 / 055

国外持有债券会发生什么情况 / 057

债务与 GDP 之比这一指标存在的问题 / 058

第三章
为什么设置2%的通胀目标

定义通货膨胀 / 064
为什么设置 2% 的通胀目标 / 066
中央银行如何控制通胀 / 068
通胀目标 / 070
调控短期利率 / 072
从博弈论角度看待货币政策制定 / 082
教科书中模型的误导性 / 084

第四章
量化宽松是无奈之举吗

量化宽松：央行在利率弹药用尽时的无奈之举 / 090
量化宽松如何发挥作用 / 093
量化宽松作为政府整体的债务再融资操作 / 099
量化宽松和不平等 / 106

第五章
货币创造财富和不平等

幸运女神 / 113
市场本质上是不平等的 / 114
股票市场的财富来自未来满意的客户 / 115
赢者通吃 / 117
高管薪酬 / 119
华尔街的商人和交易商 / 125
对富人征税的限度 / 128
帮助穷人 / 130
金钱就是力量 / 136

第六章
货币如何产生破坏性力量

金融危机表现各异 / 142
流动性错配 / 144
流动性与偿付能力 / 147
存款保险 / 148
中央银行作为最后借款人 / 149
《联邦储备法》第 13 条第 3 款赋予美联储最后贷款人的权力 / 153
风险和道德风险 / 163
货币和资产价格泡沫 / 166

第七章
欧盟的“房子”建了一半

欧盟的“房子”建了一半 / 176
欧元的逻辑 / 179
把货币主权和财政主权分开是愚蠢的 / 181
为什么欧洲央行的量化宽松独具特色 / 188
未完待续 / 190

第八章
美元如何成为世界货币

货币并没有真的跨境流动 / 195
不可能三角 / 200
外汇干预和储备货币 / 202
报价与商品价格确定 / 205
“循环”的石油美元 / 207
美元为何如此嚣张 / 208
美联储：世界的中央银行 / 210

第九章
加密货币有未来吗
加密基础知识 / 216
加密带来的挑战 / 222
评估加密货币的作用 / 223
中央银行数字货币 / 227

结　语 / 233
附　录 / 241
术语表 / 247
致　谢 / 255
注　释 / 259
索　引 / 285

第一章
政府与银行如何创造货币

这样，我们就有了国家货币或法定货币和
银行货币或债务确认书……
但趋势是银行货币占主导地位……
而国家货币则处于绝对的辅助地位。

——约翰·梅纳德·凯恩斯
（John Maynard Keynes），1930 年[1]

货币从哪里来？也就是说，在现代经济中，货币是如何产生或进入流通的？这个问题的答案对于理解经济如何运行以及经济如何受到政府和中央银行经济政策的影响至关重要。[2] 在剖析当今经济问题时，货币创造的动态是区分事实与虚构的关键。

如今，如何创造货币的问题与货币制度最初如何产生并在历史上如何发展的问题是不同的。这里有许多引人入胜的关于货币的历史，[3] 讲述了有关货币诞生的故事，并在几个世纪里慢慢演变成现代市场经济的关键制度基础之一。货币是人类智慧力量的证明。

典型的解释强调了这种观点，即各种形式货币的演化是为了消除物物交换经济中的明显低效率，解决了“需求的双重耦合”问题。假设我有鞋子你有面包，我想要你的面包，但你想要蔬菜，而不是我的鞋子。那么我必须找一个有蔬菜的人，并且他想要我的鞋子，这样我就可以从你那里换取我想要的面包。如果有一种共同的交换单位和媒介，我们所有人都可以用它进行交易，那该是多么方便和高效啊！货币的出现是为了解决需求的双重耦合问题，从而释放交易的积极作用，推动经济繁荣，这是一个引人注目的故事。[4] 然而，我们的祖先可能没花很长时间就想出了如何规避物物交换，转而采用某种形式的货币或一种监测谁欠谁什么东西的系统，甚至有一些证据表明猴子可以被教会使用金钱。[5]在人类文明发展的早期，物物交换很可能让位于某种形式的货币。

国王和皇帝发行的金属硬币在货币历史的早期占有重要地位，硬币博物馆中各个时代丰富的货币收藏就可以证明这一点。当时的货币史通常描述纸币是如何被采用的，并促使产生了现代银行体系。当贵金属和其他贵重物品（如谷物）的所有者将这些物品存入经营者的仓库时，他们会收到收据，这些收据开始以“货币”的形式流通，这是发行者的一种“欠条”（IOU），但对持有者来说是一种对有价值东西的索取权，即“购买力”。就这样，大宗商品支持的货币诞生了。

通常会有一种说法，说明以某种资产为担保的货币是如何演变成除了对主权政府的充分信任之外，没有任何其他东西支持的货币：法定货币。“法定”意味着这种货币有价值，因为政府说它有价值，但它有价值的实际原因是很多人都使用它。然而，在对货币的探索中，我讨论了一系列不同的问题：货币从何而来？它是如何在现代经济和货币体系中存在及流通的？这些问题对你来说可能是显而易见的，也可能会让你觉得奇怪。大多数人都是为了谋生而工作，至少在人生的某个阶段是这样，他们通过劳动赚钱，有时通过投资赚更多的钱。这似乎就是钱的来源：通过工作、储蓄和投资。但这只是说明货币在空间上发生了转移，并没有回答真正的问题。你的雇主将你的工资存入你的银行账户，在那里它变成了你的钱，但这只是意味着货币在不同的账户发生了转移。但钱是怎么进入雇主银行账户的？如果你的雇主是一家企业，它有客户和销售收入，而它银行账户里的钱来自这些客户的银行账户。但这些人是从哪里得到钱的呢？

现在我们只是在“原地打转”，就像一只狗在追自己的尾巴。货币在经济中从一个人或企业流向另一个人或企业，但它必须源于某个地方。我们需要退后一步，看一下货币是如何进入流通的。它并不是最初就存在的。经济一直在扩张，新的货币不断出现，因为货币经济映射和支持实体经济。美国现在（截至 2022 年 12 月数据）的经济规模约为 25 万亿美元，有 2.2 万亿美元的纸币和 17.8 万亿美元的商业银行存款。20 年前，美国的经济规模仅为 10.7 万亿美元，有 6 250 亿美元的纸币和 4.2 万亿美元的银行存款。这些新增加的货币是从哪里来的？

一个答案是：当人们把钞票存入银行时，银行存款增加了。就目前而言，这是正确的。如果我拿一叠 100 美元（例如 100 张 100 美元）钞票到我的开户银行将钱存入我的银行账户，我的存款余额以及整个经济中的银行存款，将会增加 10 000 美元。但这并不能说明什么。首先，在大多数经济体中，纸币只占货币供应的一小部分：在美国，即使把所有的纸币都存入银行，银行存款也只会增加 12%——在一个经济规模为 25 万亿美元的经济体中，这并不会产生什么大的影响。美联储并不直接发行货币，相反，它们来自银行存款账户。流通中的每一美元货币都是从银行账户开始的。所以，我们又在兜圈子了！银行存款从何而来？这真是一个难题！银行账户里的每一美元都是以下列三种方式其中的一种开始的：银行在发放贷款时创造了货币；政府在支出时创造了货币（即当政府出现预算赤字时）；央行在从公众手中购买政府债券（或其他资产）时创造了货币。银行、政府和中央银行作为一个相互关联的系统的一部分，都以自己的方式参与货币的创造。在每一种情况中，货币都是凭空变出来的，或者更准确地说，是通过敲击电脑键盘创造出来的。这就是现代货币的神秘之处。但在深入探讨这个问题之前，我们先简单地讨论一下关于货币度量的问题。

度量货币

经济学家根据范围越来越宽、流动性越来越差的"货币供应"形式——中央银行和商业银行（或其他金融中介机构）发行的债务对货币进行分类。这些不同范围的货币被称为"货币总量"，通常用M及其后面持续变大的数值来表示，如货币基础（MB）、M0、M1、M2和M3，随着数值变大，对应于越来越广泛的货币类金融工具或资产（分类因国家而异）。这有时被比作倒置的货币金字塔。这是一种有用的教学手段，但可能会引起混乱。

在货币金字塔的底部——实际上是顶端，因为它是倒置的，是"银行准备金"或者简称为"准备金"：银行在中央银行的存款。不要将这里的准备金与外汇储备混淆，[6]准备金在货币体系中发挥着关键作用：经济中金融交易的最终结算（或"净额结算"）发生在这些账户之中，它们在中央银行实施货币政策方面发挥着关键作用。流通中的纸币和硬币，即公众持有的"现金"，用M0表示——和准备金构成了"基础货币"或"货币基础"。基础货币在很大程度上与中央银行资产负债表的负债部分相对应。[7]粗略地说，M1 在 M0 的基础上增加了支票账户和活期存款；M2 在 M1 的基础上增加了储蓄账户、小额定期存款和零售货币市场基金；M3 在 M2 的基础上增加了大额定期存款、机构货币市场基金和短期回购协议。在这种传统的分类中，政府债务证券（国库券和债券）不被视为货币，这也是我在本书中提出的问题之一。此外，准备金作为基础货币的关键部分，不被认为是 M0 和更大范围的货币“总量”的一部分（这有些令人困惑）。

上述分类以及“狭义”货币和“广义”货币之间区别背后的关键思想是，越接近于货币基础，货币承担支付的功能就越多；距离货币基础越远，它作为价值储存的作用就越大。但是，从持有者的角度来看，货币何时不再承担支付功能与何时开始成为（非货币）金融资产之间并没有明显的界限。不同类别的货币具有哪些特征，在很大程度上取决于金融创新和监管。不同类别货币反映了在不违反监管规定的情况下，银行选择何种负债（包括与之相关的服务种类）。随着时间的推移，以及金融监管的放松和创新，这一选择已经发生了较大变化。

货币的交换媒介职能最接近经济学家对货币总量的分类。准备金、纸币和硬币、支票账户和活期存款是最常用和最容易用于支付购买商品、服务和资产的货币形式。但是，再一次，这里没有明确的界限：金融创新和监管已经改变了边界，而且还会一直持续下去。

通过这种方式，货币不是像水或黄金那样是一个清晰而明确的东西，它是多维度的，并在一个范围内变化。货币的记账单位涉及经济中的所有资产和交易。同样，货币的价值储存职能适用于所有资产，无论是如股票和债券在内的金融资产，还是如汽车和房屋在内的实物资产，它们都可以将当前的购买力转化为未来的购买力，或代表了对资产提供收益的索取权。在这里，不同资产作为价值储存手段的“合适”程度不同，尤其是它们的风险水平各异。一家公司的股票未来能卖多少钱是高度不确定的，未来越遥远，越是不确定。股票价格可能会上涨，但原则上（而且不那么令人愉快）它也可能会跌至零。股票是一种价值储存手段，但也是一种风险储存手段。

货币作为交换媒介的局限性更大。银行之间通过货币在中央银行的账户进行结算，这些账户被称为准备金账户，账户中的资金被称为准备金。在许多小规模的交易中，纸币和硬币被用作交换媒介（主要由个人使用）。个人和企业主要使用支票和活期存款账户来进行结算，他们通常使用信用卡、借记卡或电子钱包及类似的支付方式来进行交易。但是，其他形式的货币，如储蓄、定期存款或政府债券，不能直接用作交换媒介，主要是由于习俗和惯例（即自我强加的规则），而不是技术上的可行性原因，它们很容易转换成可以直接用作交换媒介的货币形式。

现在，我们回到货币是如何产生的这一问题。

银行创造货币

大多数现有的存款是由商业银行创造的。银行在发放贷款时创造了货币：银行发放贷款的行为是同时将贷款的接受者，即借款人的存款账户记入贷方的行为。

银行在发放贷款的同时创造了货币，这让很多人感到惊讶，因为我们已经习惯了听到相反的说法：银行获得或“吸收”存款，并用这些存款发放或“支持”新的贷款。存款似乎先于贷款，而不是贷款的必然结果。银行吸收存款，反过来又为贷款“提供资金”，是这样吗？不是这样的。这种描述事物的方式如此根深蒂固，以至于它被称为：“可贷资金”理论。这种逻辑主导了大众的思维，甚至是学术界的想象，但这完全是错误的。实际上正好相反：存款不（允许银行）创造贷款，而是贷款创造存款，从某种意义上说，银行发放贷款的行为就是向借款人提供存款。存款为贷款“提供资金”，只是因为银行资产负债表的两边必须保持平衡。

造成这种混淆的部分原因是使用的标准金融语言，特别是“资金”和“金融”这两个词。如果一家公司想购买一些新设备或大幅扩张业务规模，而他手头可能没有足够的资金，需要从银行贷款，可以说，这家公司通过从银行贷款来为其业务扩张提供资金或资本。没有这笔贷款，该公司就无法进行业务扩张，银行的新增贷款提供了公司扩大业务所需的资金。然而，银行不是这样运作的：他们不是吸收存款，然后用这些存款为贷款提供资金。可能看起来是这样，但这是一种错觉。

为了更好地理解这一点，请看表 1-1，简化的银行资产负债表或许对理解是有帮助的（为了简单起见，在本例中省略了股本）。顾名思义，资产负债表有两个方面需要平衡，按照惯例，资产记在左边，负债和权益记在右边：二者分别是你所拥有的和你所欠的（或者你是如何为获得资产融资的）。

表 1.1　简化版银行资产负债表

资产	负债
准备金	中央银行借款
银行间贷款	银行间借款
贷款	存款

准备金是一家银行在中央银行的存款，中央银行可以通过银行及在银行有存款账户的人那里购买资产，或直接提供贷款（中央银行贷款）来增加银行的准备金。银行可以把这些准备金借给其他银行，因此银行间贷款可以是一种资产也可以是一种负债，这取决于哪家银行在放贷，哪家银行在借钱。

假设银行想要发放 10 美元的新贷款，是否需要从某个地方找到 10 美元的存款，然后把这 10 美元借给借款者？不需要。银行只需凭空创造 10 美元的贷款和 10 美元的存款。它只是把贷款增加 10 美元，然后把 10 美元计入到借款人的存款账户上（当然，还需要做一些法律文书工作）。

现在，借款人想借这 10 美元是有原因的，他们可能做的第一件事就是把钱花在他们决定借钱的任何目的上。有几种情况需要考虑。我们假设从借款人那里收到 10 美元的人在同一家银行有一个账户，并将其作为存款存在那里，尽管存款易手，但银行并没有吸收任何新的存款：贷款实际上是自我融资的。现在，假设存款离开了这家银行变成了另一家银行的存款，即从借款人那里得到 10 美元的银行存款。借款人的银行将通过减少 10 美元在中央银行的准备金（存款）来支持这 10 美元的存款流出。接收银行的存款将增加 10 美元，其在中央银行的准备金也相应增加 10 美元。

对于整个银行体系而言，存款和准备金将保持不变，只是在银行之间转移。新贷款不再是发起银行的自有融资，而是整个银行体系的融资。

然而，单个银行不会这么看或这么想。由于贷出了 10 美元的贷款，第一家银行的准备金少了 10 美元，而另一家银行的准备金多了 10 美元。银行不能把准备金借给任何在央行没有账户的人，但它们之间可以相互拆借，银行间可以在所谓“银行间货币市场”或“隔夜拆借市场”中使用中央银行设定的利率（第三章将详细说明其原因和机制）做到这一点。所以，最有可能的是，拥有 10 美元盈余准备金的银行会把它借给准备金不足的银行，这是轻而易举的事。

但是，事情并没有那么简单。银行发放贷款需要具备三个条件。第一也是最重要的是借款人的意愿，也就是银行认为提供贷款是有利可图的。如果没有一个对银行有吸引力且有意愿的借款者，那么银行的信贷创造就无法进入第一阶段。

第二是充足的资本，因为银行面临监管机构设定的资本充足率要求。[8] 假设贷款银行在发放新贷款之前刚刚达到其资本充足率要求；如果它缺乏资本，就需要筹集更多资本（或者缩减其他资产，包括可能将其刚刚发放的贷款证券化——也就是说，使其成为可以出售给投资者的证券的一部分）。一家健康的银行，如果能够发放最终获得盈利的贷款，应该可以毫不困难地筹集到必要的资本，以支持其贷款的扩张。

第三个条件是充足的准备金，因为央行会对商业银行施加最低准备金要求，与商业银行的存款数量挂钩。在央行实施了数年的量化宽松之后，这些政策已经退居次要地位。量化宽松是指央行通过扩大资产负债表来刺激经济的行为。这是因为量化宽松让银行的准备金泛滥，使得最低准备金要求变得毫无意义（第四章将详细介绍量化宽松）。最低准备金要求确保银行手头有足够的流动资金（钱）来满足客户的取款要求，而不必在匆忙中请求央行提供这些资金。银行必须保持一定数量的准备金（在资产负债表左侧），对应于它们所拥有的存款（在资产负债表右侧）的一定百分比。[9] 因为更多的贷款创造了更多的存款，并且假设银行在发放新贷款之前刚刚达到了最低准备金要求，那么它现在就需要持有更多的准备金。

不用担心——央行总是会向银行系统提供必要的准备金。为了理解为什么最低准备金要求从来都不是一种约束，下面我们将从简化的央行资产负债表着手进行分析（表 1.2）。

表 1.2　简化版央行资产负债表

资产	负债
政府债券	准备金
	政府存款
	纸币

作为一张资产负债表，两边必须相等。作为一个等式，重新调整资产负债表并以新的方式表达它①，我们可以看到，当以下一种或多种情况发生时，准备金增加（减少）就会导致：中央银行购买（出售）政府债券，政府减少（增加）其在中央银行的存款，

① 准备金 = 政府债券 - 政府存款 - 纸币。——译者注

或者公众减少（增加）其持有的纸币。

如果准备金过多，央行可以通过向银行或公众出售政府债券来消除过剩；如果准备金不足，央行则可以通过购买债券来弥补缺口。央行通常不会直接买卖政府债券，而是根据短期回购协议（repos）进行买卖。根据回购协议，中央银行从银行购买证券，并同意银行在短时间内（通常是第二天）将其赎回。购买证券会增加银行在央行的准备金规模；银行赎回证券则会降低准备金规模。在逆回购操作中，中央银行将证券出售给银行，并与银行达成协议，在短时间内（通常是第二天）再赎回证券。出售证券消耗或减少了在中央银行的准备金。买回操作则可以恢复准备金规模。

自全球金融危机以来，以及在新型冠状病毒感染疫情大流行期间，各国央行的货币政策经常在零利率或接近零利率的水平上运行，并实施量化宽松。然而，在正常情况下，央行会设法使准备金总额大致与最低准备金要求相一致；事实上，由于在这些危机之前，央行是不向准备金支付任何利息的，但现在不得不这样操作，以使短期利率与目标保持一致。由于准备金账户的资金流入和流出受到可预测的每日和季节性模式的影响，央行通常更喜欢用回购来管理准备金，而不是直接购买或出售资产。

要理解中央银行是如何运作的，一个有意思的类比将其比作漏水的水桶，水从水龙头往桶里面流，水分别以一种不规则但多少可以预测的方式流入和流出。想象一下，桶里有一条水位线，标记着需要在任何时候保持桶里的水量。中央银行的工作是确保桶里的水量保持在水位线上。要做到这一点，央行需要一把勺子和一根水管：如果水桶里的水量超过了水位线，中央银行就会抽出足够的水来降低水位；如果水量低于水位线，央行就用水管把水补齐至水位线。

因为总的来说，银行必须至少保持央行规定的最低准备金要求，央行则必须至少提供这个数量的准备金。如果不这样做，就会导致一些银行在其他所有银行刚刚获得足够准备金的情况下，出现准备金不足的情况；由此引发的这些银行对准备金的争夺，将推动银行间利率（在美国是联邦基金利率）高于央行的目标利率。

但是为什么中央银行必须确保没有太多的准备金——也就是说，为什么当桶里的水涨到水位线以上时就把水抽出来？直到最近，美联储和其他主要中央银行才开始对银行持有的准备金支付利息。[10] 如果央行不对准备金支付利息，银行在获得所需的准备金后，通常不希望再持有更多。因此，如果银行持有过多的准备金，它们会希望以现行的银行间利率放贷，而央行会（用“勺子”或“水管”）调整这一利率，以使其与利率目标一致。

如果准备金总额超过了单个银行的最低准备金要求的总和，那么在所有其他银行都获得了足够的准备金后，一些银行将拥有超额准备金。随后，这些银行会徒劳地试图将这些准备金转移给其他银行，在此过程中对银行间利率施加下行压力，迫使其低于央行的目标。因此，如果中央银行想要达到利率目标，则必须确保准备金既不太多也不太少——水位必须刚好在线上。

在这里，我们再次看到了区分单个银行的准备金水平和整个银行体系（所有银行）准备金水平的重要性。中央银行能够而且通常确实控制了整个银行体系的准备金水平，央行如何做到这一点与其如何执行货币政策有着复杂的关系——特别是，央行是在正常的利率下操作，是在实施量化宽松，还是在应对量化宽松遗留下来的臃肿的资产负债表（更多关于量化宽松的内容见第四章）。

但如果一家银行因为增加放贷而导致准备金不足，央行不需要向这家银行提供准备金。央行只能确保银行系统作为一个整体有足够的准备金，并依赖于这样一个事实，即那些最终拥有超额准备金的银行，会在银行间市场上把这些准备金借给那些资金短缺的银行。

在考虑贷款是如何“融资”的时候，区分个别银行和银行体系的准备金也很有必要。我把“融资”一词加了引号，因为从一个重要的意义上讲，从整个体系的角度来看，贷款是自我融资的，因为放贷的必然结果是创造存款。但对单个银行来说就不是这样了——贷款通常流动性很差，存款则流动性很好。毕竟，借款人从银行收到钱后，通常做的第一件事就是花掉它！但是，即使贷款产生的全部存款立即离开了提供贷款的银行，对于整个系统来说，存款也只能流向两个地方中的一个：存入其他银行或变成纸币。考虑到公众倾向于将大部分资金存入银行，“渗漏”到纸币中的部分可能相对较小。在央行的资产负债表上，任何此类“渗漏”都将导致准备金下降（下降幅度与渗漏的规模相同），而央行将通过购买债券或借出准备金来补充需要向银行体系提供的足额准备金。

因为银行系统通常有几家占主导地位的大型银行，当其中一家新创造的存款在银行体系流动时，其中一些可能会回流到那家银行。但如果一家银行看到其他银行的存款出现净下降（这是很可能的），必要的“融资”将自然发生，因为这些银行发现自己拥有过多的准备金，并将其借给准备金短缺的银行。

在单个银行的层面上，它们可能会感觉自己是在相互竞争以吸引必要的存款来为其贷款“融资”，这就是它们经常讲述的故事。然而，对于整个银行体系来说，在央行根据需要调整准备金以满足公众对纸币需求的帮助下，银行的贷款总是会得到资金支持。

有人可能会问，如果储户对银行体系失去信心，并试图将存款转移到海外换成另一种货币，会发生什么呢？当银行持有的资产价值下跌，导致存款人和投资者担心他们拿不回自己的钱时，这种涉及“资本外逃”的金融恐慌就会发生（详见第六章）。金融恐慌的经济后果是可怕的，但我们需要仔细了解在这种情况下发生了什么。当国内储户试图将存款兑换成外币时，他们实际上是在试图找到愿意将外币存款兑换成本币存款的人。鉴于已经发生的一些意外，导致投资者普遍对有关国家失去信心，汇率也随之大幅下跌，以使外国存款的持有者发现，将这些存款与那些试图“逃离”的人的国内存款进行交换是有吸引力的。与此同时，随着汇率下跌，越来越昂贵的外国存款对国内储户的吸引力也在下降。反过来，汇率暴跌将引发各种金融和经济损失。

正如在许多经济背景下突然出现的那样，“合成谬误”正在发挥作用：对系统的一部分来说可能是正确的，但对整个系统来说并不正确。存款一旦被创造出来，本质上就被困在了体系中，但单个储户不会有这种感觉。在金融恐慌中，他们试图根据自己认为的个人自由度采取行动，这可能会对整个体系造成严重破坏。

预算赤字创造存款

创造银行存款的第二种方式是当政府出现预算赤字时。当政府出现预算赤字时，政府通过在商品和服务上的支出以及转移支付（如补贴和社会福利支付）向经济注入的资金比通过征税获取的资金要多。这种预算赤字通常称为赤字——表现为银行存款的增加，也就是银行体系和经济中的存款和准备金（即货币）增加。

预算赤字创造货币，这听起来可能有悖常理——政府支出过多时，不是会出现赤字吗？是的，但这就是问题所在：过度消费会创造货币，货币（或至少是政府创造的一部分）是政府的借据。记住那张 20 美元钞票上所写的内容。

我们通常很难理解政府是通过赤字来创造货币的，因为我们已经习惯了用思考个人财务的方式来思考政府财政。如果我们在一段时间内花得比赚得多，我们就必须借钱或积累存款来弥补差额。那为什么政府不是这样的呢？毕竟，它只是我们个人的一个庞大集合。

原因是政府的职能之一是供给货币。记住，货币不是真实的东西，也不是固定的或供给短缺的东西，而是一种概念性的、集体想象的东西，帮助经济生产出真实的物品。货币可以帮助我们统计谁对当前和未来的经济产出拥有所有权，并通过“价格体系”帮助经济在现在和未来以一种高效、分散的方式运行。创造货币（但是我们将在第三章看到，正如历史上关于通货膨胀的教训告诉我们的那样，不要创造太多货币）是政府代表我们所有人所扮演的重要角色的一部分。

另一个让人难以接受的观点是，当政府出现预算赤字时会创造货币，而不是需要货币来维持预算赤字。原因在于，我们习惯认为政府必须发行债券（在美国称为国债）来为其预算赤字融资。[11] 当政府出现赤字时，会向投资者发行相应数量的债券，投资者用现金购买这些债券。看起来政府必须借钱才能花钱，但政府是在“借”它已经创造出来的钱！或者说，如果将发行债券和支出这两件事发生的先后顺序考虑在内，那么政府就是在“借”它在借款之后创造出的货币。

货币伊甸园

要理解当政府出现预算赤字时创造了货币这一事实，最简单的方法就是想象中央银行只是政府的一个部门，没有政府债券市场——没有货币政策和财政政策的分离。把财政部看作同时承担中央银行职能的机构。

我“背叛”了自己的天主教教育背景，把这种情况比作“货币伊甸园”，这是一种货币政策和财政政策分开前的原始状态。[12] 政府经常出现预算赤字，通过以 GDP 为基础的支出向经济注入更多购买力，而不是通过净税收（税收扣除转移支付）获取更多购买力。政府在银行开立账户，积累的信贷规模相当于累计的预算赤字减去流通中的纸币。在这个世界中，中央银行和财政部、货币政策和财政政策之间没有区别。

假设政府在某一时期出现了 100 美元的预算赤字，因为政府给社会保障计划接受者、政府承包商和政府雇员开出了总额为 200 美元的支票，并收取了 100 美元的税款。这些支票的接收和清算以及征税的净效应将使银行系统的存款和准备金增加 100 美元，100 美元的新货币将被创造出来。

然而，在这个“货币伊甸园”中，存在着政府“滥用”其不受约束的货币创造能力的这类危险，即通过规模太大的预算赤字创造了太多的货币。通过敲击电脑键盘创造太多的货币来追逐太少的商品，而这些商品的生产需要在实体经济中牺牲辛勤劳动。向这种诱惑屈服无疑会导致失控的通货膨胀。

就像亚当和夏娃因吃了禁果而被逐出伊甸园一样，我们应该建立独立的货币和财政职能，并尽可能地将彼此隔离开。一旦做到这一点，政府就不能通过随意增加预算赤字来随心所欲地创造货币；相反，政府必须向私营部门（市场）发行债券（债务证券），以对其支出与税收之间的缺口进行“融资”。回想一下前面的中央银行资产负债表，政府发行债券增加了其在中央银行的存款，美元兑换美元（或欧元兑换欧元，日元兑换日元）减少了准备金。在这种现代货币理论（MMT）的视角中，政府不是发行债券来筹集资金，而是先约束自己，防止创造太多的货币。[13] 财政职能的目的是促进货币控制。[14]

现在假设中央银行允许政府账户无限制地透支。政府支出将在银行体系中创造存款和准备金，而央行资产负债表上负债一侧的准备金积累将与政府账户（也是负债一侧）的透支一一对应。任何人都没有理由担心政府在中央银行不断累积的巨额透支（只要政府有预算赤字），因为这只是电子分类账上的一个项目，在合并后的政府资产负债表上就会被抵销了（合并政府是指政府加上中央银行等政府所有的实体[15]）。

央行与财政部在操作上的分离，或者货币政策与财政政策的“独立”，意味着在现代实践中，事情通常不是这样运作的。法律通常禁止政府在央行的账户透支。相反，如果政府出现预算赤字，它就必须发行债券来“融资”。这样做不仅减少了准备金，而且（取决于谁购买债券）也可能减少存款。[16]

如果法律或实践允许政府暂时透支其在中央银行的账户，那么这些操作发生的顺序并不重要。为简单起见，假设政府在央行的账户开始时余额为零。如果政府在某一特定时期出现赤字后发行债券，那么赤字就会产生相当于透支金额的准备金，而发行债券将会消除这些准备金，并使其账户恢复零余额。如果政府在出现赤字之前发行债券，它就会抽走相当于预期赤字规模的准备金，并将这笔钱存入政府账户；然后，当政府出现赤字时，它会将其账户余额降至零。无论哪种方式，净效应都使央行的资产负债表不会发生变化，私人部门手中的政府债券规模将与赤字规模相等。

政府债券通常不被算作货币存量的一部分，但这更多的是一种惯例，而不是问题的实质。超过税收的政府支出创造了名义净购买力，无论是以银行存款、纸币还是政府债券的形式存在。从本质上看，财政政策是一件非常货币化的事情。

中央银行创造货币

第三种创造银行存款的方式，是中央银行从非银行体系的私人部门处购买债券（或其他资产）。中央银行通过创造准备金来支付这些资产，这些准备金在银行系统资产负债表的另一边（负债方）有存款作为对应。这通常是创造货币（即银行存款）最不重要的方式，因为如前所述，在正常时期，中央银行操作货币政策是为了将银行体系中的超额准备金保持在零左右。在 2008 年金融危机之前，美国准备金总量仅为 460 亿美元左右；截至撰写本书时，美国的准备金总计约为 3.17 万亿美元（峰值为 4.27 万亿美元）。

如果央行实行量化宽松政策，从非银行机构的私人部门购买政府债券（或其他资产），银行体系的存款就会增加。

通常教科书对货币创造的解释集中在第三个渠道上：中央银行通过“公开市场操作”来扩大货币供应——也就是说，通过购买政府债券供应货币（如果中央银行想减少货币供应就出售债券）。这种“货币乘数模型”通过假设银行希望持有相当于其存款固定百分比的准备金，将银行作为货币创造者的积极作用纳入其中。为了增加货币供应量，央行需要做的就是增加准备金供给量，银行将开始扩大贷款和存款基数，直到恢复固定比例。与此同时，教科书并未将政府债券视为货币，因此这一渠道被淡化或忽视了。

但货币体系不是这样运作的。进行操作的通常是央行，而不是银行。

追根溯源，银行系统中的任何存款，都是因为银行发放了一笔贷款、政府出现了预算赤字或中央银行购买了一种资产而产生的。[17] 银行、政府、中央银行在创造货币和实施我们所说的“货币政策”及“财政政策”方面是紧密联系在一起的。

钱能生钱

这个讨论集中在货币的基本形式——银行存款——是如何在现代经济中形成的问题上。这个故事已经够复杂了，但是其他类别的货币从哪里来呢？在撰写本书时，美国的广义货币存量（M2）约为21万亿美元，但这只是金融资产形式“货币”总量的一小部分。美国股市的市值，也就是所有公开上市公司的市值约为46万亿美元；家庭（和非营利组织）金融资产的价值（截至2022年第二季度）约为109万亿美元。这些货币或财富的来源是什么？事实证明，商业银行、政府和中央银行创造的银行存款起着关键作用。没有银行存款，经济世界以及有助于推动经济发展的股票市场将无法运转。

让我们关注一下股市中46万亿美元的“货币”。当一家公司发行股票时会发生什么？假设一家公司向你发行了价值10美元的新股，你从你的银行账户中拿出10美元来购买股票，这家公司的银行账户里就多了10美元。10美元的新股出现在公司资产负债表中“负债”一列或右侧（属于你的资产或许在你的资产负债表左侧），银行存款从你的（名义）资产负债表转移到了公司的（官方）资产负债表上。到目前为止，这只是描述了货币以银行存款的形式从一个资产负债表转移到另一个资产负债表的过程。

一家公司的股票代表着对其未来利润的索取权，这些利润要么是公司预计在盈利时保留的利润，要么是作为股息支付的利润。公司的股票市值是当前股价乘以已发行股票的数量，这是股票市场或全体投资者总体上对该公司的“估值”，或是股票市场对该公司的“估值”。例如，截至撰写本书时，亚马逊（Amazon）公司的股票市值为9 602.8亿美元，年度净利润（截至2022年9月的12个月）为113.2亿美元，这意味着其市盈率约为85倍。[18]一家公司今天可能出现亏损，但其股票市场估值很健康，因为投资者能够“看穿”今天的亏损，并将未来不确定的利润流贴现到现在。股票市场把未来和现在联系起来，并通过数字把未来的钱和现在的钱联系起来。

股票价格随供求关系而涨跌。在任何给定的时间，股票的潜在供给是固定的，但实际供给量（提供给潜在买家的股票数量）取决于当时的价格。如果股票价格在某一时刻是10美元，那是因为如果出价略高于10美元，边际卖家（下一个最有可能出售股票的人）会卖出，而边际买家（下一个最有可能购买股票的投资者，他可能已经拥有该公司的股票）会在出价略低于10美元时买入。股价之所以是10美元，因为在那个时刻，这是使供需相互匹配的价格。这种供求关系与入门经济学教科书中遇到的供求关系略有不同，因为这里交易的是一种甚至还不存在的东西的所有权：未来经济活动带来的利润，这由未来的消费者驱动，其中的一些人可能还没有出生！

众所周知，股价波动无常：随着有关新信息出现，以及交易员和投资者改变对无数股票和其他金融资产的看法，股价通常会不断上下波动。当世界上考虑购买某家公司股票的人比目前持有该公司股票的人（特别是那些已经处于卖出边缘但尚未操作的人）更强烈地想要购买该公司股票时，该公司的股价就会上涨。同样，当目前持有该公司股票的人，特别是即将卖出该公司股票的人，比其他即将买入该公司股票的人更强烈地想要卖出该公司股票时，该公司的股价就会下跌。

继续举一个简单但具说明性的例子，假设第二天投资者醒来，不管出于什么原因，他们对这家公司的未来前景普遍感到更加乐观。这样一来，股票价格就会上涨，因为昨天准备以每股10美元价格买入的人，今天会愿意支付更高的价格；而昨天准备以每股10美元的价格卖出的人，现在会想要继续持有。价格将持续上涨，直到供需恢复平衡。假设现在股价是11美元每股，在这个价格下，那些不想以低于11美元价格卖出的人现在就要行动了，而最后一个想买的人却停止操作了，因为价格对他们来说太高了。

注意这里发生了什么。在这个例子中没有创造银行存款，货币只是在系统中发生了转移。我把我的10美元存款转给了公司，公司把这笔钱投入生产过程中，再把钱转给了其他人（比如公司的员工或供应商）。由于银行存款的流动有助于推动经济活动，它创造了广义金融财富意义上的“货币”。

两个货币龙头

打个比方，资金主要通过两个管道流入经济：一个来自银行体系的信贷创造，但受到中央银行货币政策的调节（详见第三章）；另一个来自政府的财政赤字。随着人口增长（通常）[19]、前期投资产生的资本存量增加，以及技术创新允许从相同数量的资本和劳动力中生产更多产品，经济的产出往往因时间推移而持续增长。随着经济规模的扩大，推动经济增长需要更多的货币，所以水龙头需要保持打开，但必须不断调整，在确保资金充足的同时避免过多（图 1.1）。银行系统提供货币的前提是最终会得到偿还，但由于经济和支持它的资本存量在持续扩张，新的银行贷款往往比旧的贷款偿还速度更快，因此银行贷款创造的货币存量往往会随着时间的推移而增加。政府通常会出现预算赤字，所以它提供的货币数量也会随着时间的推移而增加。

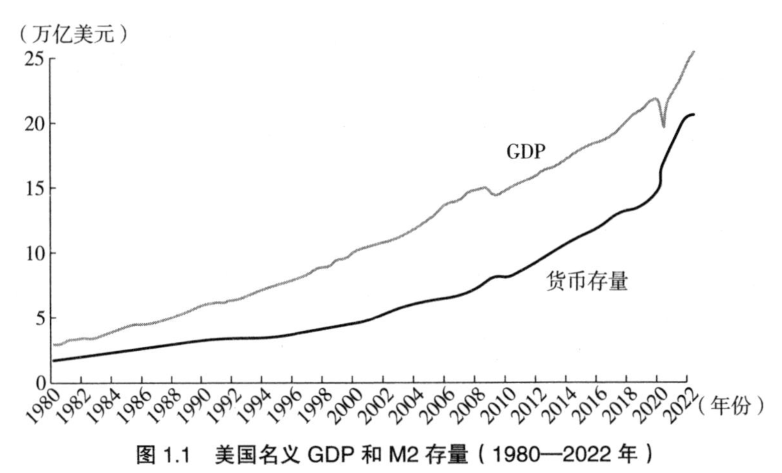

图 1.1 美国名义 GDP 和 M2 存量（1980—2022 年）

数据来源：美国经济分析局（GDP）和联邦储备系统理事会（货币存量），摘自 FRED，圣路易斯联邦储备银行，经季节性调整。

当政府出现预算赤字时，就会创造货币。货币是购买力，政府可能会通过向一些拥有它的人征税来削减这种购买力，但货币不是必须偿还的金融意义上的债务。政府创造的货币通常被转换成另一种形式，称为“政府债券”（美国的国库券），并被视为“债务”。为什么将政府债券视为“债务”会产生误导，以及为什么这样做会导致不必要的困惑和焦虑，这将是下一章的主题。

第二章
政府债务从来不需要偿还

国库券代表着分享美国未来生产的权利。

——弗兰克 · 纽曼（Frank Newman），

美国财政部前副部长，2013 年[1]

美国政府每月公布一份关于美国公共债务的声明。截至撰写本书时，该声明显示美国政府的公共债务总额为 31.24 万亿美元。

以下是许多人对债务的一些看法：

- 这么大规模的债务真是令人望而生畏。
- 这些债务代表政府欠下的钱，在未来的某个时候必须偿还。
- 这笔债务是后代的负担：我们正在抵押我们的孙辈，可能还有孙辈的孙辈的未来。
- 政府通过年复一年的巨额预算赤字积累了如此多的债务，这是不负责任的，政府应该以平衡预算为目标。
- 堆积如山的债务和持续的巨额赤字现在可能还不是问题，但一旦“债券卫士”（bond cigilantes）来了，问题就会出现。
- 外国人持有很大一部分联邦债券（截至 2022 年第三季度为 7.30 万亿美元），他们要求清算之时，就是美国偿还债务之日。

但上述观点是不正确的，或者至少有误导性。以下几点更接近事实：

- 相对于美国经济的体量，政府债务的规模并不是特别大，美国经济在过去一年（截至2022年第三季度）创造了25万亿美元的产出。如果我有一份年薪2.5万美元的工作，而我欠了31 240美元，那么问题并不大——虽然我不是政府！
- 31万亿美元的债务是政府创造的货币。政府永远不必偿还债务，就像它不必偿还发行的一张20美元的钞票一样。
- 政府债券对持有人来说是一种资产：对继承它的一代人来说，债务和资产相互抵消。子孙后代继承了巨大的生产性资本储备和积累的科学、技术及知识储备。
- 预算赤字应被视为一种政策工具，而不是政策目标。政府不是一个家庭，也不应该被比作家庭；而是社会集体行动的工具。政府的任务是为人民服务，而不是平衡账目。
- 公众必须持有由政府赤字产生的货币（债务）：这些货币无处可去。
- 外国人只能把他们在美国经济中获得的美元花在美国的商品和服务上，这将为未来提供这些商品和服务的工人提供就业和收入。持有美元并想要抛售的外国人只能向其他外国人抛售，未来的工人可能不太关心他们参与生产的产品是被其他美国人消费还是被外国人消费。

这并不是说政府赤字或债务“无关紧要”，也不是说政府可以随心所欲地花钱而不必担心后果。如果政府这么做了，一个可能的后果就是通货膨胀。如果央行没有通过紧缩性货币政策来对抗高通胀的独立性，情况会尤其严重。

在试图理解关于财政政策的争议时，重要的是要区分我们可以称之为基本层面和制度层面的两个分析层面。所谓“基本层面”，指的是事物在原则上或抽象上的运作方式；所谓“制度层面”，指的是在制度规则（包括法律和法规）具备的情况下，现实世界中事情是如何运作的。根据所假定的情形，什么是真实的，什么是不真实的可能有所不同。不同的人很容易各执一词，或者更糟的是，仅仅因为他们在不同的层面上考虑问题，就会对主张、结论或政策建议产生分歧。更复杂的是，正是因为某些事情在基本层面上是真实的，所以制度机制的发展使得它们在制度层面上是不真实的！

在基本层面上，当政府出现预算赤字时就会创造货币；在制度层面上，政府则似乎不得不借钱来维持预算赤字。在基本层面上，政府债券永远不需要偿还；在制度层面上，债券设定了期限，如 2 年、5 年、10 年或 30 年，使政府看起来必须在到期时偿还债务。在基本层面上，财政部和央行只是同一实体的两个部分；在制度层面上，财政部和央行之间设立了隔离带。在基本层面上，政府可以为其发行的货币设定利率，因为它可以控制创造的货币数量；在制度层面上，它允许大多数利率通过货币和债券市场交易来决定。

“政府就像是一个家庭”的谬误

大多数关于政府债务的误解和迷思都源于一种错误的想法，即认为政府是像一个家庭或一个公司一样运作。但事实并非如此，相反政府是整个社会集体行动的载体，不同就源于此。

每个人都必须平衡预算，他们的支出不能超过收入，至少不能无限期地超过收入。当然，个人可以用未来的预期收入作为抵押进行借款，但由此产生的债务必须偿还，即使如此人们也不能无限制地透支信用卡上的余额。经济运行的基础是自身利益，而不是慈善。

企业的功能与此类似。企业借钱是为了投资，前提是会连本带息地偿还借款并获得利润。企业不能无限制地借贷，也不能不考虑其偿还债务的能力。事实上，贷款人会确保这一点。

而一个国家的政府则完全不同。政府不“借钱”，相反还“创造”了货币。政府花钱时创造货币，征税时“摧毁”货币。因为政府可以随心所欲地创造货币，所以货币会用之不尽，也不需要偿还。货币不是偿还的承诺，它是促进当前经济交换以及将购买力和对资产的索取权转移到未来的工具。

政府在征税时“摧毁”了货币，这听起来可能有些奇怪，但实际情况就是这样。[2] 假设你赚了 100 美元，政府收取 20 美元的所得税。那 20 美元去哪儿了？你可能认为这笔钱被政府用来支持 20 美元的支出。但政府通过支出创造了货币，因此不需要你的 20 美元来做这些。事情是这样的：当你开给政府的支票兑现时，你银行账户里的 20 美元消失了。这导致 20 美元的准备金在银行系统资产负债表的资产一侧和央行资产负债表的负债一侧都消失了。同时，政府在中央银行的存款增加了 20 美元。在中央银行资产负债表的负债部分和政府资产负债表的资产部分同时增加的 20 美元，在整体或合并后的政府资产负债表中被抵销。政府向你征收 20 美元的税收对经济资产负债表的净影响，是银行存款和准备金，也就是货币减少了 20 美元。因此上文用“摧毁”这个词来形容并不过分。

我们不应该因为庞大的债务可能会削弱政府的偿还能力而担心政府积累了过多的债务，也不应该担心子孙后代将继承过多的债务负担。相反，我们应该担心或讨论其他事情：政府的规模和作用应该是什么？是太大还是不够大？政府应该在多大程度上积极地寻求管理宏观经济？如何管理？在引导经济活动和寻求收入再分配方面，政府应该发挥多大的积极作用？相对于现在和未来的经济形势，政府是否创造了过多的货币，从而造成过高的通胀，降低了货币的购买力？是否有合适的制度框架来确保通胀既不会过高也不会过低？经济的生产潜力是否保持在快速增长的轨道上，以维持社会对自己做出的承诺的可行性？

了解预算赤字在经济中扮演的角色，以及赤字规模的驱动因素，对于理清与债务相关的问题至关重要。政府债务存量不过是先前预算赤字和预算盈余的累积总和。每年的债务余额是按上一年预算赤字数额增加的，如果政府碰巧有预算盈余，债务数额就会减少。政府债务的存量代表了政府迄今为止创造的货币净额。

货币是名义上的（不是实际的）购买力，可以现在使用，也可以保留到未来。从宏观经济政策的角度来看，相关的问题不是“政府是否借贷过多”，而是“政府是否创造了过多的购买力”。第一个问题是不合理的，因为政府实际上并没有借钱，只是看起来在借钱；第二个问题的答案取决于在任何时间点，有多少购买力被释放到经济之中，相对于经济在不引发通胀的情况下吸收这些购买力的能力。

仅仅因为政府能够创造货币并不意味着它们就应该这么做。事实上，正是因为政府可以仅仅通过希望货币存在来创造货币——这就是“法定货币”的意思——社会已经发展出制度性机制来限制它这样做的能力。这些政策的核心是将政府内部的“货币”和“财政”职能分开，并赋予中央银行独立于财政当局执行货币政策的权力，其作用之一是约束财政政策。

我把“货币”和“财政”打上引号，因为这二者不是上帝赋予的原始类别，而是反映了特定的制度安排。随着时间的推移，这些制度安排限制了政府创造货币的能力。这些安排有一个有用的目的，但它们的成功往往掩盖了这样一个事实，实际上，它们是同一件事的两个方面：政府创造货币。

让我们稍微解释一下这个概念，即政府在预算赤字时创造货币，在预算盈余时“摧毁”货币。预算赤字等于政府在商品和服务上的支出减去所征收的净税收，净税收是税收减去转移支付。下面举个简单的例子，假设：一是政府花费 100 美元建造或购买诸如桥梁和导弹之类的物品，并雇用公共部门的工人；二是政府收到 80 美元的所得税、公司税和其他税收；三是在社会福利和其他转移支付方面支出 20 美元。这意味着政府的预算赤字为 40 美元。结果是某人的银行账户里多了 40 美元，银行系统里的准备金也多了 40 美元。

到目前为止，我们还没有提到债务。然而，货币就是债务，所以在某种意义上我们已经提及，但我指的是通常意义上的债务：政府债务证券，如美国的国库券、票据和债券（美国的惯例是将期限为 1 年或 1 年以下的国库券称为短期国库券，将期限为 2 年至 10 年的国库券称为中期国库券，将期限为 20 年或 30 年的国库券称为长期国库券。为简单起见，我将这些统称为“国债”“国库券”或“债券”）。

国债在哪里以及如何进入市场？理解这些问题最简单的方法是想象一下，在政府以准备金的形式创造了 40 美元的货币之后，又发行了 40 美元的国债。这一行动对经济资产负债表的影响将取决于债券是由银行还是非银行公众（可能是个人，也可能是共同基金和对冲基金等专业投资者）购买的。在任何一种情况下，政府发行 40 美元国债的效果都是使准备金减少 40 美元：预算赤字创造的准备金被“摧毁”了。银行存款的去向取决于谁购买了债券，如果银行购买这些债券，存款就会保留下来；如果非银行的公众购买这些债券，存款就会消失，储户现在拥有的是债券而不是存款。

另一种理解国债的方式是，假设政府开始发行 40 美元的国库券，然后由于其支出、转移支付和征税行为而出现 40 美元的赤字。我们来看一下发生了什么，当政府再次发行 40 美元的国债时，产生何种结果取决于谁购买了国债：银行还是非银行。在这两种情况下，准备金都减少了 40 美元。如果银行购买国债，债券就会取代银行体系资产负债表上资产端的准备金；如果非银行机构购买这些债券，那么 40 美元的存款（在银行系统资产负债表的负债部分）就会随着准备金一起“消失”。在非银行购买国债的情况下，政府出现赤字并发行相同数量债券的净影响将是保持准备金和银行存款的数量不变，因此传统上定义的货币数量（无论是狭义的基础货币还是广义的 M2 货币供应量）也保持不变。

遗憾的是，目前还没有合适的语言能够准确描述这一切，既不模糊潜在的现实，又能引导人们清楚地理解发生了什么。正常的说法是，政府通过发行债券为赤字“融资”，这意味着政府需要筹集资金来维持赤字。但这可能会产生误导：赤字创造货币，而不是相反。

在非银行而不是银行购买债券的情况下，并没有存款产生。这也是一种误导。经济学家传统上不认为政府债券是货币，因为债券不被用作交换媒介。此外，在他们简单的宏观模型中，经济学家在历史上对货币和债券进行了明确区分，后者被视为一种资产（价值储存），而不是货币（交换媒介）。将政府债券视为货币的一种形式更为合乎逻辑和直观，尽管必须出售债券才能使其成为交换媒介。

根据法律规定，政府在中央银行的存款账户通常不允许透支。在现代世界，中央银行是政府的一部分，也是政府的银行（政府与之往来的银行）。从经济学的角度来看，政府在中央银行的存款账户在整个（或合并）政府中被“抵销”了，同时成为财政部的资产和中央银行的负债。从这个角度来看，你会认为政府在央行的账户余额在赤字支出时变为负值是没有问题的，每透支一美元只会产生一美元的准备金和银行存款。当政府发行债券（对银行或非银行）时，其存款余额将会增加，也就是政府赤字余额会减少，准备金也会减少。

债券的目的

如果政府不需要发行债券筹集资金来为其赤字融资，而债券被认为只是另一种形式的货币，那么发行债券的目的是什么呢？答案是有两个相关的因素：债券有助于帮助央行按照自身采取的方式实施货币政策；债券有助于确保央行的操作独立性，也就是说，它们有助于政府信守承诺，不滥发货币。

出现赤字的政府会增加同样数额的准备金，政府发行债券消耗了同样多的准备金。发行政府债券是消耗准备金的操作；换句话说，它们是辅助货币政策实施的操作。政府通常会出现预算赤字，所以他们通常会创造准备金。发行债券有助于中央银行控制准备金水平。从这个角度来看，政府发行债券显然与我们通常认为的借款没有任何关系，而是与使央行能够履行其职责有关。

政府通过预算赤字创造货币的过程没有机制或操作上的限制。然而，有两个重要的经济限制，其中一个非常明显，另一个则略显微妙。

一个显而易见的原因是，政府控制预算赤字和向经济注入新购买力的能力受到经济中实际资源的限制。如果政府过度增加支出，或者把过多的货币投放到公众手中，那么在某个时刻，“过多的货币追逐过少的商品”就会导致高通胀。限制政府支出的真正因素是实际资源的可得性，而不在于货币，这并不是说政府应该扩大影响范围，直到达到即将引发通胀的临界点。政府支配了资源，这些资源对私营部门就是不可用的。社会将通过政治进程，希望在政府达到经济的真正资源约束之前，对其进行约束。在这个过程中，“小政府”与“大政府”之间的政治斗争正是如此。经济学家会指出，经济中真正的资源约束是内生于这种选择的：允许政府过于庞大和干预市场经济，将导致效率低下和创新减少。政府试图控制“蛋糕”的构成，并过于主动地分割“蛋糕”，将使“蛋糕”变小。

对政府创造货币的更微妙的约束还与货币本身的性质有关：货币需要被人们所接受。当涉及货币作为记账单位和交换媒介时，需要两个人才能“跳探戈”，或者更准确地说，需要公民的合作。政府通过购买商品和服务（包括由政府雇佣的人提供的商品和服务）来创造货币，这一观点的前提是这些商品和服务的提供者愿意提供这些商品和服务，以换取政府开出的支票。

大多数人几乎相信，政府可以让人们接受它通过法令所创造的货币。毕竟，政府背后拥有国家的全部强制权力。但这一命题需要得到证实，而不仅是假设或断言。

一种观点认为，政府通过要求用货币纳税来创造对其发行货币的需求。根据这种观点，征税的一个主要目的是创造对政府所提供货币的需求。[3] 一旦这种需求建立起来，政府就可以利用它对社会资源行使近乎普遍的控制权。

这是一个有趣的论点，但可能无法通过奥卡姆剃刀的检验。

如果国家可以强迫其公民遵守法律，做所有在文明社会中通常被认为是好公民应该做的事情，那么政府也可以强迫公民接受和使用自己创造的货币（或由政府授权银行创造的货币）就不算太过分了。从另一个角度来看，如果一个政府正在努力让公民接受其主权货币，那么它可能会面临诸如维持基本的法律和秩序等更大的问题。

我们并不贫穷的后代

人们普遍认为，政府债务是子孙后代的某种负担。财政上保守的政治家和评论家抱怨政府不断增加的巨额赤字，理由是他们正在让后代背负债务，并“抵押他们的未来”。有一种普遍的观点认为，预算赤字，尤其是持续的巨额赤字是不可取的，即使赤字只是暂时的、必要的，长期来看政府也应该努力实现预算平衡。

这种对政府债务和预算赤字的看法建立在错误的思维之上，逻辑学家称之为“归类错误”（category error）。这里的归类错误是将政府视为一个单一的“家庭”，而实际上政府更类似于（该国）所有家庭的混合体。政府没有理由总是要平衡预算，通常也不应该这么做。

当考虑到政府债务可能成为未来几代人的负担时，重要的是要区分代内问题（那些对生活在同一时期的人产生影响的问题，无论是现在还是将来）和代际问题（那些将出生和生活在未来的人）。把焦点放在政府债务是“我们子孙后代的负担”上的争论，或明或暗都是代际争论。在研究这些问题时，我们需要避免陷入与代内问题混为一谈的陷阱，比如在同时出生和生活的人中，谁赢谁输。[4] 举个例子，如果政府要用 10 年的时间来建一座大坝，今天的代内效应是一些人必须提供建造大坝的时间、劳动力和资源，而其他的人在没有真正意识到的情况下，将被剥夺使用这些资源的权利。未来的代际效应将是，一些人将从大坝的用水中受益良多（用于消费和发电），而另一些人则受益较少，这取决于他们住在哪里。然而就代际而言，一代牺牲（投入资源），下一代受益。

政府债务被忽视的一个方面是，它既是一种金融资产，也是一种金融负债。令人惊讶的是，子孙后代从财务净额上继承的东西总是零，因为资产负债表上资产和负债两侧的同一项必须相互抵销，零净负债很难成为继承那一代人的负担。

在此有必要以非常直观的方式说明，为什么政府债务的存量不会给后代带来负担。因为我们谈论的是当代人采取的行动会给后代带来负担，所以我们可以忽略代内问题（与其他问题一样重要和复杂），并想象一个两代人不重叠的简单模型。第一代人工作、消费、储蓄和投资，第二代人继承第一代留下的资本存量、金融资产和债务。简单起见，假设第二代人只工作和消费，不储蓄或投资。经过两个时期之后，这个简单的世界就结束了。

现在，在何种意义上，第一代政府会通过预算赤字把相关的政府债务留给第二代人来增加他们的负担呢？担心政府债务会给后代带来负担的人认为，政府债务必须在未来某个时候通过政府增税来偿还。他们坚持认为，前几代人享受了过度“慷慨”的政府支出和货币转移带来的好处，而后几代人不得不为此买单。还有什么比这更不公平的呢？

然而，在上文简单的例子中，第二代人从第一代人那里继承了与第一代投资相关的资本存量和政府债券存量，其净值或负担对第二代来说是零。政府债券是政府的债务，也就是社会的债务，但对持有债券的人来说是一种资产。由于我们在这里关注的是代际问题，简单起见便忽略了几代人之间的情况，很明显，第二代人拥有的政府债券既是资产也是债务，两者相互抵销。

换个角度，想象一个火星人在地球上空盘旋，观察这个简单的经济体系。火星人会看到第一代人在工作，建造一些基础设施（投资），并消费他们生产的一些商品和服务。在接下来的一段时间里，火星人将观察到第二代人使用第一代留下来的基础设施。在此过程中，火星人不会看到任何政府债务负担。

代际联系和相互影响的方式是由时间之箭决定的，时间之箭朝一个方向运动。上一代可以把东西遗赠给下一代，但不能拿走他们的劳动成果，也不能向他们征税。当代人利用从前几代人那里继承的资本积累、知识储备以及自己的辛勤劳动来生产产出。他们不能使用未来几代人积累的任何劳动力或资本，因为这几代人还不存在。当代人不能从下一代那里拿走或借走任何东西，只能给他们留下一些东西。所能留下的一是从前几代人那里继承下来的资本存量，有些由于使用而枯竭，但有些通过自己的投资而增加；二是金融资产，就其本质而言，在一代人内部会有分配影响，但对整个一代人来说，这种影响相互抵消。

当代人只能向自己借钱，永远不会从后代那里得到。未来的世代还不存在，他们还没有生产出任何东西，所以他们没有东西可以借给这一代人。每一代人都给下一代留下了一些资本，几乎总是比他们从上一代人那里得到的更多、更好。资本存量不仅是如桥梁、道路、机场、工厂和电信网络等有形的生产性资本；也包括科学、技术、智力、制度和文化知识以及社会资本存量。这是经济、技术和文明进步的产物。每一代人都是这个世界的管家，在文明社会中，每一代人都有道德责任让这个世界和社会变得更好。然而，这与不断增加的政府债务是否会给后代带来负担毫无关系。这个世界上有很多事情需要担心，但给后代留下太多的政府债务并不是其中之一。如果最终在某个时候出现过多的未偿政府债务，宏观经济政策——收紧货币和财政政策——可以解决这个问题。

发挥国民核算等式的作用

政府债务的存量代表了先前政府预算赤字（以及任何抵销盈余）的累积效应。当政府支出超过税收收入时，就会出现预算赤字。让我们再深入研究一下。

国民核算等式在这里派上了用场，等式从两个角度解构了国内生产总值。从定义上看这个等式总是正确的，它利用了这样一个事实：一个经济体在生产商品和服务上的每一美元支出（实际上是 GDP）都会成为某个人的收入。当经济学家研究 GDP 时，他们通常使用实际价格（即经通货膨胀调整后的价格）而不是名义价格（即未经通胀调整的当期价格）。实际 GDP 以经通货膨胀调整后的价格（国内货币）计算，提供了产出规模的衡量标准。实际 GDP 的变化试图捕捉生产和消费的商品及服务数量的变化，名义 GDP 包括实际 GDP 的变化，但也包括价格水平变化的影响。

除非另有说明，下面提及国内生产总值及其组成部分时，均为实际值，而非名义值。

从支出的角度看，国民产出可以分为如下类别：家庭投资于住房，购买商品和服务用于消费；企业投资于资本设备；政府消费商品和服务（提供公共服务），投资民用和军用基础设施；外国人购买本国的部分产出（出口）。另一方面，国内消费和投资支出的一部分花费在进口商品和服务上，这一点也需要加以考虑。

将产出分解写成一个等式：

产出 = 消费 + 投资 + 政府支出 + 出口 - 进口

这就像经济的预算约束，一个经济体可以消费、投资和出口的规模受到它可以生产和进口规模的限制。

从收入的角度看，国民产出也可以分解为那些获得收入的人用它做了什么。这个比较简单，国民收入可以用于消费、储蓄或征税。这里的税收收入是指扣除政府转移支付（如社会保障金、福利金或补贴等）后的净额。如果政府获得 100 美元的税收收入，但转移支付 25 美元，则净税收为 75 美元。这种转移只是在人与人之间转移资金（或购买力），不直接计入 GDP。当然，这部分转移会间接影响 GDP，因为不同的人有不同的消费倾向，或是经济学家所说的“边际消费倾向”：从富人那里拿走 1 美元给穷人不会降低前者的消费水平，但可能会提高后者的消费水平。

把国民收入的用途分类写成一个等式：

收入 = 消费 + 储蓄 + 税收

将 GDP 的两种分解结合起来就得出了下面的等式：

消费 + 投资 + 政府支出 + 出口 - 进口 = 消费 + 储蓄 + 税收

重新整理上述等式，可以得出：

储蓄 - 投资 + 税收 - 政府支出 = 出口 - 进口

也就是：

私人部门净储蓄（储蓄减去投资）+ 预算盈余（如果为正）
或预算赤字（如果为负）= 经常项目差额

这个等式可以用来根据经济某些部分的情况推断出其他部分的情况。例如，如果经常账户出现盈余，但政府有预算赤字，那么私人部门的净储蓄减去预算赤字必然与经常项目盈余相等。然而，这个等式不能用于论证因果关系，比如经常账户出现赤字是因为预算出现赤字，以及私人投资超过储蓄。用经济学家的话来说，这个等式可能描述了经济的均衡，但它并没有说明经济是如何以及为什么达到均衡的。

整个世界的视角

为了理解政府管理预算赤字在经济中所扮演的角色，让我们把目光放眼于整个世界。这使我们可以暂时忽略单个经济体之间的商品和服务贸易。在世界范围内，一个国家的出口是另一个国家的进口，因此它们相互抵销。

如果没有政府部门，上述的等式将简化为非常简单的形式：

储蓄 = 投资。这似乎不可思议，但仔细想想也是显而易见的。

这是值得注意的，因为决定储蓄多少的经济主体通常不同于决定投资多少的经济主体。两类主体都以高度分散的方式做出这些决策，而无需相互协调。然而，这两类主体加总起来仍然是相等的。

私人部门总储蓄最终不会等于私人部门总投资，因为没有人会这么计划。在一个分散的市场经济中这是不可能的。事实上，就计划而言，没有理由期望所有经济主体计划储蓄的总和等于所有经济主体计划投资的总和——通常情况下，它们是不等的。相反，由于世界经济的运行是一个封闭的系统，一个经济主体的支出是另一个经济主体的收入，这两者最终是相等的。

在这个简化的全球经济中，当我们考虑储蓄是什么以及它是如何发生的时候，很明显：储蓄 = 投资。正如日常使用的许多经济术语一样，“储蓄”和“投资”在经济学家的语境中具有更精确和具体的含义。这里我们使用的是国民核算意义：

- 储蓄是指没有用于消费或支付政府税收的部分，是为未来消费而留存的收入。
- 投资是产出的一部分，今天没有被消费，但用于增加经济的生产能力，以期在未来产生更多的产出。

当我从银行账户中取出 100 美元用来购买一家上市公司的股票时，从会计的角度来看，我的行为既不是储蓄也不是投资，我只是在改变持有储蓄的财务形式。

世界作为一个整体能够储蓄的唯一方法——也就是说，将今天的消费转移到明天——就是投资，投资提高了经济在未来生产产出的能力。回想一下我们提到的火星人例子，火星或其他地方没有外部经济来产生经常账户盈余或积累金融债权，从而随着时间的推移转移购买力（也许有一天这种情况会改变！）。

加入政府的情景

如果我们重新引入政府，国民核算等式就变成：

储蓄 - 投资 = 政府支出 - 税收

就整个世界而言，私人部门净储蓄必须等于预算赤字（因为我们谈论的是整个世界：从技术上讲，预算赤字是将所有国家的预算余额加起来产生的，因为有些国家可能出现预算盈余）。私人部门——也就是世界上所有的家庭和公司——储蓄多于投资的唯一途径是政府总体上出现预算赤字。

政府无法选择预算赤字的大小。政府可以通过购买商品和服务、投资基础设施和雇佣政府工作人员来选择花费多少，它可以选择税收制度、社会福利和权利计划的参数，但它无法在不受分散的市场经济如何表现和反应的情况下，决定这些政策选择的最终结果。例如，政府要平衡预算，私人储蓄必须与投资相等，政府可以影响这两个（高度加总的）变量，却无法控制它们。

另一种表达整个世界核算等式的方式是：

储蓄 = 投资 + 预算赤字

为未来储蓄的方式有两种：一是通过企业（厂房、建筑和设备）、政府（公共基础设施）和家庭（房屋）的投资；二是政府的预算赤字。这使得预算赤字的意义与通常的财政鹰派或“世界末日”论调截然不同。这里的预算赤字看起来更像是当代人为未来储蓄的额外工具，而不是给后代增加负担的原因。这听起来更像是一个值得赞美的目标！

作为数学上的恒等式，由产出和收入分解得到的关系总是成立的。唯一的问题是，这样的结果会出现在何种产出水平上：充分就业水平还是更低（可能低得多）的水平？阿巴·勒纳（Abba Lerner）以凯恩斯的贡献为基础，提出了颇具洞察力但经常被忽视的“功能性金融”观点，即不应将预算赤字视为政策目标。[5]相反，它应该被视为一种政策工具，有助于实现社会期望的结果（充分就业和低稳定通胀）。

然而，将预算赤字作为一种政策工具是有局限性的。财政政策，或预算赤字的规模，不能机械地被用作政策杠杆。假设预算赤字为 100 美元，这意味着私人净储蓄也是 100 美元，其中包括 200 美元的储蓄和 100 美元的投资。如果预算赤字是 50 美元，那就意味着储蓄和投资之间的差距必须缩小 50 美元（到 50 美元）。我们知道这是一个经济逻辑问题，但这并不意味着政府可以通过削减 25 美元的支出和增加 25 美元的税收，使储蓄和投资之间的差距达到 50 美元。财政政策收紧将对整个经济产生影响，影响消费、投资和储蓄等决策，进而影响税收收入，甚至影响政府实施支出计划的能力。政府可以随意地设定税率，但它无法控制税收，这在很大程度上取决于私营部门的决策。

假设在充分就业的情况下，私人部门的期望储蓄大大超过私人部门的期望投资（20世纪30年代阿尔文·汉森首次提出，最近由劳伦斯·萨默斯再次提及，这种情况称为“长期停滞”）。[6] 那么，政府相应地增加预算赤字就说得通了，这样做是政府能够满足私人部门储蓄多于投资意愿的方式。

这个逻辑也适用于另一个方向。假设（期望和实现的）私人部门投资远远超过（期望和实现的）私人部门储蓄。此时，政府必然会出现相应的预算盈余；现在，政府部门的净储蓄将用于抵销私人部门储蓄的赤字。政府将减少其债务，私营部门将减少其金融资产，在某种意义上为（相对）较高水平的私营部门投资提供融资。

这种观点从一个非常不同的角度来看待政府债务。当私人部门的大规模净储蓄要求政府维持巨额且可能持续的预算赤字来推动充分就业时，政府发行的债券代表了对私人部门希望持有的金融资产的供给。政府的赤字为私人部门的储蓄提供了条件。当情况正好相反时，政府的储蓄代替了私人部门的储蓄。

加入国际贸易的情景

让我们回到各个国家经济的层面，把国际贸易重新纳入考虑范围。国民核算等式可以写成：

储蓄 = 投资 + 预算赤字 + 经常项目盈余

现在随着时间的推移，私人部门有三种方式可以转移其消费能力：投资实体经济、政府预算赤字和国家经常账户盈余。

这很直观。如果一个国家的出口大于进口，那么它的收入一定大于支出；该国正在从其贸易伙伴（世界其他国家和地区）获得金融债权，这构成了它的净国民储蓄——也就是说，储蓄超过了对本国经济的投资。

预算赤字，以及政府债务随时间累积多少的问题，与私人部门储蓄和投资的愿望，以及维持充分就业的公共政策的必要性，有着错综复杂的关系。预算赤字和政府债务水平是达到目的手段的一部分，而不是目的本身。

政府债务从来不需要偿还

“非常高”的政府债务水平是有问题的，因为债务会给后代带来负担。这种观点的吸引力或合理性，在很大程度上与一个根本性的误解有关：政府债务必须偿还。但事实并不是这样的。

为了理解这个关键点，我们需要通过区分金融债务和政府债务来深入探讨一下债务是什么。金融债务是指一方向另一方借钱，并同意在未来某一天连本带利全部偿还的合同。贷款人可以是向消费者或企业提供贷款的银行，也可以是购买企业债券的投资者。金融债务的一个关键特征是它应该得到全额偿还。

政府债务看起来与企业或家庭债务相似，但本质上是不同的。我在这里说的是能够发行自己货币的国家政府。政府不需要向任何人借钱支出；相反，它通过支出来创造货币。这看起来好像是政府为了支出必须借钱，似乎也意味着政府必须偿还所借的钱，因为一是现代经济中，货币和财政职能严格分离；二是政府通过赋予中央银行操作独立性而给自己施加了金融约束。在操作上，这通常就是财政如何进行运作的。但这是一个人为构建的系统，而不是根本的现实。

为了更清楚地说明这一点，我们可以想象一下第一章所介绍的神话般的货币伊甸园中的生活。想象一下，央行和财政部没有分离，它们是同一个政府部门，称为政府财政银行（Government Fiscal Bank）。政府通过向其财政银行开出支票来支出，这在银行体系中创造了存款，并在财政银行的银行账户中创造了正余额（准备金）。当政府向公众征税时，银行存款和准备金就会减少。如果政府开出的支票比收到的税款多（也就是如果政府有预算赤字），那么银行存款账户和准备金账户就会有正的净余额。政府财政银行将创造我们通常所说的“货币”，即基础货币（准备金）和M1（银行活期存款）。

正如我们在第一章看到的，可以通过三种方式创造货币：银行贷款、政府预算赤字、央行购买资产或向银行放贷。与银行放贷时创造的“内部资金”相对应，政府出现预算赤字所创造的资金在文献中被称为“外部资金”。外部资金值得注意的特点是，它是一种资产，在资产负债表的另一边没有负债对应；它仅仅是资产，所以才称为外部资金。

由于政府出现预算赤字，家庭发现自己的银行存款增加了，这些存款在银行体系的资产负债表上有银行准备金（银行在央行的存款余额）作为资产侧对应物。但问题是，家庭资产负债表上的平衡项目应该是什么？在这里，我采用（非李嘉图学派）的观点，即政府向私营部门支付款项的接受者将其视为净值。[7]

从这个简单的例子中得出的关键结论是，由政府管理预算赤字创造的准备金（基础货币）永远不必偿还，这些赤字就像纸币一样。假设由于政府出现预算赤字，家庭决定将其收到资金的一半作为现金（纸币）持有。政府财政银行资产负债表上由赤字造成的100美元负债，现在有一半是准备金，另一半是纸币。政府不需要在未来的某个时候偿还50美元的准备金，就像它不需要偿还50美元的纸币一样（回想一下之前的例子，把一张20美元的钞票交给美联储，得到两张10美元的钞票）。或者想象一下，公众决定以现金的形式持有全部资产。现在更清楚的是，政府不需要偿还任何债务。

当然，在现代世界，事情不是这样的。相反，政府财政银行的“银行部分”与“国库部分”是分开的。中央银行独立于财政当局。中央银行负责“货币政策”，财政部和政府的政治部门负责“财政政策”。在这种现代体制下，政府通常会颁布法律或制定规则，禁止中央银行直接为预算赤字“融资”：直接购买政府发行的债务，或是允许政府在中央银行的账户无限制透支。

独立的、技术官僚的中央银行制度在20世纪不断发展，尤其是在20世纪后半叶，目的是限制政府实施预算赤字的能力。正是这种制度创新创造了一种信念：政府债务是需要偿还的。因此，不断增加的政府债务正成为后代日益沉重的负担。

当政府不能通过央行来“印”钱的时候，事情会发生怎样的变化呢？为了维持预算赤字，政府现在不得不提前发行债券。这首先会消耗存款和准备金，但政府的预算赤字会恢复它们。想象一下，为了实现货币政策，央行决定实施100美元的量化宽松。从合并政府资产负债表的角度来看，对资产负债表的影响与政府财政银行的例子完全相同。

这强调了第四章要讨论的一点，即准备金和政府债券只是合并后的政府在出现预算赤字时产生的两种形式的负债。其中一种永远不需要偿还，而另一种的形式却让人觉得必须偿还。这不是必然的结果，而是制度设置的产物。近年来，各国央行广泛而大规模的量化宽松政策表明，作为政府的一部分，央行有能力（随意）将政府债务转换为永远不需要偿还的东西（准备金或基础货币）。

独立的中央银行制度起到了非常大的作用：使政府能够可靠地承诺不滥用其随意创造货币和购买力的能力——或者，正如人们常说的那样，不滥用其使用印钞机的能力。然而，通过以下方式有可能消除预算赤字导致债务积累的假象，这些债务将给未来几代人带来潜在或实际的负担，同时允许中央银行继续对政府支出施加纪律约束：中央银行可以对准备金支付利息，一些主要央行都在这么做。通过支付利息，央行可以消除与政府债务相关的违约风险，同时仍能保持对货币的控制。

政府实际上并未真正借钱的说法似乎与债券市场的事实相矛盾。政府通常发行有特定到期日的债务证券，即债券到期偿还的日期。假设美国财政部有一笔 100 美元的 10 年期债券即将到期，为了便于讨论，假设持有该债券的投资者希望拿回他们的钱。他们可能想把这 100 美元投资到另一种金融资产上。当然，财政部必须偿还这 100 美元，从这个意义上说，债券看起来和感觉上像是债务。

但是，类似下面的事情将会发生。财政部会向公众再发行 100 美元的 10 年期债券。银行存款将减少 100 美元，银行准备金也将减少 100 美元，而美联储的政府存款将增加 100 美元。财政部将用这 100 美元支付给到期债券的持有者，这将导致银行存款和准备金都再次增加 100 美元。所有这一切的净效应是，从总量上看一切都保持不变。债券到期了，但财政部只是将其再融资为新的债券；债券持有者可能会发生变化，但经济中的总资产负债表不会改变。

这种事情在政府债券市场上不断发生，这就是它的运作方式：当债券到期时，就会被展期或再融资。这些债务永远不需要偿还，按净值计算，它们实际上从来没有得到偿还。但永远不要说永远，有一种例外情况。假设不寻常的是，政府出现了预算盈余，即从私人部门获得的比支出的多。随后，银行系统的存款和准备金将减少与预算盈余相同的数额，而政府在央行的存款将增加与预算盈余相同的数额。这就是政府从私营部门收取的税款比支付商品和服务以及社会福利转移支付的钱更多的实际含义。政府将利用预算盈余偿还债务，不对到期的债券进行再融资。这对资产负债表的净影响将是相当于预算盈余金额的政府债券从体系中消失，而其他一切（准备金、政府存款和银行存款）不变。

如果政府不利用预算盈余来偿还债务，会发生什么情况？银行存款和准备金将减少与预算盈余相同的数额，而政府在央行的存款将增加与预算盈余相同的数额；未偿还的政府债券数量将保持不变。对政府来说，这是一件奇怪的事情，因为实际上，这是一种“负套利交易”（即亏损交易）。政府将放弃通过减少一项没有利息的资产（在央行的存款）来减少有息负债的机会。

在这种情况下央行会怎么做，取决于它是否在一个具有约束力的最低准备金制度下运作。如果央行的目标是保持隔夜拆借利率为正（这一利率是针对银行间拆借，见第一章），并像美联储和大多数其他央行在全球金融危机前所做的那样，将银行体系中的准备金保持在最低准备金要求的水平，它将不得不恢复银行体系因为政府预算盈余而消耗的准备金。央行可能会通过从公众手中购买政府债券来实现这一目标。这种情况的净影响将是，公众最终拥有的存款数量不变，但持有政府债券的规模减小；央行的资产负债表将扩大同样的规模，政府债券在资产一侧，政府存款在负债一侧。从私人部门的角度来看，这种情况就好像政府利用预算盈余来减少债务一样。从整个政府的角度来看，相当于预算盈余的政府债券和政府存款将同时出现在央行和财政部的资产负债表上，但位置不同。

如果私营部门拒绝为即将到期的政府债券再融资或展期，将会发生什么？假设政府在中央银行有足够的存款，或者法律制度同意中央银行允许政府透支其账户，那么政府在中央银行的存款和政府债券将会减少，而银行存款和准备金将会增加，这一切都是由于债券到期所致。拒绝展期或为到期债券再融资的公众，现在将转而持有银行存款。这种情况似乎不太可能：政府债券通常被认为是经济中最安全的资产，这就是为什么在金融领域，政府债券的收益率通常被称为“无风险利率”。政府找不到愿意用银行存款换取政府债券的人，这真的说得通吗？难道所有投资者都认为银行体系中的存款风险低于政府债券吗？

从政府整体资产负债表的角度来看，在投资者拒绝为债券再融资的情况下，这将是政府债券被转换成央行准备金的情况。即使私人部门拒绝持有政府债券，也不能拒绝直接（如果银行持有到期债券）或间接（如果非银行公众持有）持有央行准备金，因为这是整个政府在兑现其债券时直接或间接给予他们的。政府发行的货币一旦被创造出来，就会被困在这个体系中，除非它被政府的预算盈余所“摧毁”。

如果除了投资者对债券的抵制之外，政府在央行的账户也不能透支，央行被禁止直接从政府手中购买债券，那会怎么样？政府主动对自己施加这些限制，或者社会通过立法机构迫使政府这样做，那么政府就会陷入困境，无法偿还债务。在操作上，政府通过扣减其在中央银行的账户余额来偿还其到期债务（因为它需要向到期债券持有人的银行账户转账）。如果它的账户余额为零，根据这里的假设，政府不能让其账户透支，也不能向公众或中央银行发行新的债券，它将无法偿还债务。

政府无法对其现有债务进行展期或再融资的唯一情况是，公众更喜欢银行存款，而不是风险较低的政府债券，同时政府自身（或社会）也安排了制度措施，人为地使这种情况发生。

税收的目的

如果是这样的话，为什么政府要通过向公众征税来获得收入呢？实际上，政府税收与政府为自身融资的需要毫无关系。政府征税有三个不同的目的：降低负外部性、重新分配收入或购买力、控制总需求。

政府征税的一个经典目的是降低负外部性（或者反过来说，

为促进某些活动提供补贴）。当市场价格不能完全反映一项活动对参与者以外的人造成的伤害时，就会出现负外部性。从某种意义上说，所有经济活动都有负面影响或（机会）成本，因为所消耗的资源不能用于其他目的。经济学的一个核心原则是，市场机制的价格体系通常能很好地将这些成本内部化。但有时情况并非如此。政府可能想要对污染或破坏环境的活动征税，因为污染提高了破坏性或灾难性气候变化的风险、对他人的人身安全构成风险或对医疗保健系统施加高额成本。征税的目的不是提高税收收入，而是以某种方式改变相对价格，以促进或阻止某些经济活动，从而在理论上提高社会福利。

政府征税的第二个目的是，在公民之间重新分配购买力或收入，表面上看是将购买力或收入从那些多于所需的人中分配给那些入不敷出的人。市场经济在生产商品和服务以及激励技术创新方面非常有效，但它在很大程度上忽略了公平的问题。我之所以说"很大程度上"，是因为市场似乎确实有一些稳定机制，可以防止收入和财富不平等达到过于极端的地步：让我们回顾一下福特汽车公司创始人亨利·福特（Henry Ford）的观点，家庭提供劳动力服务需要获得足够的报酬，从而可以购买企业生产的产品。

政府征税的第三个也是最不为人所知的目的是调节总需求。提高税收会降低家庭购买力，反之亦然。如果经济过热或有过热的风险，政府可以通过增税来给经济降温。如果经济活动陷入停滞或即将陷入停滞，政府可以通过减税来提高家庭购买力，进而提振经济。在这方面，税收之于财政政策就像利率之于货币政策：当局可以利用这个旋钮使总需求与总供给保持一致，从而使经济在低通胀和稳定通胀的情况下实现充分就业。

关于政府支出和税收的普遍讨论通常是基于政府需要筹集资金来支付新的支出。这是不对的，因为从原则上讲，政府总能创造出它所需要的货币。政府不需要提高税收来支付新的支出，但可能需要释放经济中的资源，以便在不产生通胀压力的情况下来满足这部分新的支出。社会为新的政府支出买单的方式是放弃原本会存在的其他支出。在这种情况下，征税的目的本身并不是为了筹集资金，就好像政府需要这笔钱并打算真的用作支出一样，相反，征税是为了收回购买力，以释放必要的资源。

国外持有债券会发生什么情况

到目前为止，隐含的假设是政府债券由该国公民持有。将政府债券作为一种资产持有的人（通常是比较富裕的人）与将其作为一种负债承担责任的人（一般是纳税人）之间存在的任何分配问题，都将是代内问题，而不是代际问题。但如果一个国家持续存在预算赤字和经常账户赤字，那么外国人就会对该国积累大量的金融债权，可能包括持有该国的政府债券。这是否意味着，如果大部分政府债券最终由外国人持有，那么政府债券可能成为该国后代的负担？

用“负担”一词来形容这种状况似乎不太合适。美国多年来一直存在巨额预算赤字和经常账户赤字，日本和中国等国家现在持有大量美国国债。中国持有的美国国债使其在未来对美国商品和服务拥有索取权，这种索取权是通过过去向美国出口的商品多于从美国进口的商品而获得的。想象一下，美国国债的中国持有者选择在未来出售美国国债，从而消费更多的美国商品和服务。中国消费者仍然需要为他们消费的产品付费。对于这些商品和服务的生产商及其工人来说，来自中国消费者的需求与可能来自美国消费者的需求是无法区分的。

如果美国企业的产出是为了满足国外需求而不是国内需求，那么经常项目差额和汇率以及国内生产、投资和消费的模式可能会受到微妙的影响。然而，这些可能都是一个分散和全球化的市场经济复杂运作的组成部分，而不是代表一代人由于自己的消费、储蓄和投资决定而遗留给另一代人的负担。

债务与 GDP 之比这一指标存在的问题

在讨论政府债务水平的可持续性时，最常用的衡量标准是债务与 GDP 的比率。这是一个非常具有误导性的统计指标。一个国家的债务与 GDP 之比越高，人们就越担心其财政的可持续性。将债务与 GDP 之比保持在一定水平以下通常是宏观经济政策的一个或明或暗的目标。作为欧元区财政规则基础的《稳定与增长公约》(Stability and Growth Pact) 要求各国将债务与 GDP 之比保持在 60% 以下。接近 100% 的比率通常被认为是非常危险的，而像日本这样的国家，其总债务与 GDP 之比约为 240%，这会引起绝望（在日本的财政"鹰派"中）或困惑（为什么财政危机还没有发生）。日本的净债务与 GDP 之比约为 130%，虽然仍令许多人担忧，但远没有那么可怕。

债务与GDP之比的一个大问题是它混淆了单位。正如我刚才所做的那样，债务与GDP的关系被普遍看作一个比率。然而，正确的单位是“GDP年数”。债务与GDP之比是将存量除以流量；也就是说，用美元来衡量的某种东西，除以以每年的美元衡量的某种东西。分子以美元为单位，分母以每年的美元为单位，比率的正确单位是分母所计算的年数。正确的单位是“多少年”的GDP，用百分比来衡量债务与GDP的比率会造成不必要的混乱。

以100%的债务与GDP之比为例，在这种情况下，就是经济学家所说的“焦点数字”，这个数字吸引的注意力超出了它可能具有的任何内在意义。当百分比是正确的使用单位时，100%通常是可能的最大数量：例如，在衡量考试成绩、遵守规则或出席活动（相对于邀请的人数或场地的容量）时，一个达到100%的值，更不用说超过它了，唤起了一种达到或超过某种自然极限的感觉，微妙地强调了不可持续性。

如前所述，债务与GDP之比的正确单位是“年”。债务与GDP之比为1可以被认为是，如果有必要完全“偿还”政府债务存量，则需要为此目的分配一年的GDP。“年”似乎是一个比“100%”更美好的标准，特别是对于一个原则上会无限期存在的民族国家政府而言。即使如此，一个国家的公民辛苦工作了整整一年，他们的全部劳动成果被用来偿还国债，这个结果也是令人沮丧的。

但是，这是一种误导，政府债务根本不需要偿还。相反，政府债务代表了一种可以转化为购买力的资产，大量的政府债务意味着巨大的潜在购买力。真正的问题是，经济是否有能力生产出资产持有者可能想要消费的商品和服务。如果在任何一个时间点上都不是这样，那么整个经济将面临物价上涨的压力，整体物价水平或生活成本将开始上涨。这就是所谓的通货膨胀，通胀以及货币政策在控制通胀方面的作用，是我们接下来要讨论的话题。

第三章
为什么设置 2% 的通胀目标

从这些命题可以得出，通货膨胀在任何时候
和任何地方都是一种货币现象，也就是说，
通货膨胀只有在货币数量增长快于
产出增长的情况下才会出现。

——米尔顿 · 弗里德曼（Milton Friedman），1994 年[1]

是什么导致了通胀？政策制定者有什么工具来控制通胀？这是一个关于货币的核心问题，因为正如米尔顿·弗里德曼所说，"太多的货币追逐太少的东西"。

本章开篇米尔顿·弗里德曼的名言表明，货币太多会导致通货膨胀，[2] 而高通货膨胀会侵蚀货币的价值。控制通胀的政策关键必须在于确保创造出适量的货币：过多会导致通胀，过少则会导致通缩。在本章中，我们将探讨什么是通货膨胀，什么是货币政策，以及央行如何利用这些政策来控制通货膨胀。

我们还将研究为什么社会将控制通货膨胀的主要责任分配给中央银行和货币政策（而不是预算当局和财政政策）。

现代中央银行已经发展了几个世纪，最早的中央银行是从私人拥有的政府特许银行开始的，有许多关于它们演变的令人着迷的历史（见第一章）。在现代社会，央行是政府的一部分，但它们在政府中占据着特殊的地位，在政府内部，央行基本保持独立行事并对政府负责，但不受政府控制：正如美联储自己所说的那样，"'在政府内部独立'而不是'独立于政府'"。央行"独立性"的概念在现代经济体系中至关重要，以至于央行似乎更像是金融市场中的机构，而不是政府的一个部门。这里存在着语言上的微妙之处：央行在金融市场和经济中是如此重要以及它们的独立性是如此珍贵，以至于在谈论它们时，它们似乎不是政府的一部分，但实际并非如此。

定义通货膨胀

“通货膨胀”是一个危险的词，因为它对不同的人意味着不同的东西，有时甚至对同一个人也意味着不同的东西。对于一个如此重要的词，需要深入理解其含义。通货膨胀经常被用作“高通货膨胀”的同义词。对于普通人来说，通货膨胀意味着他们每天购买东西的成本在上升。这可不是一个好现象。

但对央行官员和经济学家来说，通胀未必是坏事。他们认为适度的通货膨胀是件好事，是一种帮助经济车轮有效运转的润滑剂。央行的任务是保持“物价稳定”或“价格稳定”，这并不意味着某种特定商品的价格稳定——事实恰恰相反。央行官员通常是“华盛顿共识”的坚定支持者：他们支持自由市场，在这种市场中，供给和需求可以自由变化，市场价格也会随之波动。中央银行试图稳定的是平均价格水平——一个精心构建的总体价格水平指数，平均价格波动的幅度通常为2%。对大多数央行官员来说，“零通胀”实际上意味着2%的通胀；按照目前的衡量标准，通胀率为零意味着物价水平在下滑。

当被追问是否希望自己购买的东西的价格下跌时，大多数人会说：“是的。”较低的物价水平意味着较高的生活水平。但对央行官员和经济学家来说，情况并非如此。物价水平下降（或负通胀率）与物价上涨过快一样糟糕，甚至更糟。这里有几个原因。第一个原因是明确的：央行官员希望保持价格稳定，这意味着价格水平既不过快上升（速度快于目标），也不持续下降。

第二个也是更深层次的原因是经济学家从“一般均衡”的角度思考问题。他们不仅关注一件事对另一件事的影响（也就是说，在“局部均衡”的条件下），也试图追踪一件事变化之后对所有其他事物产生的一系列相互作用的影响，以及反过来又如何影响已经改变或被改变了的原始事物（从技术层面讲，他们将经济的新均衡与旧均衡进行比较，看一切调整后发生了什么变化）。经济学家认识到，一个人的支出是另一个人的收入，所以对一个人有利（价格下降）可能对另一个人不利（收入下降），这可能会反过来伤害那些认为自己从价格下降中受益的消费者……直到他们发现这是因为经济疲软，并最终导致自己失去了工作。大萧条时期出现了通货紧缩，但很少有人为此庆祝。

第三个原因是，央行官员和经济学家普遍认识到，央行在通胀过高时降低通胀要比在通胀过低时提高通胀容易。央行行长们不乐于应对持续下降的物价水平。不受央行控制的财政政策在这方面则更为有效。

在衡量通货膨胀率时，可以区分出四个区域：

1. 通货膨胀等于目标
2. 通货膨胀高于目标
3. 通货膨胀低于目标，但为零或略高于零
4. 负的通货膨胀（或者通货紧缩）

第三个区域的通货膨胀有时被称为“通货收缩”（disinflation），以区别于通货紧缩，尽管“通货收缩”一词通常用于方向性意义上，例如当较高的通货膨胀由于“通货收缩力量”而出现下降之时。央行观察员必须是熟练的语言学家！

为什么设置 2% 的通胀目标

为什么央行选择 2%（或其他正数或正数区间）作为目标，而不是零？如果各国央行将通胀率设定为零，并在目标附近留有一点余地，就可以避免这种复杂性和模糊性。正常来说，为了保持物价稳定应该将通胀目标设定为零；高于这个值就是通货膨胀，低于这个值就是通货紧缩。央行行长们要同时避免通货膨胀和通货紧缩。

然而，货币的存在使事情变得更加复杂。经济学家通常建议央行将通胀目标设定为一个适度的正数，原因有三。

第一个原因是，人们认为测量出来的通胀率高估了真实通胀率。这背后的争论可能很快就会变得非常具有技术性。通货膨胀是通过 CPI 的变化率来衡量的。CPI 通常有一个基准年，其中包含的各种商品和服务的权重是固定的。但是，消费者对价格变化的反应是机会主义的，他们会更多地购买价格下跌的商品，而较少地购买价格上涨的商品。这导致 CPI 在某种程度上夸大了生活成本的上涨，因为它隐含地假设消费者不会对价格变化做出反应。统计学家试图将质量改进纳入 CPI，以便判断价格没有变化但质量提高了的产品事实上出现了价格下降。在某种程度上，这种质量提高被低估了（事实很可能如此），因此 CPI 有一个向上的偏差。

第二个原因涉及人类心理和经济学家所说的“工资刚性”。一般来说，人们希望他们的工资上涨而不是下降。对工人来说，重要的不是他们的名义工资会发生什么变化，而是他们的实际工资会发生什么变化，即他们的名义工资经通胀调整后会发生什么变化。如果通货膨胀率是每年 2%，而我的工资每年上涨 2%，我的实际工资是不变的。但假设经济环境是这样的：我的工资实际需要下降 1%，我的雇主才能保持足够的竞争力，才能继续经营下去，我也才能继续工作。如果央行成功地将通胀率控制在 2%，那么我的雇主就可以给我加薪 1%，这样我可能不会太沮丧，但并不会反对。但如果央行的目标是零通胀率，我的雇主将不得不把我的工资削减 1%，以达到同样的效果，我可能会强烈反对。

为什么是 2%，而不是 3% 或 4%？答案背后几乎没有什么科学依据，但传奇的银行家艾伦 · 格林斯潘（Alan Greenspan）有句名言：“价格稳定是一种状态，在这种状态下，一般价格水平的预期变化不会有效地改变企业和家庭的决策。”[3] 2% 是一个高于零的整数，但被认为不够高，从而不会引起人们的注意和不满。

第三个原因有点技术性，但与经济学家所说的利率“零下限”有关。当央行需要刺激经济并试图防止通胀率低于目标水平时，它们使用的主要工具是隔夜利率。为了控制经济活动和抑制通胀压力，央行可以提高隔夜利率；他们这样做的能力没有上限。然而，在另一个方向上则不是这样：央行可以将隔夜利率降至零或接近零，但仅此而已——这就是零下限。然而，“零”需要标一个星号：最近的经验表明，央行可以在有限范围内将隔夜利率降至负值，甚至一些市场利率也可能会跟进，但这仍存在技术和操作上的限制，更不用说政治和公众接受的限制了。因此，零下限已成为“有效下限”。

2% 左右的通胀目标有助于放松利率有效下限的约束。假设通货膨胀率为 2%，中央银行设定的隔夜利率为 3%，这意味着实际利率为 1%（3%-2%）。想象一下，现在经济陷入衰退，通货膨胀率下降 0.5 个百分点，降至 1.5%。中央银行希望刺激经济并使通货膨胀率回升，因此将隔夜利率降至 1%。尽管名义利率是正的，但实际利率现在是负的（-0.5%）。这可能会产生效果。

假设央行的目标通胀率为零，但其他条件类似：隔夜利率为 1%，实际利率也为 1%，通胀下降 0.5 个百分点（因为通胀目标为 0，所以此时经济整体价格出现下降）。简单起见，还假定有效下限为 0%。现在出现了一个问题：央行不能像前面那样将利率下调 2 个百分点，因为它触及了零利率下限。央行为刺激经济所能设定的最低实际利率是 0.5%。零利率下限意味着 2% 的通胀目标给了央行更大的空间来降低实际利率从而刺激经济。

这一逻辑更适用于 3% 或 4% 的通胀目标，一些经济学家主张更高的通胀目标，因为这样可以有更大的回旋余地。但事情都有两面性：通胀目标越高，央行努力保持货币购买力的说法就越可疑，央行获得政治和公众支持的可能性也就越小。

中央银行如何控制通胀

货币政策发挥作用分为三个步骤：

- 中央银行制定货币政策。
- 金融市场做出反应，将货币政策“传导”给实体经济。
- 实体经济做出反应。

货币政策以非常间接或迂回的方式起作用。货币政策取向的变化可能很快转化为金融状况的变化，但金融状况的变化可能需要相当长的时间才能影响经济活动。因此才有了货币政策具有长期可变滞后效应的观点。

中央银行制定货币政策的目的是影响金融状况，这取决于它们认为经济活动和通胀压力是需要抑制还是需要提振。从概念上讲，货币政策非常简单：中央银行有一个旋钮，当需要刺激经济时，向一个方向（向下）转动；当需要抑制经济时，再向另一个方向（向上）转动。

说货币政策以迂回的方式起作用，意思是央行没有任何直接影响经济活动的工具。央行的职责是指导、推动、说服，有时甚至是威胁，但它无法直接支配或控制经济结果。货币政策最大的优势是其最大程度地依赖于分散的市场经济，但这同样也是它最大的缺陷。

货币政策制定也受到不确定性的困扰。经济是一个高度复杂和动态的实体，央行必须正确评估经济状况。这需要很好地理解每个时点经济轨迹的动态变化，以及经济可能如何对货币政策的变化做出反应。央行还必须正确地诊断病症，开出并使用正确的药方。货币政策对经济的作用是滞后的，而央行得到的大部分数据也是滞后的，这两个滞后相互叠加要求货币政策制定必须是前瞻性的，但困难的是大多数可用的数据都是历史数据。

在2008年全球金融危机之前，对于大多数发达国家的央行来说，货币政策在操作上非常简单。日本央行是主要的例外，因为在日本20世纪80年代大规模资产价格泡沫破裂后，日本央行比美联储和其他主要央行早10年被迫将利率降至零下限。在正常情况下，央行有一个旋钮——短期利率——它可以通过判断经济需要什么样的微调来调节这个旋钮。自金融危机以来，尤其是新冠疫情大流行以来，货币政策制定变得更加复杂，我们将在下一章中讨论这一点。

通胀目标

金融危机爆发前的一段时间是“通货膨胀目标制”的全盛时期，通胀目标制是一种货币政策操作框架，并在过去20年里不断发展。[4] 在这个框架下，央行试图通过宣布明确的通货膨胀目标和在公众中建立信誉来控制通货膨胀。这里使用的“公众”一词包括金融市场参与者，尤其是交易员、基金经理和投资者。作为通胀目标的可信度意味着公众相信央行有能力也有意愿实现其通胀目标：央行拥有必要的工具和必要的独立性来使用这些工具，并有决心这样做。

通胀目标制框架的有效运作假设是，央行利用其货币政策工具应该能够控制通胀，因此赋予它这项职责是有道理的。央行应该有能力通过货币政策控制通胀，这在过去几乎是经济学家和央行官员的信条；财政政策作为一种稳定宏观经济的工具，被认为是不必要或无效的，甚至被一些人认为会适得其反。自金融危机和新冠疫情大流行以来，人们越来越意识到财政政策也可以发挥重要作用，有时可能需要发挥主导作用。问题在于，基于央行独立性和假定货币政策处于首要地位的宏观经济政策框架，不利于货币政策和财政政策的最优协调，更不用说联合行动了。

宏观经济政策的目标是保持经济“充分就业”和物价水平稳定。对经济学家和政策制定者来说，充分就业是一种名义上的经济状态，在这种状态下，每个想工作的人都能找到工作（有足够的需求）；这并不意味着失业率为零或接近于零，因为总有一些劳动力处于更换工作或寻找工作的过程中。

宏观经济政策的传统观点认为，通过控制通胀使其与（通常是）2%的目标保持一致，是实现充分就业这一目标的最佳途径。任何一个宏观经济学家都对“菲利普斯曲线”烂熟于心。用术语来说，长期菲利普斯曲线被认为是垂直的：也就是说长期来看（当一切都经过调整之后），通货膨胀（在y轴上）和失业（在x轴上）之间没有权衡关系。试图推动失业率低于“自然失业率”，最终只会在相同失业水平下导致更高的通胀。

然而，政客们着眼于下一届选举的短期思维，可能会促使他们主张“刺激”经济，即使这样做的长期影响可能是失业率不变，但通货膨胀率会变得更高。现代宏观经济政策制定的一个关键原则是，在管理货币政策时，央行需要不受政治影响。政府赋予央行操作上的“独立性”，是政府可信地承诺不干预货币政策制定的一种方式。政府赋予中央银行控制通货膨胀和保持经济充分就业的任务，并赋予它可用的工具，但承诺不干涉中央银行为完成任务而使用这些工具。

在这项工作中，央行努力“管理”公众的通胀预期，或将其“锚定”在通胀目标上。管理公众的通胀预期在帮助央行实现其目标方面发挥着关键作用，因为通胀预期在很大程度上决定了通胀结果。至少从中期来看，通胀目标具有自我实现的重要特征。如果央行能够让公众相信它有能力也有决心实现其通胀目标，那么公众将央行的通胀目标作为自己对未来通胀的预期就是合理的，这反过来又有助于确保实现通胀目标。这听起来好得令人难以置信，似乎不可能是真的，或者至少不是在所有情况下都是真的。

沟通和透明度是央行管理通胀预期的核心。央行不仅通过宣布明确的通胀目标，还通过传达其对当前和未来可能的经济发展、货币政策决策过程和“反应函数”的看法，也就是央行准备如何应对未来的发展，开诚布公地与公众沟通。央行用于沟通的方式多种多样：正式宣布货币政策决定；定期发布详细的经济预测报告，通常包括对未来货币政策决定的预期；公布货币政策会议纪要（通常几年后还会公布完整的会议记录）；让主要官员发表讲话和接受采访；公布其研究人员的分析结果。毫不夸张地说，通胀目标是关于沟通、沟通、再沟通的。

调控短期利率

但在这个框架下，央行究竟是如何实施货币政策的呢？提高或降低隔夜利率取决于央行是想抑制还是想刺激经济活动。其中的机制很简单，表 3.1 是 2007 年 9 月 12 日美联储资产负债表的简化版本，就在美联储开始降息之前，全球金融危机的第一次震动开始显现。

表 3.1 美联储资产负债表简化版（2007 年 9 月 12 日）

资产（十亿美元）		负债和资本（十亿美元）	
美国政府债券	779.6	纸币	775.4
回购协议	45.0	准备金	31.7
黄金凭证	11.0	政府存款	5.2
贷款	7.4	其他项目	43.3
其他项目	47.2	资本	34.6
合计	890.2	合计	890.2

数据来源：美联储统计公报，H.4.1, federalreserve.gov /release/ h41/20070913/。

在正常情况下，美联储等中央银行将经济中的短期利率作为实施货币政策的主要工具。这个利率在不同的国家有不同的叫法，但都是商业银行向其他银行收取的隔夜（从一天到第二天）贷款利率。这里有必要深入了解它是如何运作的。

如前所述，中央银行是银行的银行，这意味着银行在中央银行有存款账户，这些账户用于结算银行间的交易。每天有数以亿计的非现金金融交易，其中许多是在银行之间结算的。假设我在当地的餐馆用信用卡或借记卡付了 50 美元的餐费，而餐馆和我在不同的银行有银行账户。50 美元由我的银行账户转到餐馆的银行账户，我的开户银行这样做：从我账户余额扣减 50 美元（资产负债表的负债部分），并从美联储的准备金中拨出 50 美元到餐馆银行账户开户行的准备金（存款）账户。银行体系的存款总额和美联储的准备金总额都不会发生变化，准备金只是在银行之间转移。由于如此多的交易是在相对较少的银行之间结算的，因此银行之间的大部分交易都是净额结算，需要在准备金账户之间转移的只是每段时期银行之间的轧差净额。[5]

银行在央行的准备金账户支撑着整个支付系统，没有这个账户，现代经济就无法运转。准备金账户在货币政策制定中也发挥着关键作用。自金融危机以来，准备金账户的运作已经发生了变化，但要了解如何演变为今天这种形式的，有必要从金融危机前的体系运行开始，下文我将其简称为“危机前”体系。

金融状况（条件）

货币政策制定背后的关键思想是通过控制一个金融变量（隔夜利率），使央行可以间接影响其他利率和资产价格——也就是说，影响整个经济中的金融状况。“金融状况”是货币政策制定者和经济学家经常使用的一个广义术语，指的是金融市场状况对经济活动有利或不利的程度。当利率处于低位或下降、银行急于放贷、股票价格和其他风险资产的价格处于高位或上升、“信用利差”（不同风险程度的公司债券与政府债券的收益率之差）缩小、货币汇率走弱时，金融状况就是“宽松的”。相反，如果利率上升、银行更不愿意放贷、风险资产价格下跌、信贷息差扩大、汇率走强，那么金融状况就是“收紧的”。

套利连接一切

是什么样的“炼金术”让央行通过调整一个短期利率来影响如此广泛的利率、资产价格和贷款条件？答案是“套利”。所有利率和资产价格都通过一种被称为“金融套利”的过程间接联系在一起，这种过程是由寻求更高财务回报的交易员和投资者推动的。如果与一种价格较高的资产相比，另一种资产的价格显得较低，考虑到它们各自的前景或“基本面”，投资者将开始出售更昂贵的资产，对其价格施加下行压力，并购买更便宜的资产，从而对其价格施加上行压力。这种套利过程将一直持续下去，直到两种资产价格之间没有套利空间。套利时刻都在推动着金融市场的交易活动。中央银行同样可以利用它来达到自己的目的——只不过，中央银行是为了社会的集体利益。

对于货币政策传导，套利过程首先沿着“收益率曲线”运行，即与政府债券相应的一系列利率（收益率），期限越长利率越高，政府债券最长可达30年或更长时间。给定期限债券的收益率可以被认为是市场利率，随着交易者买卖债券，市场利率也可以不断变化（这个收益率不同于票面给出的利率，票面利率是承诺的相对于本金的年度支付，或最初由发行债券筹集的金额）。债券价格和收益率走势相反：债券价格上涨，收益率下跌，反之亦然。隔夜利率是最短期限的利率，是收益率曲线上的第一个点，即“锚点”；曲线上的所有其他利率都间接受到隔夜利率的影响，因为它们包含了市场对其未来路径的预期。

套利再次以一种微妙的方式发挥了作用。中央银行可以控制隔夜利率，下文详细说明了中央银行是如何对其进行控制的。

中央银行宣布隔夜利率目标，通常称为“政策利率”，然后调整银行体系的准备金数量，使银行间准备金市场的现行利率与之保持一致。在美国，它们分别是联邦基金目标利率和联邦基金利率。危机前，包括美联储在内的大多数央行都不向准备金支付利息，就像不向纸币支付利息一样。这意味着，央行所需要做的就是调整银行体系中的准备金规模，使之与所有银行的最低准备金要求总和大致相符。如果准备金数额远远高于最低要求，银行将急于将其“超额准备金”借给其他银行，这将对隔夜利率构成下行压力；如果远低于这一水平，一些银行就会争先恐后地借入准备金，以达到最低准备金要求，这将给隔夜利率带来上行压力。通过调整准备金的数量，央行能够控制短期市场利率，根据需要引导其上升或下降从而达到目标。

如果中央银行今天能够控制隔夜利率，那么明天、后天以及未来的每一天都可以这样做，市场参与者都知道这一点。央行能够控制隔夜利率和投资者知道并据此采取行动这两件事，共同推动了整个收益率曲线上的套利行为。套利确保了收益率曲线上的每个点都包含了市场对未来政策利率走势的预期。

现在，假设情况不是这样的，我们来看看会发生什么。举个最简单的例子，假设一家银行想借两天的准备金，而现行的两天期利率高于以当前隔夜利率借款并进行两次同样操作所付出的成本。在这种情况下，理性的银行不会以两天期利率借贷，而是以隔夜利率借贷，并计划第二天再这样做，以达到与直接借用两天准备金同样的效果。这将给两天期利率带来下行压力，给隔夜利率带来上行压力（尽管央行将抵销此类的上行压力）。在利润动机的驱动下，套利将确保两天期利率既反映今天的政策利率，也反映市场对明天政策利率的预期。如果两天期利率是这样，那么三天期利率也会是这样，整个收益率曲线都会是这样的。

这是中央银行利率设定的微妙之处：隔夜利率并不直接影响

对经济活动最重要的贷款利率，比如消费贷款、住房抵押贷款和企业投资贷款的利率，这些贷款期限从 2 年至 30 年不等，但隔夜利率会间接地对上述产生影响。哈佛大学（Harvard University）经济学家、美联储前理事杰里米·斯坦（Jeremy Stein）有句名言：货币政策就是“钻空子”。[6] 也可以说，货币政策有一只“很长但看不见的手”。

期限越长，收益率通常会越高，因为投资者将资金投入的时间越长，需要得到的补偿也越多，这被称为“期限溢价”，通常为正。这一点以及收益率曲线上的其他细微差别不会改变基本机制，套利只是将它们纳入无尽的逐利过程。套利效应并不局限于收益率曲线，而是延伸到了所有金融资产，并将其松散地捆绑在一起，与政策利率挂钩。假设债券价格上涨是因为央行降低了政策利率，并向市场发出了利率可能会长期处于低位的信号，再假设这一前景尚未被计入资产价格，在其他条件相同的情况下（当然永远不会如此），股票价格现在将更具吸引力。

经济学家使用“其他条件不变”的假设作为一种分析手段，试图隔离一件事对另一件事的影响，而不是作为对现实的描述。保持不变的其他一些事情很容易与正在考虑的变化密切相关，特别是当一个因素驱动另一个因素时。尽管在其他条件相同的情况下，低利率应该会提振股价，但只有经济走弱才会导致央行降息。至少在最初阶段，这种疲软的经济效应可能会压倒货币宽松效应导致股价下跌。但在市场上，时机决定一切，如果股市已经消化了疲弱的经济前景而没有消化货币宽松政策，那么降息很可能会导致股价上涨。

央行在早期思考如何利用货币政策管理宏观经济的基础上，建立了这种通胀目标框架。在这一框架于20世纪90年代以来成为主流之前，经济学家在理解宏观经济以及经济活动水平与通货膨胀之间的关系方面取得了重要的理论突破。1958年，经济学家威廉·菲利普斯（William Phillips）指出，工资通胀和失业率的变化是相反的，失业率的下降与工资的快速增长有关。后来，上述联系被重新定义为价格通胀与失业之间的类似关系，即著名的菲利普斯曲线。

这对央行官员的暗示是，在操作货币政策时，他们也许能够利用通胀和失业之间的权衡，这意味着他们可以以容忍略高的通胀为代价，把失业率推低一点。这同时暗示了央行独立性的重要性：如果政客们能够影响或控制货币政策，他们可能会忍不住刺激经济，压低失业率，尤其是在选举之前。这将以更高的通货膨胀为代价，但高通胀很可能会出现在这些政客再次当选之后！

经济学家米尔顿·弗里德曼和埃德蒙·菲尔普斯（Edmund Phelps）在各自的著作中指出，追求这种权衡是徒劳无益的。他们认为，虽然有可能通过刺激经济将失业率暂时压低至“自然失业率”以下，但随着时间推移和经济不断调整，最终只会推高通胀，并因为公众上调通胀预期而使通胀处于更高的水平。从长期来看，一旦经济完全调整，失业率仍将处于“自然”或充分就业率；通货膨胀率只会被推得更高，到底有多高则取决于政策制定者多么执着地利用通货膨胀和失业之间存在权衡的错误认知。这进一步增加了央行独立性的理由：最好是让政客们远离货币政策制定的杠杆，而是应该将此留给了解这些错综复杂事情的技术官僚。

通胀目标制框架结合了上述观点，以及 20 世纪 70—80 年代理性预期革命的思想。经济学家喜欢使用模型，有时是相当复杂的模型，来帮助他们理解经济并预测经济未来的路径。理性预期革命的关键思想是，在为政策目的建立和使用模型时，经济学家最好假设公众拥有与政府相同的经济模型，或者至少表现得好像是这样。如果政策制定者使用的经济模型假设公众在某种程度上是可以被愚弄或欺骗的，那么就会聪明反被聪明误。

通胀目标制的核心思想，是央行能够控制公众的通胀预期，这里透明度和沟通是关键，央行并没有试图把事情推给公众，也没有什么锦囊妙计。相反，央行告诉公众，它的目标是达到一定的通货膨胀率，并让公众了解它对经济的看法。央行的信誉也是关键，建立信誉需要以下两件事。一是公众需要相信央行拥有将通胀保持在目标水平的工具。二是公众需要相信央行将利用工具努力实现通胀目标，重要的是赋予央行必要的操作独立性和不受政治干预的独立性。如果这两个条件得到满足，公众就有理由预期，现实的通胀率将是央行宣布的目标通胀率。如果公众相信央行能够且将会控制通货膨胀，为什么他们会期望通货膨胀率不是央行所宣布的目标呢？

如果央行的经济模型意味着其可以控制通胀，那么公众也需要接受这种模型。央行的通胀目标也必须符合公众普遍预期的通胀率，两者都需要事后证明。

这并不是说央行可以在短期内的任何时间点都能控制通胀率。这是不可能的，正如最近全球通胀在新冠疫情后飙升所显示的那样。实际的通货膨胀率在任何时间点都会受到噪音或随机冲击的影响，这些噪音或随机冲击会把它推向不同的方向。然而，从中期来看，公众的通胀预期有助于稳定通胀结果，因为它们已嵌入到工资和价格设定行为中。当工人与雇主就加薪进行谈判时，双方都应该建立一个基本预期，即在协议期限内，通货膨胀率将维持在 2% 左右（或央行的任何通胀目标）。同样，当经济中无数的个体企业为它们出售的商品和服务定价时，也会考虑到同样的通货膨胀率。作为对供需变化的回应，个体价格将相对于其他价格发生变动，但这种变动不会建立在对整体价格水平变动与央行通胀目标不同的预期之上。以这种方式“锚定”公众的通胀预期，有助于使通胀与央行的目标保持一致。

通胀目标制框架包含了一些巧妙的特点，在多数情况下都非常有效。但事实证明，该框架也有一些严重的局限性和缺点，因为其有效的前提是中央银行可以单独控制通货膨胀。当经济运行接近充分就业，通胀与央行目标一致时，这可能是正确的。当央行只需要对其政策立场进行偶尔的微调就能保持经济平稳时，货币政策的效果相当不错。此外，在政策利率距离有效下限还有很大距离的情况下，这也意味着央行的“武器库”中有很多利率“弹药”。

然而，在另外一些情况下，货币政策的有效性要低得多，即使不是完全依靠财政政策，也可能需要财政政策的大力配合。一种情况是，经济承受了巨大的负面需求冲击，实际 GDP 远低于经济的潜在水平。此时，需要快速、大规模地提高总需求，财政政策可以把钱直接放进人们的口袋里，让人们投入大型基础设施项目中去，这比货币政策更有效，货币政策则依赖于间接、缓慢和分散的方式产生需求。

当过多的债务积累起来，经济进入长期（即结构性驱动的长期）去杠杆化周期时，货币政策的效果也会下降，就像日本在20世纪80年代资产价格泡沫破裂后，20世纪90年代所发生的那样。货币政策主要依赖于创造激励，鼓励家庭和企业借贷为经济活动的扩张融资，例如通过购买耐用消费品、住房投资和企业资本支出。然而，如果家庭和企业专注于偿还现有债务或不承担过多的新债务，货币政策的效力就会大幅下降。

另一种完全或主要依靠货币政策可能不合适的情况是，均衡实际自然利率（也称为“自然利率”）非常低。那么，在大部分时间里，央行的操作可能会非常接近有效下限。自然利率是指经济处于充分就业和低而稳定的通货膨胀状态时的实际利率。由于各种各样的原因，自然利率是许多猜测和辩论的主题，在过去的几十年里，自然利率似乎一直在下降，尽管在新冠疫情后可能会发生逆转。美联储估计目前美国的自然利率在0.5%左右，这意味着“中性联邦基金利率”——当美联储既不需要收紧货币政策也不需要放松货币政策来维持经济运转时的政策利率，将在2.5%左右。因此，如果美联储需要在衰退期间降息，或避免经济衰退，就只有250个基点的降息空间。然而，“二战”后美联储在经济衰退期间平均降息约500个基点。

在这些情况下，支撑通胀目标框架的假设——即央行拥有控制通胀的工具——开始显得不稳固。在货币政策的支持下，财政政策能起到提振经济的作用，但通胀目标制的一个关键原则是，央行需要独立于政府，不受“财政主导”的支配。货币和财政当局之间的密切沟通，货币政策和财政政策的密切协调（如果不是联合行动）可能是必要的，但对于通货膨胀目标制的倡导者来说，这种事情就像红布之于公牛一样。这种协调和联合行动确实会在危机中发生，主要的例子是全球金融危机和新冠疫情大流行，但这种协调和联合行动是以一种临时的方式进行的，而且弥漫着一种不安（如果不是尴尬的话）的感觉。

从博弈论角度看待货币政策制定

通胀目标制的作用机制可以通过博弈论来解释，博弈论（通常）对双方之间的战略互动进行建模。博弈论中的一个关键概念是“可信威胁”，当一方采取另一方所警告的行动时，实施威胁符合发出威胁的一方利益时，威胁就是可信的；不可信的威胁是指如果受到威胁的一方识破另一方只是出于虚张声势而做出威胁，并不会真正付诸实施。如果雇主正在寻找一个解雇员工的好借口，告诉员工如果他们不提高自己的业绩就会被解雇，这可能是一个可信的威胁；如果员工相信这个威胁，他们可能会努力工作，避免被解雇。另一方面，如果一名员工处于被解雇的边缘状态，并希望避免被解雇，他威胁雇主，如果解雇他就起诉雇主，雇主可能意识到员工的威胁是不可信的，会继续解雇员工——员工一旦被解雇，可能会意识到他的威胁是站不住脚的，如果起诉雇主只会获得一个自身有问题、愤世嫉俗的不良声誉。

可信威胁的关键在于，如果双方都认为实施威胁是非常可能的，那么这种威胁就会产生预期的效果，而不必实际付诸实施。

一方的可信威胁对改变另一方的行为具有强大的影响，但这一点从未被观察到。

如果公众不将央行的目标通胀率作为其通胀预期，那么以特定通胀水平为目标的央行可以被认为是向公众发出了“威胁”。假设通货膨胀率明显高于央行的目标，比如从 2% 上升至 4%，公众相应地提高了通胀预期，这反过来又会导致通货膨胀率在未来保持 4% 左右。为了防止这种情况发生，以通胀为目标的央行威胁要惩罚公众的预期，它可以通过充分收紧货币政策将通胀降至目标水平，在必要时甚至将经济推入衰退。如果公众认为这种威胁是可信的，他们就不会提高通胀预期，通胀就会降至 2%，货币政策也就不必那么紧了。央行可以把利率提高到它需要的最高水平，因为它有这样做的授权和工具。它们的威胁可信吗？如果央行是独立的、不受政治控制的话，很可能是可信的。

在撰写本书时，这一理论正受到考验，因为美联储的行动已经远远落后于通胀曲线。目前，它正在积极采取行动提高利率。2020 年 3 月，美联储开始全力以赴应对疫情，当时以 CPI 衡量的通胀率为 1.5%，而此前 12 个月的平均通胀率为 2%。在接下来的 12 个月，平均通胀率为 1.2%，通胀从 2021 年 3 月开始上升，达到惊人的 8.5%，2022 年 3 月，美联储政策开始转向，通胀在 6 月达到 9.1% 的峰值。[7] 在 2020 年 3 月—2022 年 3 月期间，美联储将隔夜利率目标区间（联邦基金利率）维持在 0—25 个基点，但至 2022 年底的 7 次会议，累计将目标区间提高了 425 个基点，目标利率区间升至 4.25%—4.50%。

如果通货膨胀率大幅低于央行的目标，比如从 2% 降至 0%，公众相应地调整了其通胀预期，这反过来又导致通货膨胀率在未来一直维持在0%左右，这种情况与1995年后的日本没什么不同，这该怎么办？博弈论的解释是，一个以通胀为目标的央行面对这样的前景会威胁“惩罚”公众，因为他们的通胀预期与银行的目标不一致，通过降息和采取其他措施来推动经济再膨胀（即刺激经济并推高通胀率）。“惩罚”这个词听起来可能有点奇怪，但想想公众因央行对经济和通胀的管理失误而遭受的一些不便或经济损失吧。真正的问题是，此时央行的“威胁”是否仍然可信？央行有授权和独立性，但它有工具吗？利率“弹药”有限的事实让人们对这一点产生了一些怀疑，并表明央行可能需要财政政策的大力帮助。央行“威胁”可信的关键可能在于，必须是央行和政府共同构成的威胁。但是，通货膨胀目标制框架需要维护央行的独立性并确保货币政策的首要地位，这种设置阻碍了央行和政府共同实施威胁。

教科书中模型的误导性

货币政策的运作方式不同于教科书上常见的描述，后者塑造了大众对货币政策的理解。教科书上的故事带有强烈的“货币主义”或“货币驱动一切”的意思：中央银行控制着“货币供应”，在必要时扩张或收缩货币供应，这取决于中央银行认为是否需要刺激或抑制经济。经济学家天生对“货币供给”的含义含糊其词，因为存在许多“货币总量”或货币供给类别（如第一章所述）。有时他们指的是准备金或货币基础（准备金加上纸币），但更多时候他们指的是 M2（纸币、活期存款、储蓄存款和一些货币市场基金）。关于央行如何调整货币供应，有两种说法，分别对应于银行体系资产负债表的两个方面：资产一侧是贷款，负债一侧是存款。

一个版本侧重于银行贷款或信贷渠道（资产方）。中央银行通过增加（减少）准备金来提高（减少）货币供应，这会“成倍”地增加（或减少）银行贷款。这就是著名的“货币乘数”模型，在经济学教科书中随处可见，是几代经济学教师讲授的主要内容之一。按照这种世界观，央行增加准备金会机械地转化为银行贷款的增加，从而刺激经济活动。该模型建立在两个关键假设之上，但不幸的是，这两个假设与现实不符：银行以固定存款准备金率为目标，因此会不断提高放贷规模，直到达到准备金目标；公众持有的货币（纸币和硬币）与存款的比例是固定的。[8]

另一个版本是纯粹的货币主义，关注公众对货币的需求（银行系统的负债方面），遵循米尔顿 · 弗里德曼的观点认为，央行可以通过货币乘数过程控制名义货币供应量，但无法控制公众的货币需求，而公众的货币需求是一种实际需求。弗里德曼的关键思想是，公众希望持有刚好足够的货币，以满足其在特定时期内对一定数量的商品和服务的需求。按实际价值计算，货币的需求必须等于货币的供给，但考虑到央行只控制一个（名义货币供给）而不控制另一个（公众的实际货币需求），是什么平衡机制发挥了作用呢？对弗里德曼来说，答案很简单：价格水平会调整，直到货币供给和需求达到平衡。这就是中央银行控制通货膨胀的方式。假设央行提供了过多的货币，公众持有的货币相对于实际需求过多，他们会试图通过购买商品和服务来消除过多的货币。但总体而言，公众必须持有央行提供的（名义）货币存量，多余的货币会在经济中流通。与此同时，对商品和服务的需求持续上升，推高了价格水平。这个过程一直持续到公众愿意持有中央银行提供的货币数量；当发生足够高的通货膨胀，使实际货币供应量等于公众的（实际）货币需求时，就会产生这样的结果。

然而，这个故事有一个致命的问题：央行并不是这样实施货币政策的。在 2008 年金融危机之前，美联储和大多数其他主要央行都不对准备金支付利息，而且经济状况使得央行的目标利率为正——也就是说，它们的货币政策操作远离零利率下限。在这种情况下，它们并没有把准备金作为积极的货币政策工具。如果一家央行试图通过增加准备金来增加货币供应量，使其超过与总最低准备金要求相对应的规模，那么隔夜利率就会降至零，因为银行试图将其超额准备金转移给其他银行，但发现没有人愿意接受。

这一切都随着 2008 年金融危机的爆发而改变了（就日本央行而言甚至更早，日本央行在 2001 年 3 月就实施了量化宽松，金融危机爆发时正在与通货紧缩作斗争），当时美联储和其他主要央行将政策利率降至或接近于零。这样，这些央行就可以大量提供超额准备金，而不必担心将政策利率降至零。一个大规模量化宽松的新时代开始了，这是我们接下来要讨论的话题。

第四章
量化宽松是无奈之举吗

美国政府拥有一种被称为印刷的技术
（或者，在今天是它的电子等价物），
它可以在基本没有成本的情况下，
随心所欲地印制美元。

——本·伯南克（Ben Bernanke），
时任美联储理事，华盛顿特区，2002 年 11 月[1]

为什么在过去的20年里，央行一直在通过购买（主要是）政府债券来扩大资产负债表的规模，这种政策被称为量化宽松或简写为QE？这一政策是如何发挥作用的，央行希望通过这一政策达到什么目的？当央行试图退出量化宽松时，如果有问题的话，它们会面临什么问题？为什么量化宽松会招致如此多的批评？

如今，量化宽松已成为发达国家央行工具箱的一部分。日本央行在21世纪初率先推出了量化宽松政策，试图结束日本长期的通货紧缩。当时，大多数观察人士认为量化宽松只是日本人的好奇心，但在2008年9月全球金融危机爆发后，量化宽松走向了全球。美联储、欧洲央行、英国银行以及日本央行都采取了不同形式的量化宽松政策。随后，随着新冠疫情大流行，这些主要央行再次实施量化宽松政策，一些其他央行也加入进来。

美联储从未将其资产负债表扩张正式描述为量化宽松，而是将其描述为“大规模资产购买”，或LSAPs——一个更难看的有关货币的缩写词。另一方面，英国央行从一开始就毫不掩饰地称其资产购买计划为QE。日本央行“笨拙”地将2010年10月类似于量化宽松的举措描述为其全面货币宽松政策中的资产购买计划；更巧妙的说法是，日本央行将2013年4月的重大政策转变称为“量化和质化宽松”（Quantitative and Qualitative Easing，简称为 QQE）。欧洲央行没有使用“量化宽松”一词来描述其各种资产购买计划。但以上这些都是量化宽松。

量化宽松一直备受争议。批评人士对其提出了各种各样的反对意见，认为这是不顾后果的印钞行为，因此可能会引发严重通货膨胀；这是对金融市场的过度干预和扭曲；由于央行过于偏向财政政策，货币政策和财政政策之间的界限变得模糊；或者根本就是效率低下，不值得这么做。尽管其中的一些批评有道理，但大多数批评反映了对量化宽松是什么以及它如何运作的误解。同时，央行行长们的深奥解释通常于事无补。在本章中，我试图通过回归经济基础理论来拨开围绕 QE 的一些“迷雾”。量化宽松模糊了货币政策和财政政策之间的界限，因为这条界限一开始就不那么清晰。当各国央行不得不全面实施量化宽松来实现其目标时，这无疑是一个信号，表明财政政策需要与货币政策协同行动。

量化宽松：央行在利率弹药用尽时的无奈之举

量化宽松到底是什么？简而言之，当央行有意购买资产（通常是政府债券），并通过创造央行货币（准备金）来提供融资时，央行就是在实施量化宽松。也就是说，它通过扩大资产负债表规模来放松货币政策。

图胜于言，下图 4.1 展示了 2002 年以来美联储资产负债表的规模。直到 2008 年 9 月，随着名义 GDP 增长和公众对货币的需求增加，美联储的资产负债表一直以每年 4% 左右的速度稳定增长。资产负债表的规模不是货币政策工具，而是它的副产品。回想一下第一章利用水桶的比喻，在央行开始对准备金支付利息之前，它们的目标是短期利率为正，因此必须将准备金总额保持在其设定的最低准备金要求（即水桶里的水位线）所对应的水平。在量化宽松政策下，央行给自己换了一个大得多的桶，不断往桶里注水，全然不顾过去的水位线。

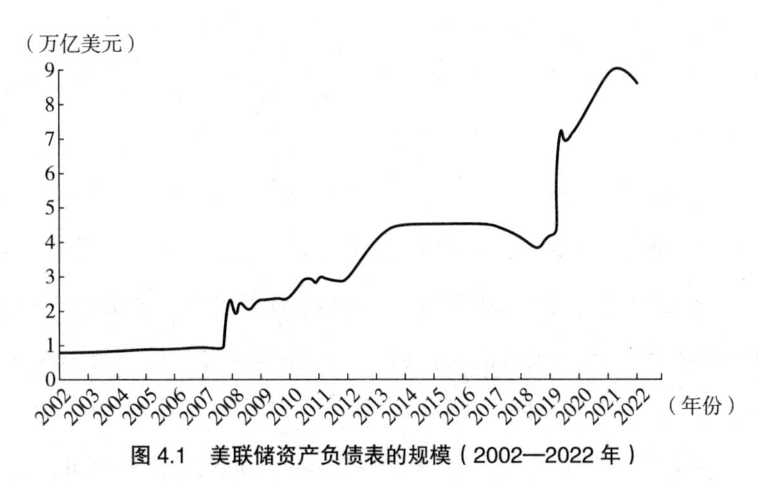

图 4.1 美联储资产负债表的规模（2002—2022 年）

数据来源：联邦储备系统理事会，摘自 FRED，圣路易斯联邦储备银行，每周数据。

央行为何开始实施量化宽松？简而言之，量化宽松是央行在用尽利率弹药或达到利率“有效下限”时可以采取的政策措施，目的是刺激经济活动。这个下限过去被认为是零或略高于零，但随着几家主要央行将政策利率降至负利率区间，有效下限现在被认为处于略负的区间（最低约为 -75 至 -100 个基点）。

货币政策通过影响“金融状况”来调控经济，即借贷的难易程度以及与资产（如股票或房地产）价值相关的“财富效应”的大小。中央银行需要一个或多个工具，使它们能够收紧或放松金融状况，这取决于它们是需要抑制还是促进经济活动以实现宏观经济政策目标。

在现代“灵活通胀目标制”时代，货币政策的主要工具是隔夜利率。但政策利率在抑制或刺激经济活动方面的效力存在固有的不对称性。

当央行需要收紧金融环境来控制可能过热的经济并平息通胀压力时，它可以提高政策利率，而且央行在这方面的能力没有上限。保罗·沃尔克（Paul Volcker）在 20 世纪 80 年代初担任美联储主席时的做法就清楚地说明了这一点。如果 10% 的利率不足以抑制过热的经济和过高的通胀，那就试试将利率调至 15%，如果 15% 还不够，那 20% 呢？依此类推，没有上限。由于知道中央银行拥有无限的空间来提高利率，公众的通胀预期——通胀结果的关键驱动因素——很可能会保持在中央银行宣布的通胀目标附近，通常是 2%。

然而，当央行需要降息来刺激经济活动和应对通缩压力时，情况就截然不同了。无论起点利率在哪里，央行在触及零利率下限之前降息的空间都是有限的。例如，在 2019 年 7 月 31 日开始的宽松周期中，美联储只有 225 个基点的利率空间，为应对新冠疫情的冲击，在 2020 年 3 月 15 日就达到了零利率。

正如欧洲央行、日本央行和其他一些央行已经表明的那样——但其他央行一直不愿效仿——央行可以将政策利率设定在零以下。瑞士央行（Swiss National Bank）将其政策利率设定为 -75 个基点（即 -0.75%），为期 15 年，直到 2022 年 6 月才将其上调至 -25 个基点，随后在 2022 年 9 月上调至 0.50%。从 2014 年 6 月至 2022

年 7 月，欧洲央行维持了对银行的负存款利率（范围从 -10 至 -50 个基点）。同样，自 2016 年 1 月以来，日本央行将其隔夜利率固定在 -10 个基点。中央银行设定负利率可能看起来很奇怪，但这是一个必然的事实，即在任何时间点，中央银行都可以决定银行体系的总准备金量；如果它可以控制数量，它也可以设定利率。

事实可能证明，将政策利率大幅压低至 -75 个基点以下是困难甚至是不可能的，尤其是在政治上。央行实施的负利率本质上是对银行征税，而银行希望将这种税转嫁给储户；否则，它们将在资产负债表的这一部分获得"负利差"。但理论上，央行可以随心所欲地对银行实施负利率（因为银行必须持有央行提供的准备金），而对银行储户并非如此。他们可以选择从负收益的银行存款转向无息钞票。这限制了银行将负利率转嫁给储户的能力。

在有效利率下限，央行有一个可以用来继续放松货币政策的工具：它们可以通过所创造的货币来购买资产（通常是政府债券）。除非可用资产存在限制，否则央行这样做的能力在理论上是没有上限的（与法律规定相反）。[2] 因此，量化宽松恢复了央行货币政策工具的对称性，原则上赋予了央行放松货币政策的无限能力，类似于央行通过加息收紧货币政策的无限能力。但问题是，是否有理由相信量化宽松在放松货币政策方面是有效的，如果是，以何种方式发挥作用？我们现在来回答这个问题。

量化宽松如何发挥作用

关于量化宽松作为一种货币宽松机制如何发挥作用，有几种较有影响力的说法。

我们先看其中的一种说法：量化宽松为银行提供资金（准备金），然后银行可以把这些资金借给家庭和企业。事实上，银行不能随意“借出”央行提供的准备金，尽管个别银行可以将准备金借给其他银行，但银行总体上别无选择，只能持有这些准备金。虽然“货币乘数”概念在教科书中很受欢迎，但在现实世界中并不存在“货币乘数”过程，当中央银行增加准备金（狭义货币）时，这一过程会以固定的数字成倍增加，从而产生更大规模的银行信贷（广义货币）。[3]

如果这一理论成立，那么大规模增加货币基础的量化宽松将导致银行信贷的爆炸式增长。但这种情况并未发生，因为量化宽松和信贷创造并非如此。许多评论家，甚至是一些接受过货币乘数理论教育的货币政策制定者对“货币乘数已经崩溃”进行了回应，暗示这种崩溃可能只是暂时的或反常的（见图 4.2）。这些评论人士认为，银行只是把它们的超额准备金“存放”在央行，但当资金需求回升时，它们可能会开始“放贷”，而且，由于超额准备金的数额如此之大，可能会爆发通货膨胀。

需要注意的是，货币乘数的概念从一开始就没有实际意义。相反，因为美联储（通过量化宽松）提高了货币乘数分母的数值，两个联系松散的数字的比率失去了意义。

要了解银行为什么不能将准备金借给潜在借款人，一个简单的方法是重新审视第一章央行资产负债表的恒等式：央行资产的变化等于准备金的变化加上纸币的变化再加上政府存款的变化。银行贷款并没有增加，银行可以将其准备金转换为贷款（对非银行借款人）的想法在资产负债表上是不合理的。相反，银行通过创造存款来放贷。只有当存款人提取存款而不将其重新存入其他银行——也就是说，他们将存款兑换成纸币——新的贷款才会导致准备金下降。

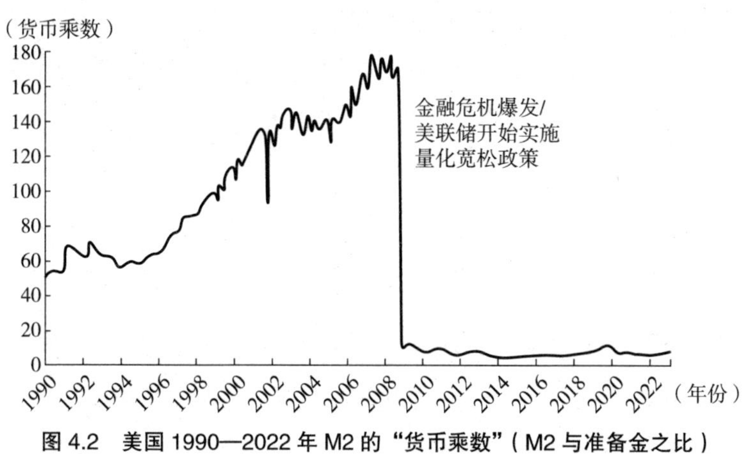

图 4.2 美国 1990—2022 年 M2 的“货币乘数”（M2 与准备金之比）

数据来源：联邦储备系统理事会，摘自 FRED，圣路易斯联邦储备银行，月度数据。

银行需要具备三个条件才能放贷，这反映了经济和监管因素：借款人愿意在银行认为有利可图的条件下融资；在银行资产负债表扩张时，有足够的股本维持监管要求的资本比率；当存款增加时，有足够的准备金满足最低准备金要求，作为资产负债表中新贷款的对应。但是，无论央行是否在实施量化宽松，在现代货币和银行体系中，银行从未受到“准备金限制”。在一个非量化宽松的世界里，央行还将提供任何需求规模的准备金；否则，银行将无法实现其利率目标，如第一章所述。在量化宽松的世界里，从定义上讲，央行是在“过度供应”准备金，因此银行受到的准备金约束更小。

关于 QE 的两种叙事

关于量化宽松如何运作的两种主要叙事是我所说的“交易大厅叙事”和“央行叙事”。就其本身而言，两者都是足够有效的，尽管我更喜欢自己的一些其他解释。

原则上，若不受法律约束，央行在实施量化宽松时可以购买任何类型的资产。有时，央行会购买私人部门的风险资产，如公司债券、资产支持证券、股票和房地产投资信托。在这方面最值得注意的是日本央行。自 2010 年 10 月以来，日本央行一直在购买股票交易所交易基金（ETF）和其他私人风险资产来达到货币政策目的。截至撰写本书时，日本央行持有 36.91 万亿日元（约合 2 650 亿美元）的 ETF，约占东京证券交易所总市值的 5.1%。

然而，在绝大多数情况下，部分出于法律原因，部分出于央行偏好，量化宽松主要涉及央行购买政府债务证券，我称之为“普通的量化宽松”。

在这种情况下交易大厅的说法是，央行购买政府债券代表了债券市场上新的、持续的买盘，这给政府债券价格带来了上行压力（给收益率带来了下行压力）。当普通的量化宽松政策准备好时，债券交易员自己会更放心地购买和持有债券，因为他们“知道”央行将“在市场上”作为一个稳定、可靠的买家。

央行的主流说法更复杂也更具学术基础，更关注量化宽松的“存量”而非“流量”效应，尽管央行持有的债券存量是其购买的流量的直接结果。这一说法有一个（难听的）名字——“投资组合再平衡效应”。

其理念是，通过实施量化宽松，央行改变了私人部门持有的投资组合构成，减少了金融体系中的政府债券，并提供准备金（央行的货币）来代替它们。银行现在发现自己拥有大量超额准备金，而向央行出售债券的非银行机构发现自己拥有的银行存款超过了它们曾经拥有或可能想要持有的水平。这促进了投资组合再平衡的过程，因为银行和投资者（例如对冲基金、资产管理公司、保险公司和共同基金）会使用额外准备金和银行存款，购买其他高收益资产，具体视情况而定。

由于量化宽松而最终拥有更多准备金的银行可能会转而用这些准备金购买更多的债券。在任何时候，债券的存量都是固定的，因此银行想要获得更多债券并将其准备金转移给其他银行的唯一方法，就是提高这些债券的价格，使其对另一方具有足够的吸引力，以出售这些债券并获得准备金（如果卖方不是银行，则是银行存款）作为交换。

量化宽松的这种投资组合再平衡效应通常表现为，量化宽松导致投资者"追求收益"，或者用更专业的术语来说，量化宽松要么沿着收益率曲线"抑制期限溢价"，要么在债券市场"改变久期"。[4]

投资组合再平衡效应的逻辑并不局限于央行购买的资产，在我们考虑的例子中是政府债券，它通过套利效应扩展到各种证券和资产。银行和投资者发现自己的投资组合中准备金或银行存款更多，可能会决定将部分资金重新配置到其他资产类别，如公司债券、股票或外汇。因此，在这种情况下，量化宽松对缓解金融状况的影响更为全面。

资产价格均衡

我更喜欢用金融理论术语“资产价格均衡”来思考投资组合再平衡效应。在任何时间点，把资产价格均衡看作一种假设状态，这种状态下的所有资产（政府债券、公司债券、股票、外汇等）价格都因投资者重新平衡他们的投资组合（即买卖证券）而调整，这样在新的资产价格下，边际投资者（交易员）对持有的资产组合中具体哪一种漠不关心（尽管可能存在“角点解”，即投资者选择不持有某一特定资产类别）。直观地说，市场上所有的新信息都反映在资产价格中，投资者对他们持有的投资组合感到满意。

现在假设央行开始实施量化宽松政策。量化宽松可以被认为是央行改变私人部门持有的资产组合结构的一个过程，类似于央行强加给私人部门的资产互换。因为央行从私人部门投资组合中获取的资产（比如政府债券）不同于其作为交换所提供的资产（央行货币），这种强制的资产互换将扰乱现行的资产价格均衡。随着投资者通过相互交易重新平衡其投资组合，资产价格将恢复均衡。由此导致的资产价格均衡变化正是量化宽松政策产生的影响。

举个例子可能会对理解有所帮助。假设央行实施（或宣布有意实施）一定数量的量化宽松政策，无论最初的资产价格均衡如何，都会受到扰动，债券和其他资产价格将需要以某种方式进行调整，从而恢复均衡——也就是说，达到一个新的均衡。

资产价格均衡的一个特征是，投资者对持有央行提供的货币与持有其他资产之间是无差别的。在量化宽松的背景下，央行的货币（准备金）对私人部门来说是一种没有吸引力的资产，因为其数量远远超过了私人部门的需求。并且，根据有关央行的具体政策，这些货币的利率将接近于零、零或略为负值。

尽管总体而言，私人部门必须持有央行提供给它的全部准备金，但资产价格均衡要求经过调整，使得私人部门对持有货币与持有任何其他资产是无差异的。这有点违反直觉，意味着债券和其他资产的价格必须上涨，以使它们对投资者具有足够的吸引力，从而想要从央行的准备金转向这些资产。这也意味着，从理论上讲，量化宽松应该会导致（也许是非常小的）债券、股票、房地产和外国资产价格的上涨——也就是说，国内货币发生贬值。随着资产价格恢复均衡，金融状况也得到缓解。

量化宽松作为政府整体的债务再融资操作

虽然上述解释看上去很不错，但读者可能对量化宽松还是不明就里。有一种更直观、更有启发性的方式来理解量化宽松政策。

中央银行是“合并政府”的一部分，即政府加中央银行。当央行购买政府债券作为量化宽松的一部分时，这些债券现在由合并后的政府持有，而私人部门现在持有对应数量的央行货币。从合并政府的角度来看，量化宽松导致政府债券位于其资产负债表的两侧——也就是说，由合并政府持有。因此，中央银行的货币取代了政府债券，成为私人部门持有的债务。简单的量化宽松只不过是一个合并政府的债务再融资操作，即合并政府通过央行（而不是财政部）收回政府债券，并将其再融资为央行准备金。

将量化宽松视为一种合并政府债务再融资操作，可以获得一些有价值的见解。第一个好处是，这种形式凸显了这样一个事实：在央行有理由实施量化宽松的情况下，不应指望量化宽松成为一种有力的货币宽松形式。QE 通常被描述为中央银行“印刷”大量货币或向银行系统“注入”大量流动性——如图 4.1 所示，中央银行资产负债表规模急剧扩大。这很容易让人联想到一种戏剧性的或高度通货再膨胀的货币宽松措施。

然而，当量化宽松被更准确地视为合并政府仅仅在两种形式的负债（即两种形式的广义政府货币）之间转换时，作为一种货币宽松形式，它开始听起来更加无害。将量化宽松描述为向银行系统注入流动性是司空见惯的事，但很少有人注意到，央行“注入”银行系统的每一美元（欧元、日元等）准备金，都会“吸出”同样数量的政府债券。量化宽松并没有给经济注入一丁点儿新的购买力，而只是改变了合并政府负债的表现形式。

第二个好处是，以这种方式看待量化宽松凸显出货币政策和财政政策之间的界限远不像人们通常认为的那样清晰。传统的宏观经济政策框架依赖于“货币政策”和“财政政策”之间的明显区别，前者是中央银行的领域，后者是政府（即政府内部的财政）的责任。此外，在过去三四十年不断发展的体系下，宏观经济稳定（价格稳定和充分就业）的主要责任被赋予了满是技术官僚的中央银行，为了免受政治压力，其在体制上独立于政府。

对量化宽松的常见批评之一，也是央行行长们对量化宽松普遍感到不安的一个原因，是量化宽松模糊了货币政策和财政政策之间的界限。这可能更应该被视为量化宽松的设计特征，而不是设计缺陷。量化宽松模糊了货币政策和财政政策之间的界限，因为这条界限本来就很模糊。量化宽松只是揭开了一个事实的面纱，即货币政策和财政政策的严格分离更多的是一种制度上的人为产物，而不是上帝赋予的特征，是达到目的的一种手段，而不应被视为目的本身。

现在可以部分地看清量化宽松到底是如何发挥作用的，下面我们回到第一章提到的货币伊甸园，考虑一个三阶段的进化过程。在货币伊甸园（第一阶段）中，政府的预算赤字创造了准备金（货币基础的最基本组成部分）。在现代世界的标准版本中（第二阶段），政府发行债券来消除这些准备金。当经济环境迫使货币政策超越常规限制进入量化宽松领域（第三阶段）时，这些政府债券又被转换回准备金。难怪量化宽松看起来模糊了货币政策和财政政策之间的界限！

不再有债务到期日

将量化宽松视为合并政府的债务再融资或重组操作的第三个好处是，它清楚地表明，政府通过央行有能力消除显然需要偿还的“债务”。央行官员几乎从不这样描述量化宽松，政府也不知道。恕我直言，现在的政策制定者过于沉迷于现有的传统宏观经济政策框架，无法真诚地接受解决长期通缩（或“长期停滞”）和摆在他们面前的货币政策过度负载的办法：在情况需要时，更密切地沟通、协调和联合行动，甚至更有效地融合货币政策和财政政策。

尽管将量化宽松视为一种债务再融资操作，凸显出它的戏剧性远不如从货币的狭隘视角描述所显示的那样大，但政府债券与央行货币之间存在一个关键区别，后者的引入可能会改变游戏规则。政府债券有一个到期日，而中央银行的货币是政府的负债，永远不需要偿还。通过将政府债券转换为央行货币，量化宽松放松了政府的财政约束，并为政府在条件允许的情况下实施更具扩张性的财政政策铺平了道路。

如果合并政府能够将其债务转变为本质上不会违约的债务，那么“财政危机”的风险在哪里？财政在什么意义上变得“不可持续”？真正的不可持续性在于，政府支出过多可能导致失控的通胀，但在央行采取量化宽松政策的情况下，这种支出看起来更像是一种解决方案，而不是一个问题。

财政自律的正统观念根深蒂固，在欧元区已经严格地形成了制度化，各国政府通常没有在宏观经济政策领域利用量化宽松政策，更不用说现代货币理论。现在是时候重新思考货币政策和财政政策之间的关系，并相应地重塑宏观经济政策框架了。

量化紧缩

在准备金和债券之间演化切换的过程中，甚至还有第四个阶段：量化宽松的逆转，这被称为量化紧缩（quantitative tightening，简称为 QT）。当央行通过将超额准备金再融资回政府债券，退出量化宽松政策时，情况又回到了第二阶段。第三阶段实际上是第一阶段的再现，第四阶段则复制了第二阶段。量化宽松和 QT 作为合并政府的债务再融资操作，实际上只是在两个阶段之间切换的过程：MMT 类型的世界（货币伊甸园）和货币 - 财政分离的世界（传统框架）。准备金和债券之间的转换过程如图 4.3 所示。

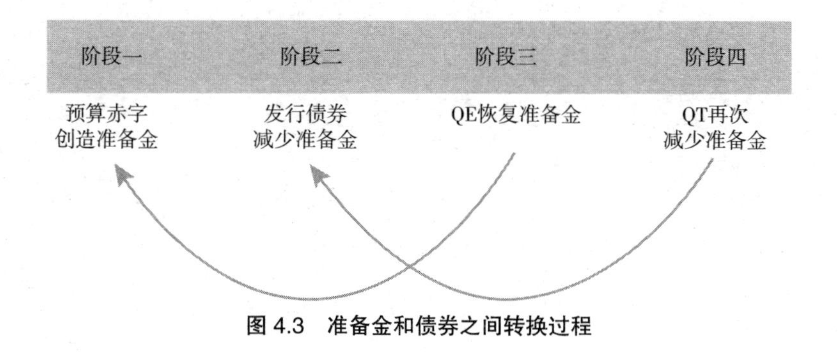

图 4.3　准备金和债券之间转换过程

原则上，央行可以通过两种方式进行量化紧缩：一是可以（被动地）让到期债券移出其资产负债表，二是可以（主动地）将它们卖回市场。在这两种情况下，准备金的下降都是由于资产负债表资产一侧的债券出现了减少。后者实际上只是前者的一种更积极或更具攻击性的形式。不同寻常的是，除非它们有预算盈余，否则政府必须为到期的债券再融资。[5] 发行新债券取代旧债券会耗尽准备金；然后，政府用这些资金（现在存在央行的存款账户中）"偿还"央行，消除央行资产负债表上即将到期的资产方面的债券和负债方面的存款。[6] 净效应是债券和准备金从央行的资产负债表上消失，私人部门现在持有债券，而不是准备金（如果银行购买新发行的债券）或银行存款（如果非银行购买）。

QT 似乎和 QE 一样，激发了同样多的热情，也带来了同样多的困惑。大多数 QT 担忧者从一开始就不热衷于 QE。担忧有好几个版本，但共同的焦点是，央行已经通过 QE 扩张了资产负债表（见图 4.4），它们被困住了，并且会发现，在不让市场崩溃和经济陷入困境的情况下，不可能进行 QT。量化宽松就像加州酒店：你可以入住（开始），但你永远不能退房（结束）。这句话很好，[7] 但并不是真的：无论是在概念上还是在操作上，QT 本身都没有什么令人担忧的。

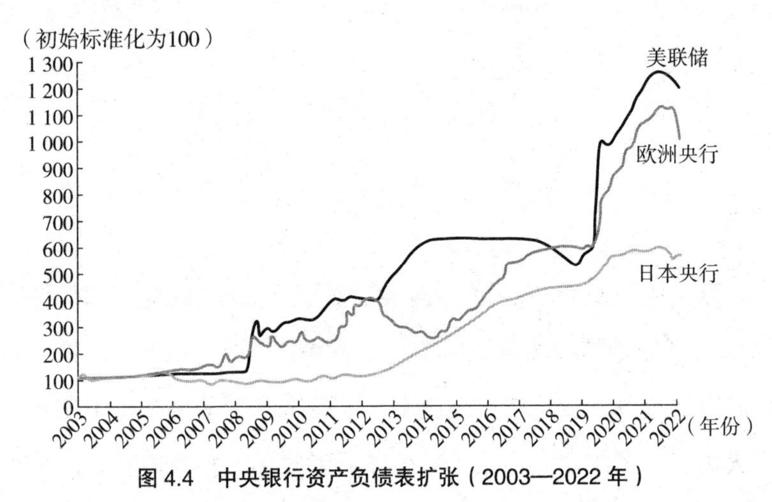

图 4.4　中央银行资产负债表扩张（2003—2022 年）

资料来源：日本央行、美国联邦储备委员会、欧洲中央银行、圣路易斯联邦储备银行，月度数据。

这并不是说中央银行很容易做到 QT。货币政策制定本身就很棘手，收紧货币政策尤其如此。央行没有“水晶球”，它们所使用的杠杆只是松散地、不可靠地与它们的目标联系在一起。

QT 正好是 QE 的反面——央行收缩资产负债表而不是扩大资产负债表——所以所有与 QE 有关的东西都应该与 QT 相反。QE 将债券从私人部门的投资组合中取出，QT 将其放回；QE 创造准备金，QT 消除准备金；QE 将债券再融资为准备金，QT 将准备金再融资为债券；QE 缓解了金融状况，QT 收紧了金融状况；QE 降低了期限溢价，QT 提高了期限溢价。QT 并没有什么神秘之处，它只是一个带有相反（数学）符号的 QE。

关于 QT 的一个常见误解是，央行将很难抛售这些债券，因为所涉及的数额巨大，市场将无法吸收。从概念上讲，这是一个不合逻辑的结论。必要的市场“资金”来吸收QT释放回私人部门的债券，已经以准备金和银行存款的形式到位，而这正是QT旨在逆转的量化宽松政策所创造的！

但即使这个论点在某种程度上是成立的，也并不重要。说到QT，所有的“牌”都在央行手中。一方面，既然美联储和其他主要的中央银行对准备金支付利息，在进行QT时，中央银行能够将利率设定的决定与缩小资产负债表的程度和速度区分开来。[8]在确定货币政策立场时，央行可以在两个方面进行调整（利率和资产负债表规模）。在实践中，央行更倾向于将QT作为一种积极的货币政策工具，而不是将其作为主要的政策工具，并将QT置于“自动驾驶”状态在后台安静地运行，依赖于被动（到期债券）或预先宣布的每月按预设金额出售债券的某种组合。美联储在2017年10月至2019年9月期间启动第一轮QT（或逆QE）时建立了这一模式，并自2022年6月以来在新冠疫情后的QT中再次使用该模式。

QT隐藏的秘密是，央行并不真的需要这么做（但如果它们想这么做，也没有问题）。事实上，在相对低调的情况下，美联储在2019年1月结束了第一轮QT（与金融危机后的量化宽松有关），宣布不再完全消耗量化宽松所创造的超额准备金，而是今后将实行“充足准备金”制度，即不会主动管理准备金供应。[9]当时，美联储的资产负债表为4.04万亿美元（而金融危机前的水平约为9 000亿美元），银行持有约1.48万亿美元的超额准备金。

从合并政府和经济的角度来看，如果中央银行的目标是正利率，那么过去和当下政府预算赤字创造的“货币”是以中央银行准备金或政府债券的形式存在，以及利息是由中央银行还是财政部支付都无关紧要。

量化宽松和不平等

对量化宽松（有时是对更广泛的货币政策）的普遍批评是，会导致资产价格泡沫，加剧财富不平等。我们将在第六章讨论资产价格泡沫。那些断言量化宽松加剧了不平等的人指出这样一个事实，即量化宽松涉及大量的“印钞”，而这些钱“必须去某个地方”，这个地方通常是资产价格。这些人还指出，主要是富人拥有金融资产，因此他们从量化宽松中受益最多。

这种说法有一定道理，但过于简单化，容易产生误导。本章已经指出，量化宽松并没有真正创造新的货币，而只是改变了货币的形式。像所有的货币宽松政策一样，量化宽松政策确实会提振资产价格，但这本身是一件可取的事情，因为更高的资产价格有助于刺激经济活动，而这正是宽松货币政策寻求实现的目标。如果量化宽松造成了财富更加不平等，而政府认为这是不可取或不可接受的，那么它可以用财政政策来解决这个问题。这似乎是社会建立一个更好的框架来协调货币和财政政策的理由。随后，财政政策可以更早、更大规模地动员起来——从而避免货币政策不得不首先冒险进入量化宽松领域——并且可以实施再分配财政措施，以帮助抵消量化宽松可能加剧财富不平等的一些影响。

另一件要记住的事情是：股票和其他资产的价格反映了投资

者对未来前景的评估。在某种程度上，量化宽松成功地改善了未来的经济前景，资产价格应该会做出积极的响应。将资产价格上涨归咎于量化宽松有点找错对象，而此时说一句感谢的话可能更合适。

最后，评估政策的标准不应是政策本身所产生的效果，而应是实施政策所得到的结果是否比维持现状或推行其他可行的政策更好。如果不平等是经济生活的内在组成部分，那么仅仅说量化宽松可能会加剧不平等并不能说明太多问题，更不用说不平等加剧是否能反映出积极的社会进程还是更令人担忧的社会进程。正在产生的不平等是一个复杂而有争议的话题，也是货币事务的一个方面，我们现在转向这个话题。

第五章
货币创造财富和不平等

对于整个社会来说，
货币只是一种人为创造的工具，
用来促进构成真正财富的真实事物。

——托马斯·索维尔（Thomas Sowell），
2015 年[1]

在撰写本书时，连续创业者、传奇人物埃隆·马斯克（Elon Musk）是世界上最富有的人，净资产估计为1 870亿美元。成为百万富翁曾经是一件大事，对现在的许多人来说仍然如此，相比之下，马斯克的财富相当于18.7万名百万富翁。[2] 一个人拥有如此多的财富几乎是不可思议的。亚马逊创始人兼执行主席杰夫·贝佐斯（Jeff Bezos）位列全球富豪榜第四位，据估计他的净资产为1 126亿美元，相当于11.26万名百万富翁。据报道，对冲基金Citadel的所有者和创始人肯·格里芬（Ken Griffin）的净资产为319亿美元，相当于3.19万名百万富翁。[3]

据说，摩根大通（J. P. Morgan Chase）董事长兼首席执行官杰米·戴蒙（Jamie Dimon）在2021年的总薪酬为3 450万美元。[4] 他的净资产为16亿美元，对于一个整个职业生涯都在领薪水的人来说，这已经相当了不起了。[5] 篮球明星勒布朗·詹姆斯的基础年薪为4 447.5万美元，净资产为10亿美元。[6] 与此同时，据估计，2021年美国有超过50万人无家可归。[7] 几年前，学者凯瑟琳·艾丁（Kathryn Edin）和卢克·谢弗（Luke Shaefer）写了一本令人沮丧的书，书名是《每天2美元：美国几乎一无所有的生活》（*$2.00 a Day: Living on Almost Nothing in America*）。[8] 这是太多人的困境。

大多数人，包括我在内，在面对如此极端的财富和收入差距，并想起许多人仍然忍受的赤贫时，都会感到不舒服。财富和收入的极端不平等似乎是非常不公平和不可容忍的，愤慨、愤怒和无助的感觉可能会开始涌上心头。如果我们不做点什么来纠正这种情况，甚至可能会有一种恐惧和不祥的预感。法国经济学家托马斯·皮凯蒂（Thomas Piketty）相信，现代资本主义制度造成了“中产阶级和中上层阶级向非常富裕阶层的大规模向上再分配”，他在其2019年出版的颇具影响力的《21世纪资本论》一书中警告说：“中产阶级的这种贫困很可能引发暴力的政治反应”。[9]我对精通自己国家历史的皮凯蒂的解读是，他使用的“暴力”一词是字面上的意义，而不仅是隐喻。

人们很容易对不平等表达道德上的愤怒，并主张采取各种再分配政策来减少这种不平等。这样做可以产生一种道德满足感，并且是安全的。但是，“硬币”还有另一面吗？不平等在很大程度上是现代市场经济运作的自然结果吗？在某种程度上，不平等是邪恶的，但在另外一种意义上，不平等是必要的吗？试图减少不平等是不是庸人自扰？解决这一问题的最佳方法是什么，如何避免将（促进繁荣的）婴儿和（减少不平等的）洗澡水一起倒掉？

这些都是要涉及的危险话题。公开为超级富豪辩护对你的社会声誉没有多大好处。我很想说，我和其他人一样不喜欢埃隆·马斯克、杰夫·贝佐斯和马克·扎克伯格（Mark Zuckerberg）（郑重声明，我不开特斯拉；我从未使用过Facebook、Instagram或WhatsApp；我很少在亚马逊上购物——我在2021年从亚马逊上订购了36单、价值1 186.33美元的商品，其中主要是书籍，

2022 年在亚马逊的订单也是类似的数量）。但总得有人指出不平等硬币的另一面是什么，在一本关于货币的书里，我责无旁贷。问题不在于是否存在不平等，或者不平等是否随着时间的推移而加剧。更确切地说，这个问题分为两个部分，一是这种不平等在多大程度上是市场经济运作的自然产物，同时它也带来了明显的补偿性利益；二是从开始就试图阻止不平等或事后纠正它的做法弊大于利。我们也可以问：这种不平等是令人震惊的、应该受谴责的吗？还是在某种意义上，这种不平等是合理的、比它表现出来的更无害？我倾向于后一种观点。

幸运女神

关于收入和财富不平等，我首先要说的是，不管你喜欢与否，存在一定程度的不平等是经济的自然状态。人们没有理由期望市场经济中收入和财富的分配结果在任何时候都是平等的，反而有充分的理由认为结果不会是平等的。随便挑一个人，看看他的收入或财富水平，或许稍显意外，但决定收入或财富的最重要因素是运气：好、坏或二者复杂地混合。任何一个富有的人，首先应该感谢他们的“幸运星”：他们或他们的祖上遇上了难得的好运。[10] 从定义上讲，运气是高度不平等的，任何一次去赌场的经历都会证实这一点。

而非常富有的人可能不会这么看。许多人都有非凡的才能，并且非常努力地将这种才能转化为可以获得高回报的技能。有些人通过自己的努力登上了公司、娱乐界或体育界的巅峰，他们可能不喜欢“促使他们达到巅峰的最大因素是运气，而不是他们的牺牲和努力”这种说法。然而，运气确实是重要因素。

运气是成功的必要条件，而不是充分条件。成功通常也需要一定程度的天赋和不懈的努力。运气是看不见的，很容易被认为是理所当然，从定义上讲，运气不受你的控制；而努力工作和不断做出牺牲是一种选择，在你的自我意识和记忆中显得很重要。

市场本质上是不平等的

经济运行的某些特征容易产生相当大的不平等。市场经济是一种高度分散的经济机制，由市场协调无数消费者、工人、生产者和投资者的分布式决策。美国经济在最近一年（截至 2022 年第三季度）创造了 25 万亿美元的商品和服务产出。部分中央计划也参与经济之中，但大多数经济活动的发生是无数个人自主选择的结果，他们选择买什么、买多少、在哪里工作、努力程度如何，以及如何配置他们的储蓄；无数的企业自己决定生产和销售什么，雇佣多少人和如何配置这些人，以及为不确定的未来进行哪些资本投资。经济中的所有人，无论是否有意识，都对市场提供的和他们共同产生的价格信号作出反应。美国经济生产各种各样的商品和服务，但随着技术和偏好的变化，GDP 的构成会随着时间的推移而变化，这一点都不“平等”。[11]

股市也是如此。截至 2022 年 12 月，标准普尔 500 指数的总市值为 33.57 万亿美元。这代表了世界上所有投资者对构成该指数的 500 家公司总价值的集体共识。没有人强迫任何人持有这些公司的股票以及接受其股价。因此，市场资本化被确定为无数投资者之间自愿交易的分散过程的一部分。这一过程的结果是极不平等的。尽管该指数中有500家最大的公司，但最大的五家公司（截至2022年12月5日）市值约占总市值的五分之一：苹果（6.6%）、微软（5.5%）、Alphabet（即谷歌，3.4%）、亚马逊（2.4%）、伯克希尔哈撒韦公司（1.7%）。

每个经济体都是混合经济，包括私营部门和公共部门，都依赖于市场（以及不同程度的监管）和政府来引导资源配置。但由此产生的经济产出在很大程度上是未经过协调的、分散的决策和行为的结果。没有理由期望经济会产生任何意义上的"平等"结果。从广义上讲，我们可以认为市场和私营部门是繁荣的驱动力，两者都对收入和财富的分配不感兴趣或持有不可知论，而政府和公共部门（除其他外）是提供市场运行所需的基础设施和传播繁荣成果的集体行动的载体。政府干预购买力再分配，包括提供社会安全网，是社会消除运气影响的一种方式。长期的努力和辛勤工作，也是影响产出的关键因素。在这个过程中，要消除好运和厄运的影响，就很有可能扭曲付出努力和辛勤工作的动机。理解这一点，并感受到帮助社会管理所涉及的权衡的职业责任，是经济学家们的"信天翁"，无论他们把自己定位在"流血的心"（左）到"严厉的爱"（右）的哪个光谱上。

股票市场的财富来自未来满意的客户

许多人对日益加剧的极端不平等（尤其是财富不平等）感到

绝望，其中的一个现象是，人们对这个问题的讨论通常脱离了背景，尤其是关于极端财富是如何形成的，以及是什么维持了这种不平等。

以杰夫·贝佐斯为例。像许多科技巨头的富豪一样，贝佐斯大部分净资产以及让人瞠目结舌的部分，都是他所创立的公司亚马逊的股权。亚马逊的市值代表了公司的净现值，与任何一家上市公司一样，投资者因为希望未来能获得源源不断的股息才持有亚马逊的股票。任何特定的投资者都不一定会长久地持有股票，他们可以在任何时候出售股票，在这种情况下，股票的买家将获得收取股息的权利。

股息来自未来的利润，未来的利润来自销售收入，而这些销售依赖于亚马逊在一个高度竞争和容易被颠覆的市场中生存下来，并不断满足客户的需求，让他们更愿意在亚马逊上消费，而不是把钱花在了其他渠道。

杰夫·贝佐斯之所以拥有巨额财富，是因为人们期望他创立并继续担任执行董事长的公司能够持续满足客户的需求，至少能够维持公司的业务，并吸引新客户，其中许多新客户甚至还没有出生。看看杰夫·贝佐斯的净资产，你会感到“愤慨”和“厌恶”，一个人怎么能积累这么多财富！但从硬币的另一面来看，之所以有这么多财富，只是因为世界上一些最精明的分析人士——股票市场投资者——判断在可预见的将来亚马逊将吸引无数消费者自愿、愉快地把钱花出去。

赢者通吃

无论是企业家、电影明星还是体育运动员，某些成功人士积累巨额财富的原因之一是，在许多领域竞争的本质都具有“赢者通吃”的特点。“赢者通吃”有点用词不当，更常见的情况是，赢家获得了非常大或高得不成比例的回报。在奥运会上，金牌得主会以微弱的优势击败银牌得主，这可能主要是由于当天的运气，而不是其他因素，但他们将获得大部分的名声和荣耀。与此同时，其他的运动员，由于命运的转折（也许是那天醒来状态不佳）跌至第四名与奖牌失之交臂，他们将在很大程度上被历史遗忘。

“赢者通吃”的现象有点不公平，但很可能深深植根于人类心里。如果比赛围绕着谁能在大草原上最快地逃离捕食者展开，那么表现上的微小差异可能会产生截然不同的结果，比如成功逃跑或被吃掉。人类使用各种启发式或经验法则来简化和指导他们的评估和决策。[12]“赢者通吃”就是这样。[13]

从定义上看，不平等是相对而不是绝对的。考虑如下两种情况：第一种情况是，随着时间的推移，社会上的每个人都变得越来越富有，但有些也许是很小一部分人，比其他人过得更好，不平等也在加剧，就这一点而言，被认为是一件坏事。第二种情况下，每个人都变得更穷，尤其是非常富有的人收入和财富减少的程度更大，一个非常不平等的社会变得更加平等。显然，即使不平等日益加剧，前一种情况也远优于后一种。

另一种微妙的人类行为偏见似乎表现为对物质进步感知中的“棘轮效应”。随着时间的推移，技术进步推动了生活水平的提高，我们迅速将这些创新和改进融入我们期望和理所当然的新基准之中。一旦这种情况发生，生活水平的绝对提高——比如拥有一台电脑或智能手机，可以随时与世界其他地方保持联系——将被视为理所当然，但一个人在社会财富等级中的相对地位仍可能发生明显变化。正如经济学家罗伯特·戈登（Robert Gordon）和其他人指出的那样，即使是今天的穷人，在许多方面也比中世纪的皇室享有更高的生活水平。[14]

分配很重要，但经济蛋糕的大小也至关重要。问题是，做大蛋糕和分配蛋糕这两个过程是密不可分的，对于任何一个更大的蛋糕，它的分配更均匀就好了，但这可能是非常困难的。只是试图分蛋糕可能最终会让蛋糕变小。收入和财富再分配政策的目标应该是尽量减少对蛋糕“制作”的影响，但这比许多人想象的要困难得多。

“赢者通吃”现象在经济生活的许多领域都不同程度地存在，并且对消费者有利。这些好处往往来自供给方，并与规模回报的增加有关。如果企业能够通过生产更多的产品来降低单位成本，它们就能战胜竞争对手，获得更大的市场份额，往往成为市场上的主导企业。“初始条件”中看似随机的微小差异可以决定众多潜在的主导企业中哪一家最终会胜出。

现代信息时代的超链接和全球化极大地加剧了“赢者通吃”现象。占主导地位的平台现在进入了一个更大的潜在市场，获得了巨大的“赢者通吃”利润。

高管薪酬

造成发达国家（尤其是在美国）收入和财富极度不平等的一个因素是高管薪酬。据报道，2021 年标准普尔 500 强企业 CEO 的薪酬中位数为 1 420 万美元。[15] CEO 总薪酬最高的是探索（Discovery Inc.）公司的大卫·扎斯拉夫（David Zaslav），为 2.47 亿美元；其次是亚马逊的安迪·贾西（Andy Jassy），为 2.13 亿美元。高管薪酬比普通员工高多少往往是争论的焦点，因此全球金融危机后通过的金融改革法案《多德 - 弗兰克华尔街改革和消费者保护法案》（Dodd-Frank，Wall Street Reform and Consumer Protection Act，以下简称为《多德 - 弗兰克法案》）要求上市公司在年报中披露 CEO 薪酬与员工薪酬中位数的比例关系。2018 年，对 225 家财富 500 强公司的一项研究发现，这一比例平均为 339∶1，从最低的 2∶1 到最高的近 5 000∶1。[16]

供给和需求

经济学家用来分析某物价格的基本模型是供给和需求模型。某种物品的市场价格是指使供给和需求大致相等的价格，或者是（通常是向下倾斜的）需求曲线与（通常是向上倾斜的）供给曲线相交的价格。如果某种物品价格高于市场决定的价格，就会导致该价格下的供给量大于需求量，从而给价格带来下行压力；而如果价格低于市场决定的价格，则会导致该价格下的供给量小于需求量，从而给价格带来上行压力。

这个模型对解释劳动力的价格，也就是工资水平有很大帮助。

当然，劳动有很多种，工资根据需要完成的工作类型以及所需的相关技能和经验水平而定。劳动力市场在许多方面不同于商品和服务市场，特别是那些高度标准化和交易商品的市场。尽管存在细微差别和资格能力限制，但经济学家基本上认为，人们的收入大致与其价值相符。在竞争激烈的市场经济中，企业必须相互竞争，以吸引工人，并通过支付足够的工资来留住他们。另一方面，公司也不愿意给员工支付比它们必须支付或它们的竞争对手支付得更多的工资，因为这样做会使它们处于竞争劣势。

尽管这些数字看起来高得令人难以置信，但这个基本模型也可以应用于 CEO 薪酬，只不过需要具备一些重要的限定条件。毫无疑问，上市公司高管的薪酬非常丰厚，担任这样的首席执行官，即使是很短的一段时间，几乎肯定会让你在财务上基本实现自由；在这样的公司等级制度中处于或接近顶端多年——有时甚至几十年——可能会让你成为亿万富翁。几乎没有人会说，企业的高管，尤其是知名企业的高管，因其才能和努力而获得的报酬过低。问题是他们是否应该得到如此丰厚的薪酬。

大多数首席执行官的薪酬与领取薪金的员工不同。典型的首席执行官薪酬包括相对较低的基本工资（“相对”是关键词），大量递延薪酬，如“限制性股票”或“绩效股票”和股票期权，以及其他津贴和福利（有时延长到他们在公司的任期之后）。限制性股票是承诺在预定的未来日期向首席执行官支付一定数量的公司股票，绩效股票是与公司或部门的预设业绩目标相联系的，股票期权是在未来某个日期以预设价格（“行权价格”）购买股票的机会。这个想法是将首席执行官的大部分薪酬与公司未来的经营情况挂钩，从而激励首席执行官和其他高管，促使他们在经营中做出推高股价的决策。

从定义上讲，首席执行官是经验丰富的人，他们通常是在经历了长达数十年的不断晋升之后才到达职业顶峰的。根据 2019 年对美国收入最高的 1 000 家公司研究发现，首席执行官的平均年龄为 59 岁。[17] CEO 的工作不是在公园里闲庭信步，他们要负责公司的日常管理；制定中长期战略；选择并领导高级管理团队；与投资者、员工、董事会、监管机构和公众进行沟通；当商机来临时，要努力抓住机会。因此，一名优秀的 CEO 需要掌握多种技能，除了拥有必要的知识和经验外，他们还需要是战略思想家、鼓舞人心的领导者、有效的经营者、有正确判断力和正直的人（不要是鲁莽的人或骗子）、良好的沟通者和努力工作的人，具备以上素养的人薪酬可不便宜！

运用供需模型可以看出，在市场力量的作用下，高层管理者的薪酬大致相当于他们应该得到的水平。假设一家公司的首席执行官认为其薪酬过低，他会向董事会表达自己的意见，并获得他所期望的薪酬。如果未能如愿，他会寻找另一份类似的工作。首席执行官继续留任的事实很好地说明了他们的薪酬并没有过低。经济学家使用“显示偏好”的逻辑，也就是“行动胜于雄辩”来得出这样的结论。想要更多的报酬是人之常情，但如果像首席执行官这样的人每天都自愿去上班，怎么能被认为薪酬过低呢？

首席执行官的薪酬会过高吗？有三个主要原因让我们认为其薪酬并没有过高，或者如果有些高也不是那么严重。第一个原因是，CEO 的市场竞争非常激烈，竞争有助于降低 CEO 的薪酬。对于企业管理者来说，成为首席执行官是职业生涯的终极目标，而争夺这些最高职位的竞争非常激烈，尽管高管和公司董事会将更残酷的一面隐藏在礼貌和合作的外表之下。无论是在公司内部还是外部，总有很多人在争夺最高职位。这种竞争压力将对个别首席执行官因要价过高而被挤出市场形成制约。

第二个原因是，股东对高管薪酬形成了另一个制约。他们通常被视为并被描述为公司的“所有者”，尤其是在经济学家和受经济学家影响的人眼中，虽然这是一个有用的简化说法，却有点用词不当。公司或集团是一个法律实体，是人们直接或间接合作生产商品和服务的组织机构。股东并不“拥有”公司，而是拥有公司发行的证券，这些证券代表了一定的权利，使股东在公司的各种利益相关者中具有独特的地位。股东承担与公司运营相关的大部分风险，并能决定由谁来经营公司。承担风险和控制公司这两件事，在逻辑上是相辅相成的：让那些在决策过程中利害关系最大的人对决策产生最大影响是有道理的。在现代上市公司治理框架中，由股东选举产生的董事会负有管理公司事务的受托责任，其中非常重要的任务是选择和监督 CEO。[18]

给 CEO 多支付一美元，股东的利润就会减少一美元。因此，可以预期来自股东的压力会对首席执行官的薪酬形成监督和制约，并确保首席执行官和其他高管的薪酬不会过高，至少不会高太多。这种股东压力可以通过各种渠道表现出来，包括董事会、活跃股东、股票分析师、ESG（环境、社会、公司治理）评级公司和商业媒体（尽管其中一些只是作为 CEO 自我激励的副产品）。

但上面提到的令人瞠目结舌的薪酬方案，怎么可能不是薪酬过高的初步证据呢？拒绝妄下结论的第三个原因是，从外部观察者的角度看待和判断 CEO 薪酬时，存在“规模错配”或某种“类别错误”。面包屑大吗？对你来说不是，但对蚂蚁或苍蝇来说是，对尘螨来说是巨大的。股东也是如此，从股东的角度来看，一个高薪但优秀的 CEO，更不用说伟大的 CEO，是一个“便宜货”。一个“好”的 CEO 应该关注股东的利益。

随着 ESG 投资的出现和对“利益相关者资本主义”的日益支持，如何看待股东的利益变得更加复杂。这些想法的支持者挑战了传统观念，即公司应该为股东的利益而经营，首席执行官和高层管理人员的工作是最大化“股东价值”——也就是说，经营公司，使其股价随着时间的推移增长到最大可能的程度。相反，利益相关者理念要求企业考虑所有利益相关者的利益，包括客户、员工、供应商、当地社区以及股东的利益，并承担更广泛的“企业社会责任”，而不仅仅是关注如何赚钱。[19] 2019 年 8 月，代表美国领先企业首席执行官的协会美国商业圆桌会议（US Business Roundtable）发布了一份最新声明阐述了公司的宗旨，称其“从股东至上”转向“对所有利益相关者的承诺”，引起了广泛关注。[20]

高管薪酬与规模错配

让我们暂时遵从传统的观点。所有股东都对同一件事感兴趣：提高股东价值或公司的股票市值。这和他们希望股票价格最大化不是一回事，因为股票价格取决于发行的股票数量。如果一家公司的股价是 100 美元，并实行拆为两股的做法，股价将降至 50 美元，但其股票市值仍保持不变。为了分析股东通过董事会选择和控制的 CEO 与股东之间的关系，我们可以将众多股东视为一个单一的股东。如果有 1 000 个独立的股东，或者有一百万个，他们都喜欢更多的收入而不是更少的收入，我们便可以认为股东偏好更多的收入。

这就是规模错配。外部观察人士，也就是像你我这样的个人，倾向于从个人的层面或规模来看待 CEO 的薪酬，这正是《多德 - 弗兰克法案》对 CEO 与员工薪酬中位数比率所作的规定。从这个角度来看，杰米 · 戴蒙 3 450 万美元的年薪显得过高，在一些人看来甚至是“令人厌恶的”。但是，股东则在一个非常不同的层面上（而且更大的层面）看待这个问题，即公司的市值。

在撰写本书时（2022 年 12 月 6 日），摩根大通的市值为 3 835 亿美元，杰米 · 戴蒙的年度薪酬仅为这一数字的 0.01%。作为首席执行官和董事会主席，戴蒙有责任管理这家企业巨大的市场价值——不仅仅是维持，而是在法律和道德上尽可能地提高企业市值。摩根大通的股东每年支付给他 3 450 万美元以激励他这么做，就像你或我吃了一顿 100 美元的晚餐的同时给服务员留了一些小费！我不是说股东们会让埃比尼泽 · 斯克鲁奇（Ebenezer Scrooge）蒙羞，但你明白我的意思。

为了得到最好的 CEO，并支付给他们足够的薪水，以确保他们把你的利益置于其他人的利益之上——这是私有制和市场经济的原则——向股东支付 CEO 薪酬方案中所看到的那种金额，似乎是一笔相当不错的交易。

当我们采用利益相关者资本主义视角时，这种观点如何改变？实际上并不多。在这个模式中，股东的利益仍然被赋予相当大的权重，这样，前面的论点仍然是适用的。但这里有一个激进的想法：也许在利益相关者资本主义模式下，最高管理层的薪酬应该更高，因为他们可能需要比股东至上模式更多的知识和技能，并且承受更大的压力。在利益相关者模式中，最高管理者应该考虑包括股东在内的所有利益相关者的利益。他们到底应该怎么做——具体来说，他们应该给每一类利益相关者分配多少权重，以及他们应该如何在相互竞争的利益之间进行权衡——还远不清楚。这是一项比仅仅关注利润更具挑战性的任务。

华尔街的商人和交易商

另一类导致财富不平等扩大的“超级富豪”是对冲基金投资者阶层。[21] 对冲基金是一种投资公司，通常由一名或多名创始人经营，管理自己的资金以及其他高净值个人和机构投资者的资金。他们通常追求高回报，这意味着他们也会承担很大的风险，采用专门的投资策略，并使用相当大的杠杆来帮助提高回报。许多对冲基金所有者和交易员的职业生涯都是从高盛（Goldman Sachs）或摩根士丹利（Morgan Stanley）等大型投资银行的交易员开始的，后来他们自己创业，有时部分是由前雇主资助的。最著名的对冲基金经理可能是乔治·索罗斯（George Soros），他以“导致破产”而闻名，他迫使英国在 1992 年 9 月 16 日放弃了根据欧洲汇率机制设定的英镑与其他欧洲货币挂钩这一安排。其他知名人士包括史蒂文·科恩（Steven Cohen，SAC 资本，据说他是热门电视剧《亿万》的主角灵感来源）、瑞·达里奥（Ray Dalio，桥水基金）、肯尼斯 · 格里芬（Kenneth Griffin，城堡投资）、朱利安 · 罗伯逊（Julian Robertson，老虎基金）、大卫 · 肖（David Shaw，德邵基金）、詹姆斯 · 西蒙斯（James Simons，复兴科技）和保罗 · 都铎 · 琼斯（Paul Tudor Jones，都铎投资公司）等。

对于这些对冲基金巨头积累的巨额财富，我们应该如何看待呢？是否像许多人所说的那样，那些在金融市场上“投机”赚钱的人、“经济水蛭”和寻租者，那些对社会贡献很少或根本没有贡献、只从别人创造的财富中揩油的人，是索取者，而不是像一位金融记者所说的那样，是创造者？[22]

一个标准的、颇有价值的辩护是，现代金融市场的复杂机制是经济生产机器的一部分。金融市场提供了一系列促进经济运行和创造财富的功能。主要包括引导稀缺资源的配置、促进大型投资项目、提供将财富和购买力转移到未来的机制、降低和转移风险、监督企业管理并使其保持警惕，以及提供在竞争管理团队之间转移生产性资产控制权的机制。金融市场实现这一目标的重要方式之一是提供价格信号，其中包含分散在全球经济中的信息，否则获取、解释和采取行动往往是昂贵的。

亚当 · 斯密（Adam Smith）的“看不见的手”也在金融市场发挥作用。对冲基金、交易员和其他金融投机者试图通过抢先发现哪些证券会上涨、哪些证券会下跌来赚钱，他们买入（“做多”）前者并卖出（“做空”）后者。为此，他们投入资源来收集和分析信息，而且通常是非常大量的信息。这种利用金融市场低效率的尝试有助于使这些市场变得更加高效，社会也从这些活动中受益。事实上，一些人在提供这些社会效益的过程中赚了很多钱，这可能是值得付出的代价。

与CEO薪酬一样，在金融市场交易中也存在类似的规模错配效应。以投资银行业为例，投资银行家帮助他们的企业客户构思、安排和营销各种融资和重组交易，比如发行债券和股权证券，安排并购。这些金融交易的规模通常在数十亿美元。收购企业可以向目标公司的股东支付新股、现金，或两者兼而有之。据报道，2021年最大的并购交易，是加拿大太平洋铁路公司以310亿美元的股票和现金收购堪萨斯城南部铁路公司。[23] 2022年1月，收购之王微软公司宣布以687亿美元现金收购游戏开发公司动视暴雪（Activision Blizzard）。[24]

当如此巨额的资金处于危险之中时，分别为收购方和被收购方提供咨询或作为其代表的投资银行家、律师和会计师可能会赚到几十万甚至几百万美元，这在普通人看来可能是过高的。然而，从交易规模来看，这样的费用似乎要合理得多。假设一家投资银行从一笔100亿美元的公司并购交易中收取交易价值0.1%的佣金——这在并购领域是比较低的水平。这相当于1 000万美元。这笔费用中相当大的一部分将被纳入高级投资银行家的年度薪酬中（对那些夜以继日地制作投资手册的助理来说就少得多了，但他们的机会迟早会到来！）。

投资银行是一个要求很高，但利润也很高的领域。这也是一个竞争激烈的行业。不乏投资银行家和并购咨询公司渴望为这些利润丰厚的并购交易提供咨询服务，尤其是在交易双方都需要自己作为顾问的情况下。考虑到数十亿美元的潜在价值，收购方和被收购方都希望得到最好的建议。任何一方都不想为并购咨询服务支付过高的价格，但他们也不想在价格上过于锱铢必较，从而获得劣质的咨询和服务。

对富人征税的限度

政府通常有一个聪明的想法，通过“向富人征税”来支付其雄心勃勃的新支出计划。不幸的是，这并不起作用。社会通过未将资源用于其他目的来为新的政府项目买单；同时，放弃的项目也是新项目的机会成本。

我已经驳斥了政府通过提高税收或发行债券来提高支出的观点。相反，政府利用税收做三件事：重新分配收入、鼓励或阻止某些活动，以及调节总需求。政府发行债券只是将内部的货币和财政职能分开，并对自己的印钞行为进行限制。

向富人征税的问题在于，这样做并不能获得足够的资源来启动或扩大全社会的政府项目。相对于整个经济的规模，为这些项目所需资金提供税收的富人太少；富人直接消耗的资源也太少，而且他们的消费量不会对其财富变化作出反应，因此这种解决方案并不是可行的。

让我们把注意力集中在亿万富翁身上，他们的净资产就算没有数百亿美元，也有数十亿美元。政客们不禁会想，如果能从富翁那里获得一大笔钱，他们就能资助这样或那样的项目。但项目需要的是真正的经济资源——劳动力、资本和创造力，而不是钱本身。向富人征税能直接释放的真正资源是微乎其微的：他们的边际消费倾向为零或接近于零。如果征税的目的是释放资源，那么对富人征税是最糟糕的选择。如果你对“涓滴经济学”不屑一顾，那就忘了“向富人征税”吧。

企业也是如此。在市场经济中，对企业征收更高的税收将导致其试图通过提高产品价格和减少投资来弥补损失，从而恢复部分盈利，这将会降低股价。每个一年级微观经济学专业的学生都知道征税对象和最终纳税对象之间的重要区别，以及税收导致企业减少投资给社会带来的成本（“无谓损失”）。同样，这也不是获得新资源的好方法。

那些认为向富人征税是支持政府新项目的简单方法的人混淆了纸面上的财富和实际资源。标准普尔 500 指数排名前五的股票中有四只是大型科技巨头，其中几位创始人的净资产达到数百亿美元，有几位创始人的净资产超过了 1 000 亿美元。然而，这些财富中的大部分与他们所拥有的公司的股票市场估值相对应，即公司预期未来收益的贴现价值，这取决于人们对客户满意度的预期。这种财富虽然代表了自由资本主义制度的奇迹之一，但这些财富并不代表今天可以征用从而用来创造更多产出的资源。因此，为了这个目的而征税是没有意义的。

假设美国联邦政府能够“挥一挥魔杖”，以一种不侵蚀这些财富的方式，从 6 位大型科技企业家手中获得 1 万亿美元的股市财富（尽管这不大可能）。拥有这些纸面的财富本身不会给政府带来任何资源，而且，鉴于政府可以随心所欲地创造美元，它对社会实际资源的控制权也不会比它已经拥有的更多。诚然，政府可以出售这些股份，用所得资金资助基础设施项目，雇用教师、医生和护士，但这样做的能力取决于资源的可用性，而不是取决于获得这些资源的资金来源。如果一个政府想要启动或扩大一系列支出计划，只有三种方式可以满足其愿望。

第一种是吸收由于经济未满负荷运转而可能出现的任何“经济松弛”。第二种是调动更多的资源，比如通过移民来增加劳动力，提高劳动力的参与率，或者通过推动技术创新和强有力的市场激励来提高生产率。这两种方法都有局限性，而且增税对两者都没有帮助，甚至会适得其反。

这就剩下了第三种方式：从现有用途中分流资源。这就是货币政策的作用和财政政策的总需求管理部分被低估的原因。经济迟早会达到充分就业并开始过热，政府将需要采取措施加以控制。央行需要通过提高利率和缩减资产负债表来收紧货币政策（如果有余地的话），财政当局需要通过增税和抑制支出来收紧财政政策。

当紧缩的货币和财政政策全面抑制经济活动时，可用的资源将用于“支付”任何新的永久性支出计划，但其中很少来自“富人”。

帮助穷人

假设一个社会，或代表社会行事的政府，对市场导向的经济体系所容易产生的极端不平等感到担忧，尤其是在高度流行的、颠覆性的技术正在发展的时期。这样的社会或其政府应该做些什么来弥补这一点？如果收入和财富不平等在很大程度上是经济体系带来繁荣的结果，如果大部分超级富豪的财富只是未来满意客户的资本化价值，那么从一开始就采取措施阻止这种不平等的产生似乎是不明智的，有点像把婴儿和洗澡水一起倒掉。

对政府来说，更明智的做法是确保社会上最贫穷的人有足够的收入来享受体面的生活水平。这是福利国家或收入再分配政策的基础。生活中一个可悲的事实是，天下没有免费的午餐，即使表面上的成本为零，每件事都有一定的价格或隐性成本。一顿午餐，即使免费提供给接受者，也会耗费生产它的资源。此外，可能还有另一种更为间接和隐藏的成本：当人们得到免费午餐时，他们中的一些人可能不太愿意工作，也不太愿意挣钱来购买自己的午餐。

与社会福利和安全网计划相关的难题是，如果不降低受惠者采取必要措施使自己处于不再需要福利的动机，就不应该提供福利。对社会来说，同情和效率之间存在着一种权衡：给予太多的同情，社会的生产力和繁荣程度就会降低；但若太冷酷无情，社会就无法自我生存发展。现在考虑两种极端情形。第一种情形是，在一个社会中，政府强制要求所有公民免费获得所需的一切，事实上，他们几乎什么也得不到，因为每个人都在等待商品和服务的到来，但却没有人会生产这些。第二种情形是，政府没有提供社会保障，要求每个人都要自力更生，这样的后果也不堪设想。这将产生大量的工人相互竞争，一些人将无法获得工作，私人慈善事业无疑会提供一些社会福利，但许多不太幸运和非常不幸的人将生活在痛苦之中，也会使整个社会蒙羞。一个好的社会福利制度试图在这两个极端情形之间找到恰当的位置，能够扩大经济蛋糕的规模，同时也可确保每个人都能得到体面的份额。

假设美国有 50 万名无家可归者，永久安置一个无家可归者需要花费 10 万美元。一位善意但未受过经济学教育的政治家有一个聪明的想法，即向杰夫 · 贝佐斯征收 500 亿美元的一次性税收，并以 500 亿美元的亚马逊股票支付这项消除无家可归者的计划（在撰写本书时，相当于亚马逊总市值的 5% 左右）。抛开这种计划的合法性不谈，政府没收这么多个人的股票可能会引发亚马逊股价大幅下跌（并降低亚马逊整体市值）。同时，最基本的问题也不会改变：为目前无家可归的人提供住房并不能解决导致人们无家可归的复杂潜在因素。这个计划有意义吗？可行吗？

我们假设政府没收并卖掉了这些亚马逊的股票，从而获得了 500 亿美元现金（这是不现实的，因为出售这么大的亚马逊股票会导致其股价下跌）。政府现在可以将这 500 亿美元用于购买相关材料和物资，为 50 万名无家可归者提供住房，包括土地、建筑、建筑材料、家具、能源和大量劳动力等。这些物资肯定有来源，但不是来自杰夫 · 贝佐斯。考虑到贝佐斯的净资产约为 1 130 亿美元，在“山姆大叔”把手放进他的口袋拿走 500 亿美元后，他还有大约 630 亿美元的资产。我们可以肯定，贝佐斯不会因此而实质性地改变自己的消费模式，肯定远不足以释放价值 500 亿美元的资源。

政府现在拥有的 500 亿美元的购买力可以用来控制这些资源，但这是无数个人或者用自己的资源来换取政府的钱，或者（直接或间接地）为政府提供劳动力服务，从而完成了为 50 万名无家可归者提供住房的工作。杰夫 · 贝佐斯除了提供这些美元之外，与之毫无关系。

政府并不缺钱。政府不需要从杰夫 · 贝佐斯那里获得解决无家可归者问题所需的资金，政府可以很容易地通过印钞凭空创造出美元来。通常反对政府这么做的理由是，这将会导致通货膨胀。但使用杰夫·贝佐斯的500亿美元同样会导致通货膨胀，因为这位亿万富翁的净资产减少了500亿美元，但并没有释放任何资源。正是政府对资源的需求产生了潜在的价格压力。那么问题就变成了需要做些什么来充分抑制需求，释放必要的资源，从而使用这些资源来解决无家可归者的问题，同时又不会导致过度通胀？谁应该这么做？答案当然是货币政策和财政政策的某种紧缩组合。货币紧缩由央行实施，财政紧缩由政府通过以下三种方式之一实施：削减商品和服务支出、减少转移支付、提高对某些人的税收。最后一个增税与政府需要筹集资金无关，这一切都与它需要降低社会购买力和释放资源有关。

政府偶尔可能会意识到，需要运用财政政策来刺激经济活动，但它通常不会想到用财政政策来给过热的经济降温。这项任务主要落在了央行身上。如果在政府启动解决无家可归问题的计划时，经济处于充分就业状态，那么央行可能需要稍微收紧货币政策，或者提前一点收紧货币政策，以抑制需求，从而将必要的资源从其他用途中转移出来。

市场经济是一种高度分散的机制。释放这些资源的人不会意识到他们正在释放这些资源，更不用说他们这样做是因为政府正在启动一项消除无家可归者的计划。相反，他们将在预算限制范围内决定花多少钱以及花在什么地方。央行也不需要特别了解或担心价格压力来自哪里，而是只需要知道价格压力正在积聚，并相应地收紧货币政策。市场的价格机制会解决其他问题。

我在本章中指出，收入和财富不平等并不像人们常常认为的那样是一个严重的经济问题。部分不平等源于市场经济本身，市场经济通过技术创新和企业家来生产商品和服务，使消费者自愿放弃他们（通常）辛苦赚来的钱，从而发挥了创造繁荣的作用。人们在致富的过程中也在为社会做些有益的事情。亚当·斯密"看不见的手"影响了经济的每一个角落。

从纯粹的经济角度来讲，很难看出极端财富积累会造成多大损害。超级富豪的大部分财富代表了他们对金融资产的索取权，尤其是公司的股票以及对不动产的索取权，比如房子和昂贵的汽车、艺术品、珠宝，或许还有私人飞机、游艇，甚至岛屿。除了金融索取权之外，还有对实际资产的潜在索取权，如办公楼、工厂、仓库和知识产权。这些财富的大部分来自向消费者提供商品和服务。有些超级富豪倾向于炫耀性和奢侈消费。众所周知，2007 年私募股权公司黑石集团（Blackstone）的创始人苏世民（Stephen Schwarzman）在纽约曼哈顿公园大道（Park Avenue）举行的 60 岁生日派对花费了 500 多万美元。但对于超级富豪们来说，花钱的过程也会让很多人受益：那些为富人慷慨采购提供商品和服务的人。

许多超级富豪会做的一件事就是把钱捐出去。如果你去世的时候不能带走你的钱，那么你最好在活着的时候用这些钱做点好事。许多亿万富翁（以及千万富翁）设立了慈善基金会，基金会不仅是做善事的工具，也是富人配置部分资产的一种避税方式。及时且准确的数字很难获得，但根据一份报告，截至 2017 年底，美国非营利组织的捐赠总额为 1.7 万亿美元。[25]

超级富豪造成的真正经济“损害”是通过他们的奢侈消费剥夺了本应属于他人的资源。一个亿万富翁可能在世界各大城市和高档度假胜地拥有大量房产，这些房产将为许多建造和维护它们的人创造就业机会，比如管家、园丁、警卫以及维护和维修人员。不过，大部分房产在多数时间里都是空置的。无家可归的人可以住在这些房子里，或者更有可能的是，住在财富链底部的人空出来的房子里，在这个思想实验中，如果所有空置的房地产都能得到更有效的利用，处于财富链底部的人可能会上升到下一个层次。

类似的论点也适用于那些闲置未使用的汽车、私人飞机和豪华游艇，这些汽车、私人飞机和豪华游艇大部分时间都处于闲置状态，任由奢侈的亿万富翁随意摆布。假设一个善意的“社会独裁者”能够重新安排资源分配，以更有效地配置被超级富豪垄断的资源，同时仍让他们过着奢侈的生活。因为与世界总人口相比，甚至与最贫困人口的数量相比，超级富豪的数量是非常少的，这几乎不会给人类带来改变游戏规则的好处。所能实现的有限利益要与所造成的损害之间进行权衡。而且，由于人性和动机的本质，政府试图剥夺超级富豪的财富，可能只会导致总体财富的减少。

这并不意味着政府对财富不平等无能为力。公共政策的重点应该是帮助那些处于收入和财富链最底层的人向上爬，而不是试图拖住那些收入最高的人的后腿。为了做他们认为必要的事情，政府不需要富人的财富——他们可以随心所欲地创造货币。当然，为了帮助穷人，必须从某个地方获得资源，向“富人”征税以帮助中产阶级（即减税），虽然在政治上听起来不错，但从经济角度来看是不合逻辑的。

金钱就是力量

这并不是说，财富不平等可能不会给社会带来问题。极端的财富可以帮助获得政治权力，经济力量可以渗透到政治领域并使政治变得腐败。即使是最不富裕的亿万富翁，净资产只有10亿美元的人，在正常时期也很难由于在个人（和家庭）消费上的花费阻止了他们的财富增长，因为他们可以预期获得较高的投资回报。亿万富翁可以获得高风险高回报的投资机会，例如对冲基金和私人股本投资。即使这个最小的亿万富翁只从他们的投资中获得5%的收益，也就是税前5 000万美元。在“山姆大叔”通过税收拿走了一部分之后，也很难仅仅通过消费来花掉这么多钱。

社会有理由对少数人积累巨额金融财富感到担忧。最重要的担忧应该是利用经济和金融实力达到政治目的的能力和诱惑。至少对一些超级富豪来说，将他们的金融财富投入政治领域以获得和掌控政治权力，可能是一个有吸引力的选择。亿万富翁把钱花在自己（或家人）的消费上或是积累更多的财富——也就是说，把钱花在经济领域（“经济美元”）——和把钱花在政治领域（“政治美元”）来积累和行使政治权力，这两者之间有着根本的区别。

超级富豪们多数年龄都已经不小，即使他们和子孙辈都生活奢华，也不可能在有生之年花光所有的财富（在消费品和服务上）。假设一个亿万富翁有4个孩子，每个孩子又有4个孩子。包括孩子们的配偶，总共有24个人要结婚。回避道德或宗教意义上的问题，为每个人建立1 000万美元的信托基金将花费2.4亿美元——这对亿万富翁来说并不是什么难题——假设信托基金能够获得5%的年回报率，每个人将得到税前 50 万美元的可观收入。赚取越来越多的投资收入会增加亿万富翁的净资产，但就效用而言，可能会产生边际效用递减现象。

如果获得权力的吸引力超过了帮助世界上有需要的人的吸引力，亿万富翁可能会发现，利用自己的金融财富来实现政治目标的想法更好。对一些人来说，能够影响政策和政治事务，甚至影响一个国家或世界的命运，这种精神价值可能远远超过在电子表格的净值栏不断提高数字的价值。将金融财富用于达到政治目的可以采取多种形式，包括大规模地进行政治捐款，资助智库和其他非营利组织以影响特定政策或政治问题和观点，[26] 或者购买有影响力的媒体资产。

经济学中的一个关键概念是消费或生产的边际收益递减。在物质消费方面，超级富豪们陷入了边际收益递减的境地；他们额外增加的财富的边际效用可以假定为接近于零。然而，政治消费的边际收益，即对社会施加政治影响和控制的边际收益可能非常高。

2013 年，据说杰夫 · 贝佐斯以 2.5 亿美元的价格收购《华盛顿邮报》（*Washington Post*）就是一个很好的例子。这个价格只占贝佐斯当时净资产的 1% 左右 [27]（现在应该是 0.2%），对于这样一个有影响力的平台来说，这是小钱。2022 年 10 月，埃隆 · 马斯克以 440 亿美元收购社交媒体平台推特（Twitter），这是超级富豪利用财富产生巨大的政治和社会影响力的另一个例子。在马斯克的案例中，相对价格要高得多，约占其报告净资产的 24%。

从纯粹的经济角度来看，亚当 · 斯密的逻辑或许适用：亿万富翁发现，他们很难在不造福社会的情况下安排和使用自己的财富，例如，即使许多报纸在数字时代已经逐渐销声匿迹，他们也要让一份历史悠久的报纸维持下去，并雇佣大批记者和员工；在埃隆·马斯克和推特的案例中，他们通过打击“取消文化”来支持言论自由。但许多人可能会质疑，经济领域的成功是否应该如此轻易地运用在政治领域，这是一个棘手的问题，需要更多的社会关注。

到目前为止，本书主要是从积极的角度来看待货币，把它看作是一种巧妙的人类发明和社会建构——在几个世纪的创新中形成了它的现代化身——也是经济繁荣的驱动力。但货币还有阴暗的一面：正如几个世纪的金融危机所证明的那样，货币也会对经济和社会造成严重破坏。我们现在转而考虑这种情况是如何发生的以及为什么会发生，可以做些什么来减轻货币所带来的不利后果。

第六章
货币如何产生破坏性力量

我每天晚上醒来都在想，
我本可以做得更好。

——理查德（“迪克”）富尔德
（Richard“Dick” Fuld），
雷曼兄弟董事长兼首席执行官，
2008 年[1]

货币能够帮助经济运转，但有时也会导致经济崩溃。货币、银行和金融的历史也是货币、银行和金融危机的历史。哈佛大学经济学家卡门·莱因哈特（Carmen Reinhart）和肯尼斯·罗格夫（Kenneth Rogoff）在2009年出版了一本书名奇怪的书——《这次不一样：800年金融危机史》（*This Time Is Different: Eight Centuries of Financi*），正如此书副标题所述，这本书记录了“800年金融危机史”；查尔斯·金德尔伯格（Charles Kindleberger）的经典著作《疯狂、惊恐和崩溃：金融危机史》（*Manias, Panics, and Crashes: A History of Financial Crises*）已经出版了八版，一直畅销不衰。[2] 对包括我在内的许多人来说，关于2007—2009年全球金融危机的记忆仍然历历在目。当时，全球金融体系在一个决定命运的周末几乎崩溃。那个周末是2008年9月13日—14日，美国第四大投行雷曼兄弟申请破产，不幸的是，我当时是雷曼兄弟公司的全球首席经济学家。

是什么导致了金融危机？可以预防吗？如果可以，最好的预防方法是什么？如果没有，应对危机的最佳方式是什么？货币是金融危机的原因还是治疗手段，或者两者兼而有之？现在让我们试着回答这些问题。

金融危机表现各异

金融危机的形式和严重程度各不相同，没有两次危机会遵循完全相同的路径。

首先，有银行业危机，比如日本在20世纪90年代的危机，或者最近的全球金融危机（通常被称为“次贷危机”）。在日本的银行业危机中，商业银行为风险资产（主要是房地产）的过度投资提供融资，从而助长了这些资产的泡沫。当泡沫破裂时，银行产生了大量坏账，银行的资本被侵蚀，储户争相提取存款，迫使银行关闭或政府出台纾困措施。2007—2009年的全球金融危机结合了传统银行业危机与“影子银行”或资本市场危机的因素：美国银行和花旗银行等商业银行的资本因资产泡沫破裂而受到侵蚀，而抵押贷款支持证券、抵押债务凭证和信用违约掉期（credit default swaps，简称为CDS）等资本市场产品的风险比预想的要大得多。在这场综合危机中，因为预期的交易对手风险飙升，短期资本市场资金冻结，导致贝尔斯登公司（Bear Stearns）和雷曼兄弟等投资银行倒闭，而信用违约掉期合同被触发，几乎让保险巨头美国国际集团（AIG）破产。[3]

危机也表现为股市崩盘，比如1929年的华尔街股市崩盘早于20世纪30年代的大萧条，并可能是引发大萧条的因素之一；以及21世纪初信息技术或纳斯达克泡沫（又名“互联网泡沫”）的破裂。在典型的股市崩盘中，“非理性繁荣”或投资者对未来过度的乐观情绪将股价推入泡沫区域，而那些通过融资购买越来越昂贵股票的投资者在泡沫破裂时损失惨重，并往往会对经济造成冲击。日本20世纪80年代的“泡沫经济”涉及股市和房地产泡沫，这两个泡沫在20世纪90年代初破裂，导致了日本长达10多年的银行业危机（日本央行历来持有向其借款公司的大量股份，因此股市和房地产同时暴跌，对银行资本造成了双重打击）。

此外，还有国际收支危机，就像1997年亚洲金融危机中印度尼西亚、韩国和泰国所经历的那样。在一场典型的国际收支危机中，那些将本币汇率与美元挂钩国家的企业借入大量美元，为国内的投资融资。如果这些项目和经济形势恶化，汇率挂钩的压力就会加大。当这种情况发生时，本国货币急剧贬值，推高了以外币借款的银行和企业债务的实际价值（以本国货币计算），并导致许多银行和企业破产。

国际收支危机的一种变体是主权债务危机，如20世纪80年代初的拉美债务危机。在一场典型的主权债务危机中，一国政府借入了过多的外币（通常是美元），或者承担国内银行和企业的债务，但却发现自己无法产生足够的收入来偿还这些债务。一个政府永远不应该对以本国货币计价的债务违约，因为在紧要关头，政府总是可以随心所欲地印制货币，却不能操纵另一个国家的印钞机。2010—2015年欧元区主权债务危机是一个有趣的变体，我们将在下一章中讨论。

金融危机有一个共同的因素：货币经济与实体经济之间固有的流动性错配。本质上，金融债权比债务人的基础资产更具流动性。当贷款人要求收回资金的速度快于借款人清算资产以提供偿还资金的速度时，金融危机就会发生。但金融危机不会凭空发生。某些因素引发了信心丧失，导致投资者和银行储户想要拿回他们的钱。

流动性错配

人类创造了货币，货币经济与实体经济并行不悖、相互映射、相互促进，是人类文明发展的一大奇迹，为人类创造了无尽的繁荣。但这里有一个盲点：货币创造的流动性是脆弱的，而流动性对货币的运作至关重要，并依赖于维持集体信心。金融体系在缺乏流动性的实体经济上创造了一种流动性，但这种流动性很大程度上是海市蜃楼，可能会突然变得无影无踪。当这种情况发生时，就会引发我们所称的金融危机。

"流动性"是一个难以捉摸的词。这是一个人们反复使用的词，好像每个人都理解它，但很少有人准确定义它，甚至不清楚这个词的确切含义。对经济学家来说，"流动性"有三种不同的含义或用法。

第一种含义是指一种金融资产有多类似于"货币"，即它在多大程度上可用作交换媒介，用于购买物品（商品、服务或资产）或清偿债务。房地产形式的金融财富流动性不强，定期存款或储蓄存款的流动性不如支票存款或活期存款。如果你有很多流动性资产，就意味着你有很多传统上被归类为货币的资产（比如银行存款），或者可以轻易转化为货币的资产（比如国债或蓝筹股）。高流动性资产可能不被视为货币，但有很多其他的人持有货币，愿意接受资产作为交换。这里流动性衡量的是将资产转化为货币的难易程度。

流动性的第二种含义是作为准备金或央行货币的同义词。央行"向市场注入流动性"是金融市场的常用说法，即增加银行体系的准备金（或银行体系的存款），通常是为了安抚紧张动荡的金融市场。向市场提供“流动性”是央行的主要工作之一。

流动性的第三种含义是在不影响资产价格的情况下买卖资产的难易程度，这通常被称为“市场流动性”。如果有很多潜在的买家和卖家，而且他们可以在不大幅影响价格的情况下进行相当大的交易，那么这一项资产就被称为高流动性资产。美国国债市场是典型的流动性市场。这并不意味着市场价格不会变动，随着新的信息引起市场注意，价格会不断调整。但推动市场价格的是新的信息，而不是国债持有人将部分国债转换为流动性更强的资产形式的愿望。

货币和实体经济之间的流动性错配是内在且不可避免的。实体经济在本质上是缺乏流动性的，它是一个物质资本的世界，体现在基础设施、住宅和商业建筑、计算机、工厂和仓库等形式上；是一个人力资本的世界，体现在工人、管理人员、技术人员和科学家通过多年的教育、培训和经验获得的技能和知识上；也是一个制度、社会和文化资本的世界，体现在支撑社会运作的法律、规范和规则中。积累的资本存量使世界能够生产大量的商品和服务，这些商品和服务要么被消费，要么被用来补充和提高每年的资本存量。

金融体系创造了流动性债权，也就是说，对资本存量的债权可以很容易地转换为其他债权或货币。以银行系统为例，最终，银行体系拥有对实体经济中产生财富资产的索取权，比如港口、工厂、飞机、电信网络和房屋，甚至是人们通过教育获得的技能（想想“学生贷款”）。银行体系分两个阶段对这些非流动性资产的索取权转化为流动性资产，对应于其资产负债表的两个方面。

银行系统资产负债表上的资产是贷款、债券、股票和其他金融证券。金融市场使得这些债权比其对应的底层资产更具流动性。金融资产也可能是非流动性的，流动性到底如何取决于是否存在一个可以交易的市场，以及这个市场的“深度”和活跃程度。市场深度是指有许多活跃的买家和卖家。近几十年来，尽管受到全球金融危机的影响，但资产证券化的趋势持续发展，金融市场和证券化是密不可分的。当资产被证券化时，这些资产可以更容易地在金融市场上交易。

在银行资产负债表的负债部分，主要是存款，并被归类为一种货币形式。以银行体系存款形式存在的货币是一种流动性很强的资产，但从中获得价值的最终资产是非流动性的。金融体系将经济中生产性资产的债权变现，但这并没有改变基础资产的非流动性。

金融体系的神奇之处在于，它能从流动性不足中创造出流动性。但这样创造出来的流动性是脆弱的，它依赖于对金融体系的集体信任和信心来维持。流动性是内生的——产生于经济体系内部——而不是外生的。一项资产具有流动性，是因为许多人愿意用货币来换取这项资产，但他们愿意这样做的一个主要原因是，当他们决定出售该资产时，其他人会愿意购买。我对资产流动性的贡献取决于我相信其他人，或者至少有足够多的人也会做出自己的贡献。从这个意义上说，流动性涉及网络效应：正如网络的价值随着使用它的人增加而提高，人们越愿意购买一种资产，这种资产的流动性就越强。

流动性与偿付能力

在金融压力或危机时期，往往需要准确判断流动性问题和偿付能力问题。事实上，这种区别并不像想象的那么明显，两者之间的界限相当模糊。如果借款人手头没有足够的流动性资产来履行到期的债务，就被称为有“流动性问题”。当它的资产不足以支付其负债时，也就是说，当它的净资产为负时，就说它有“偿付能力问题”或“资不抵债”。流动性类似于流量问题，偿付能力类似于存量问题。

有偿付能力（即净资产为正）但面临流动性问题的借款人原则上应该能够摆脱困境。如果他的资产价值超过负债，而唯一的问题是手头现金短缺，那么就可以通过借钱渡过难关。如果是一家银行，则可以从央行借款。央行的关键职能之一是充当“最后贷款人”，下面会详细讨论。

有债务的公司或个人是否有偿付能力这个问题并不像看起来那么明确。偿付能力和破产的区别往往取决于公司或个人是否能够解决其流动性问题。遇到流动性问题的公司，如果能在短期内获得必要的资金来渡过难关，就有可能保持偿付能力。但是，如果一家公司努力解决其流动性问题，并且不得不出售其部分资产以筹集资金来履行其义务，它就可能会资不抵债。偿付能力或资不抵债能否成为一种自我实现的现象，取决于实际的或潜在的贷款人如何评估形势。这是因为必须在短时间内出售来筹集现金的非流动性资产通常必须打很大的折扣，可能远低于其账面价值（经评估并记录在资产负债表上的价值）。在金融恐慌期间，流动性问题演变成偿付能力问题的风险可能变得非常严重，因为许多人试图同时出售资产，如果以现行价格出售，那么潜在买家会寥寥无几。一个负面的反馈循环可能会变成一个向下的螺旋。有人说，在金融恐慌中，“没人想接掉下来的刀子”。

货币经济作为一种虚拟经济与实体经济并存，这一事实本身就造成了两者之间的流动性错配。通常，金融系统设计的由非流动性资产创造出流动性资产是一件好事，但它建立在一个合成谬误的基础上：对个人来说似乎正确的东西，在整个社会或经济层面上可能并不正确。

比如说，一个人有10万美元的支票或活期存款，他可能会认为这笔资产具有很高的流动性，自己可以随时提取。这对个人来说是正确的，因为银行在央行总是有足够的准备金来应付这种规模的提款。但是，如果每个存款人（或足够多的存款人）都试图同时取出他们的钱，银行将没有足够的准备金来应对。因为，如果银行正常经营，其大部分资产将是贷款，也就是对非流动性实体经济资产的索取权。

有两道防线可以应对流动性问题及其导致的流动性错配或合成谬误，其中之一是现代的存款保险制度。1933年，美国在银行普遍倒闭、引发大萧条之后引入了这一制度。

存款保险

在多数发达国家，政府为“小额”存款（即达到一定规模的存款）制定了一项银行存款保险计划：在美国，目前每家银行为每位储户提供25万美元的存款保险。存款保险的工作原理与任何保险一样，银行向政府存款保险机构支付保费——在美国是联邦存款保险公司，如果银行倒闭，存款保险机构为存款提供最高保险限额的担保。万一这家存款保险机构没有足够的保费来弥补某一时刻的损失（这种情况不大可能发生），政府就会支持它，为可能需要的任何借款提供支持，以满足其现金流需求。由于政府运作并支持存款保险计划，大多数个人存款人（即那些存款得到充分保险的人）在银行恐慌中提取存款的动机即使没有完全消除，也会大大降低。

但存款保险只覆盖银行类存款机构，而且并不覆盖所有存款：如果银行倒闭，大量储户、富有的个人以及大大小小的企业仍然会蒙受损失。这就是第二道防线的作用。

中央银行作为最后借款人

为了阻止银行或金融恐慌的发生，并在发生恐慌时进行有效应对，央行扮演着最后贷款人的角色——“贷款人”和“最后贷款人”是两个关键术语。央行应该提供流动性（即准备金）来帮助金融体系渡过难关，而不是弥补金融损失；弥补损失应该是财政当局和政治家的责任，他们对纳税人和选民负有责任，而且只有在私人部门无法或不愿采取行动的情况下才会如此。

中央银行是经济中唯一可以通过购买资产或以银行提供的抵押品向银行贷款来随意生产货币的机构。假设一家银行发现自己的不良贷款不断增加，并开始出现存款流失，银行间市场的交易对手开始对向该银行放贷持谨慎态度。在出现存款转移的情况下，每一美元的存款流失，都会使银行在央行的准备金减少一美元。如果存款只是转移到另一家银行，就像储户出于安全考虑转移资金时很可能发生的那样，银行体系的准备金水平将保持不变，而失去存款的银行应该能够通过从接收存款的银行借入准备金来填补资金缺口。但如果接收银行意识到存在交易对手风险，即借款银行可能无法偿还贷款的风险，则可能会决定囤积准备金。

在这种情况下，陷入困境的银行可以通过在市场上出售资产来恢复其在央行的准备金。然而，在金融恐慌期间，当金融问题从一个机构蔓延到另一个机构时，就会导致风险传染。

央行充当最后贷款人的机制是直截了当的，尽管此类“纾困”的决策和政治过程并非如此。央行只是根据借款人提供的抵押品，将准备金借给银行，凭空创造贷款。想象一下，由于存款正在流失，一家银行需要 100 美元的准备金，而且无法从其他银行获得准备金。中央银行将 100 美元记入银行的准备金账户（中央银行的一项负债），同时记录一笔相同金额的贷款给银行，这笔贷款由银行持有的一些被认可的资产担保。银行现在在资产负债表的资产一侧有 100 美元的准备金，在负债一侧有 100 美元的央行借款。

中央银行通常以三种主要方式充当最后贷款人。

银行资金紧张

第一种方式是当一家或多家银行面临存款准备金短缺时。在正常情况下，央行不需要关心银行体系中各银行的准备金分配情况，只需要确保银行体系总体上有足够的准备金。如果央行提供了足够的准备金（这是必然的），且所有银行都处于良好的财务状况（这是应该的），那么一家银行如果发现自己有过多的准备金，就会在银行间市场上把多余的准备金借给另一家准备金不足的银行。

然而，银行对交易对手的财务状况高度敏感。如果经济和金融状况严重恶化，它们可能会暴露出金融体系中的薄弱环节，就像2008年3月的贝尔斯登或2008年9月的雷曼兄弟那样：一家或多家银行的资产质量受到质疑，并开始发现难以甚至不可能展期其短期融资。此时，央行可以直接贷款给流动性困难的银行。19世纪著名的英国经济学家沃尔特·白芝浩（Walter Bagehot）用一句名言阐释了这一观点，他的名言通常被概括为："为了避免恐慌，央行应该及早、自由地（即无限制地）向有偿付能力的银行提供贷款，银行以优质抵押品作为抵押，并收取'非常高的利率'。"[4] 我们的假设是，借款人有偿付能力，但正面临流动性问题，而解决流动性问题的良方不出所料，就是提供流动性。

保持轮子转动

第二种方式是，当关键的细分市场冻结时，央行试图通过充当权宜之计的流动性提供者，让它们重新正常运转。在全球金融危机期间，美联储特别推出了一系列紧急贷款计划，被称为"信贷宽松"（credit easing）。与许多所谓的非常规货币政策一样，信贷宽松政策在近期由日本央行率先推出。2003年4月，在开创性的量化宽松实验进行了两年之后，日本央行推出了一项资产支持证券购买计划，旨在为中小企业提供新的融资渠道铺平道路，并有助于加强宽松货币政策的传导。[5]日本央行的计划规模很小，在现代货币政策实践史上几乎没有引起波澜。

美联储在大衰退期间的行动旨在保持商业票据、货币市场基金和资产支持证券等领域的车轮运转。美联储的行动包括向这些市场的参与者提供贷款，参与者利用相关资产作为抵押品；或通过一个特殊目的载体间接购买资产，通常由美国财政部对潜在损失提供某种形式的补偿。这种策略在新冠疫情大流行期间被再一次使用，甚至更加引人注目，新推出的措施旨在提振市政债券市场、公司债券市场，并促进投放“主街借贷计划”（Main Street Lending）以及政府工资保护计划下的贷款。

信贷宽松与量化宽松类似，中央银行通过创造准备金来获得资产（通常是通过发放贷款），从而导致中央银行的资产负债表比正常情况下更大。信贷宽松背后的理念是，这些措施的明确目标是通过信贷和其他金融市场来改善货币政策传导。回想一下，央行操作货币政策，但很多时候，刺激或抑制经济活动的大部分工作都是由金融市场完成的。如果金融体系仍然不稳定，或者有崩溃的危险，那么不仅实体经济将受到严重影响，货币政策的有效性也可能下降。由于15年来两次重大的全球冲击迫使大多数主要央行在利率的有效下限进行货币政策操作，信贷宽松正成为标准货币政策工具箱的一部分。

大而不倒

第三种方式，也是最有争议的，是中央银行作为最后贷款人的作用涉及拯救或“救助”被认为“太大而不能倒”的个别银行或其他金融机构。如果一家机构的破产会通过金融传染所产生的冲击对经济造成非常大的破坏，与对经济造成的损失相比，救助这些机构的成本却相对较低。救助一家“太大而不能倒”的机构听起来是不公平的，违背了市场经济的原则，而且会引发道德风险，但这些副作用可以通过各种方式减轻。例如，央行可以要求解雇最高管理层、政府可以在被救助企业中持有大量股权从而稀释现有股东的利益等。

央行的救助行动可以采取多种形式。最传统的做法是，央行会通过紧急融资让一家濒临倒闭的银行维持下去，直到“骑兵”到来，也就是由一家更强大的银行来接管它，在此过程中通常还会受到政府施加的一些压力。在其他情况下，央行可能会为剥离不良资产提供资金。在这种情况下，央行通常会煞费苦心地指出，自己所纾困的不是金融机构本身，而是金融体系、更广泛的经济，以及普通民众，目的是使之不会遭受破坏和损失。

《联邦储备法》第 13 条第 3 款赋予美联储最后贷款人的权力

央行作为最后贷款人的角色，就其本质而言，是将其自身置于风险之中并干预市场，这可能使一些机构比另一些机构获得更大的利益。这种做法在传统的货币政策思维中是禁忌的，尤其是对那些较为保守的人来说。毫不奇怪，这个最后贷款人的角色受到立法的严格限制。

对于美联储来说，关键规则是《联邦储备法》第13条第3款，即“异常和紧急情况”部分。这一条款在全球金融危机时的表述如下：

> 在不寻常和紧急的情况下，联邦储备系统的理事会……可以授权任何联邦储备银行……为任何个人、合伙企业或公司、票据、汇票提供贴现服务……（能够）……使联邦储备银行获得满意的担保情况下：提供……这些个人、合伙企业或公司无法从其他银行机构获得足够的信贷。所有针对个人、合伙企业或公司的此类贴现均应受到联邦储备系统理事会可能通过相关规定施加的限制和法规的约束。

第13条第3款被视为《联邦储备法》的“最后贷款人”条款，尽管该法并未使用这种提法。该条款最早出现在大萧条时期，虽然美联储多次援引这一条款，但在2008年金融危机之前基本上处于休眠状态。[6]在促成银行业巨头摩根大通对陷入困境的投资银行贝尔斯登的救助合并时，美联储援引了这个条款。有争议的是，这项交易涉及美联储，在救助合并之前，美联储（通过一个特殊目的载体）购买了贝尔斯登公司300亿美元的问题资产，摩根大通承担了第一个10亿美元的损失。美联储还援引第13条第3款的授权，设立了6个信贷工具：定期证券借贷工具、一级交易商信贷工具、商业票据融资工具、货币市场投资者融资工具、定期资产支持证券贷款工具，以及最大的一个——资产支持商业票据货币市场共同基金流动性工具。[7]

虽然篇幅很短，但第13条第3款的立法措辞有一些有趣的方面，甚至存在矛盾，这可能会引起经济学家与律师之间不同的反应和解释。这一条款没有说明美联储援引该法案的目的是什么，也就是说没有提及美联储应该试图解决什么问题，或者试图达到什么结果。《日本银行法》(Bank of Japan Act) 的相应条款则明确了其目的："维持有序的金融体系。"第 13 条第 3 款的措辞可能含糊其辞、晦涩难懂，但其目的并不神秘：赋予美联储在必要时采取紧急行动以维持金融体系稳定的权力。这也可以从以下事实推断出来：第 13 条第 3 款赋予美联储向任何个人、合伙企业或公司放贷的权力，而不是向其正常的对手方（即那些能够在美联储开立准备金账户的联邦储备系统成员银行）放贷。

在这种情况下，对第 13 条第 3 款有一个自然的解释：如果美联储认为需要采取行动以维持金融稳定，那么他们便有权这样做。在第 13 条第 3 款中有一个关键字和一个关键条件需要一起阅读。关键条件是借款人无法从任何其他来源获得融资，求助于美联储必须是最后的手段。

其中的关键词是，提供贷款的担保必须达到美联储"满意"的程度。在本节的整体背景下，一个常识性的解读是，这对美联储的要求相对较低。美联储不从事私营部门的赚钱活动；它负责履行某些符合公众利益的政府职能，包括（特别是第 13 条第 3 款的要求）保持金融体系的稳定。这当然包括采取一切可能的措施来防止金融系统崩溃。美联储对根据第 13 条第 3 款发放贷款所获得的担保感到"满意"，不应意味着它只有在完全确信能收回资金的情况下才会发放贷款。这里有一点逻辑上的一致性需要注意：如果美联储被授权提供第 13 条第 3 款贷款的唯一情况是借款人无法从任何银行机构获得融资，那么美联储如何确保提供完全担保的贷款？想必其他银行也会要求美联储提供同样的抵押品。

解决问题的唯一方法是设想这样一种情况：市场完全陷入恐慌，金融市场停止运转，以致有偿付能力的借款人无法获得资金，无法在现有合同到期时进行展期或再融资。但在这里，我们开始进入金融同义反复的领域。在如此糟糕的情况下，在只有美联储愿意提供信贷的情况下，借款人真的有偿付能力吗？

这个思想实验突出了央行与其他银行和私人实体之间的一个关键区别。与任何私人银行不同，作为基础货币（准备金和纸币）的唯一提供者和货币政策的操作者，中央银行不必——实际上也不应该——将当前的经济形势和未来的经济前景作为给定的情况。相反，它需要保持经济处于充分就业、平稳、非通胀的状态，并维持金融稳定。

这里有一个重要的引申含义，即本质上是一个先有鸡还是先有蛋的问题：一家系统重要性银行是否有偿付能力，因此是否有资格获得央行的最后贷款人融资，可能取决于央行是否提供支持。换句话说，很容易想象这样一种情况：如果一家需要央行帮助的大银行得不到帮助，它就会资不抵债；但如果它能得到帮助，它就会有偿付能力，因为央行本身的行动会改变经济状况和相关银行的最后结果。如果一家银行的资不抵债状况反映了一个非常糟糕的经济环境，而央行有义务去改善这个经济环境——而且，如果当前的环境得到改善，将会促使这家银行再次具备偿付能力，那么央行以这家银行资不抵债为由拒绝向这家银行提供最后贷款人资金是说不通的。最终，银行的偿付能力，尤其是那些“具有系统重要性”的大银行，取决于经济状况。美联储要为它们买单了！

美联储应该救助雷曼兄弟吗？

这一推理思路与美联储是否应该同财政部和美国政府其他部门协调，像对待贝尔斯登那样“纾困”雷曼兄弟，而不是允许它（或者按照某些解释，强迫它）在2008年9月15日宣布破产的争论有关。在考虑这个问题时，我作为经济学家的意见，一如既往是公正和客观的。然而，我必须申明自己的利益，因为我当时是雷曼兄弟的全球首席经济学家，并因雷曼兄弟的破产而损失了大量财富。这并不是说我期望或寻求任何同情：在华尔街工作的人通常都是有才华、工作努力的人，但他们的薪酬也非常高，而且在很多方面都很幸运。因此，当他们陷入困境时，应该站在被同情队伍的最后面。

事后来看，并从经济角度看待这场危机，我认为在财政部和政府的支持下（布什政府的最后日子里），美联储可以而且应该设计一个类似纾困贝尔斯登的行动来拯救雷曼兄弟。雷曼兄弟的规模大约是贝尔斯登的四倍，美联储和财政部的救助行动本可以遵循类似的模式：美联储接管问题资产组合，其中一定比例的先期损失由救助银行或包括救助银行在内的财团承担，并以大幅稀释雷曼股东权益的条款实现与救助银行合并。

在雷曼兄弟申请破产保护的第二天，联邦公开市场委员会会议（FOMC Meeting）的一些片段暗示，美联储认为自己在此前几天做出了一个有意识的决定，即不使用紧急最后贷款人条款来维持雷曼兄弟的运营，也不帮助促成类似贝尔斯登的某种救助行动，关于这个决定的一些评论表明，遏制道德风险是一个重要影响因素。[8] 里士满联邦储备银行行长杰弗里·莱克（Jeffrey Lacker）表示："通过拒绝向雷曼兄弟的接盘者提供资金，美联储已经开始重新树立这样一种观念，即市场不应在每一个困难时刻都指望得到帮助。"[9] 堪萨斯城联邦储备银行主席托马斯·霍尼格（Thomas Hoenig）表示："我认为我们对雷曼兄弟的做法是正确的，因为市场确实开始对财政部和我们有预期，这可能会产生一些相当负面的后果，我们现在正在应对这些后果。"[10] 波士顿联邦储备银行行长埃里克·罗森格伦（Eric Rosengren）则不太放心："我认为现在判断我们对雷曼的做法是否正确还为时过早。鉴于财政部不愿投入资金，我们别无选择。但我们下了一个深思熟虑的赌注。"[11]

美联储未能拯救雷曼兄弟，由此引发了一场严重的金融危机和经济衰退（当时是大萧条以来最严重的一次），给经济和金融体系带来了巨大的代价。[12] 在之后的两个季度（2008 年 10 月至 2009 年 3 月），美国的实际 GDP 下降了 3.3%、欧元区下降了 4.9%、日本下降了 7.1%。美国的失业率从 2008 年 8 月的 6.1% 上升至 2009 年 10 月的 10.0%，欧元区的失业率从 7.7% 上升至 10.3%（2020 年 2 月）①，日本的失业率从 4.1% 上升到 5.5%（2009 年 7 月）。

雷曼兄弟倒闭后，美国金融体系的心脏"骤停"，给全球金融体系带来了严重冲击，并将大多数主要经济体推入衰退的轨道。

① 2020 年 2 月疑似有误，但原文如此。

在最初的一些自满之后，美联储匆忙降息（至 2008 年 12 月，从 2% 降至接近于零），并推出了一系列信贷和量化宽松措施。金融危机促使国会在经历了一些充满焦虑的挫折之后，通过立法出台了一个被委婉地称为“不良资产救助计划”（TARP）的措施。这个计划设立了一个 7 000 亿美元的基金，用于对银行进行资本重组，这笔资金得到了迅速而有效的部署。

如果雷曼兄弟得到救助，经济会发生什么变化我们现在无法下定论。楼市泡沫破裂引发的衰退可以追溯至 2007 年 12 月，美联储已开始将利率从 2007 年 8 月的 5.25% 降至雷曼兄弟破产时的 2.0%。然而，房地产泡沫和次贷危机对经济和金融系统所造成的影响很有可能不会那么严重，能够被货币、财政、住房和银行系统政策的正确组合所吸收和抵消。在政府救助房利美（Fannie Mae）和房地美（Freddie Mac）（两家由联邦政府资助的住房金融巨头[13]）之后，雷曼兄弟的破产正值金融压力迅速升级之际。最后，由于各种原因——主要是政治原因，但也可能反映了制度上的失败——美联储以贝尔斯登式的行动拯救雷曼被证明是难以实现的。

美联储对此的辩护是，根据第 13 条第 3 款，他们没有权力救助雷曼兄弟，因为雷曼兄弟没有足够的优质抵押品。在雷曼兄弟破产后的首次公开演讲中，时任美联储主席本 · 伯南克阐述了美联储为何要救助贝尔斯登和保险巨头美国国际集团（AIG）而不救助雷曼兄弟。这里有必要详细引用伯南克的原话：

> 试图组织一个由私人公司组成的财团收购雷曼兄弟或

> 对其进行资本重组的努力没有成功。至于公共部门的解决方案，我们认为，无论是促成雷曼兄弟出售，还是维持其作为一个独立的实体而存在，都需要相当大的公共资金注入——比贝尔斯登的情况要大得多——并且需要纳税人承担数十亿美元的预期损失。即使假设从公共政策角度来看，这些成本是合理的，财政部和美联储也无权以这种方式动用公共资金；特别是，美联储的贷款必须有足够的担保，确保贷款将得到全额偿还。雷曼兄弟没有这样的抵押品……就 AIG 而言，美联储和财政部判断，AIG 的无序破产将严重威胁全球金融稳定和美国经济的表现……为了避免 AIG 违约，美联储能够提供紧急信贷，并且由该公司的资产充分担保。[14]

伯南克的论点建立在一个值得怀疑的论断上，即美联储的“手脚被绑住”了，因为任何贷款都必须“全额偿还”。正如我所说，这个理由似乎似是而非。问题不在于美联储对收回所有资金的信心有多大，而在于对金融稳定和经济健康而言，救助计划的必要性和可行性有多大。从这个角度来看，救助在事前和事后都是合理的。

在 2008 年 10 月 28 日—29 日的联邦公开市场委员会会议上，伯南克主席对美联储难题的概述值得在此重述：“我从未接受过这样的批判，即我们无权干涉市场进程，我们应该让企业自生自灭，市场会处理解决。我只是不相信你允许具有系统重要性的机构在金融危机中倒闭，还希望不会产生大的问题。但这正是发生在雷曼兄弟身上的事情。”[15] 他接着说：“美联储和财政部根本没有工具来解决雷曼兄弟和当时面临压力的其他机构的问题。”诚然，当时财政部还没有像 TARP 计划那样的工具，但美联储拥有第 13 条第 3 款，并在雷曼兄弟破产之前和之后都反复使用它。美联储真的无法“确保”其贷款得到“满意”的担保吗？这似乎是使用最后贷款人安排的一个相当低的门槛，而最后贷款人的另一个标准是借款人“无法从其他银行机构获得足够的信贷资金”。或者，在缺乏类似 TARP 计划的情况下，采取像贝尔斯登那样的措施来救助雷曼兄弟，对美联储来说存在很大的政治或道德风险障碍吗？正如美联储主席的评论所暗示的那样：“政治和经济是纠缠在一起的。你必须明白，仅仅指出提供财政支持是正确的政策还不够，这一政策也需要在政治上是可行的。”[16]

未能阻止雷曼兄弟破产，是因为存在一个两难的矛盾未能化解。2008 年 9 月 13 日至 14 日的周末，对所有相关各方来说都是一个“狂热”的周末。财政部部长亨利 · 保尔森（Henry M. Paulson, Jr.）和纽约联邦储备银行行长蒂莫西 · 盖特纳（Timothy Geithner）在曼哈顿牵头，推动华尔街对雷曼兄弟的救助，从而避免美国和全球金融体系崩溃——但最终未能成功。他们努力的重点是召集一个华尔街银行财团，为剥离雷曼兄弟问题最大的资产提供资金，这将为一家大型银行拯救雷曼兄弟铺平道路，就像六个月前摩根大通拯救贝尔斯登一样。英国巴克莱银行（Barclays Bank of the United Kingdom）在美国银行放弃之后，成为最有可能的竞购者。

从保尔森部长的回忆录和其他类似的记述中可以清楚地看出，

矛盾的是，尽管交易似乎已经接近尾声，但如果没有美联储的参与，没有财政部和布什政府的道义支持，华尔街银行不会挺身而出，但如果没有华尔街银行（包括可能的救助银行）的参与，美联储也不会考虑提供支持。引用保尔森的话："与贝尔斯登不同，美联储的手被绑住了，因为我们没有买家。"但很明显，没有买家、没有华尔街财团的支持，是因为没有美联储的支持！正如保尔森在2008年9月14日星期日下午3时30分向乔治·W.布什总统解释的关于为什么雷曼兄弟与贝尔斯登不同："没有办法拯救雷曼兄弟。即使有其他私人公司的帮助，我们也找不到买家。"[17]这里两难的矛盾是：没有纾困买家，就没有美联储的支持；没有美联储的支持，就没有纾困买家。

对第13条第3款的修正

金融危机之后，美联储对第13条第3款的授权进行了修改，这是《多德-弗兰克法案》对金融体系进行全面监管改革的一部分。[18]除了增加相当多的报告要求外，《多德-弗兰克法案》还从三个方面限制了美联储在第13条第3款下的权力：从今以后，美联储需要得到财政部部长的批准才能行使该权力；第13条第3款规定的项目或机构必须具有"广泛的范围"，而不是针对个别金融机构；任何参与的借款人都必须有偿付能力，这是美联储使用该条款的前提。

在新冠疫情大流行引发的经济衰退期间，美联储再次援引第13条第3款的权利，恢复了早先的四个项目：商业票据融资工具、一级交易商信贷工具、货币市场共同基金流动性工具和定期资产支持证券贷款工具，并增加了五个新项目：一级市场企业信贷工具、二级市场企业信贷工具、主街借贷计划、市政流动性工具和工资保障计划流动性工具。

另一项重要的改革是《多德 - 弗兰克法案》引入了一个新的框架来处理具有系统重要性的大型金融机构破产问题，即那些被认为"太大而不能倒"的金融机构。在雷曼兄弟破产的时候，除了美联储主导的救助之外，唯一的选择就是按照贝尔斯登或美国国际集团的方式，依据美国破产法第 7 章（清算）或第 11 章（重组）破产。雷曼兄弟根据美国破产法第 11 章申请破产，这在世界各国的司法管辖区引发了类似的法律破产程序。《多德 - 弗兰克法案》第二章建立了一种替代破产和由美联储主导（现在已被禁止）的对大型复杂金融机构救助的方法，称为"有序清算授权"，根据该授权，联邦存款保险公司可以接管陷入困境的实体清盘。在撰写本书时，这一授权还没有被使用，事前未雨绸缪——以更严格的银行系统监管和资本充足率要求的形式——在一定程度上避免了事后收拾残局。

风险和道德风险

与风险有关的另一个合成谬误也在金融危机中显现出来。未来在本质上是不确定的。[19] 当农民种植下一季作物时，他们不知道收成大小和质量如何，也不知道对于任何给定的收成，能在市场上卖多少钱。金融体系的一个主要功能可以追溯到古代，就是为进行高风险投资提供激励，并分散相关风险。由于风险可以从一方转移到另一方，因此可以设计金融工具，将风险投资转变为非常安全的投资，或者对个人投资者或投资者群体来说看起来很安全。投资的潜在风险并没有改变，但是大部分的风险已经转移到那些乐于接受风险的投资者身上——当然这是有代价的。较高的风险意味着较高的预期收益，低风险或几乎没有风险意味着较低的预期收益。

公司股权和债务就是一个典型的例子：债务持有人“被承诺”得到“安全”回报——利息支付和债务到期时的本金偿还——但他们也知道（或者他们应该知道），万一公司倒闭他们可能只能得到部分偿还。另一方面，在经济困难时期，股权持有者乐于保护债务持有者不受损失，因为他们在经济景气时获得了更大的收益分成（但经济形势不能太严峻，因为那样他们就会退出公司，把公司交给债权人）。

谬误在于，虽然在个人层面上避免风险是可能的，但在社会层面上却不可能。作为一个整体，社会无法避免受到总体存在的风险影响。如果一场大地震摧毁了一座大城市的大部分基础设施，个人财产持有者可能会从他们的地震保险合同中获得一些赔付，但世界上的地震保险作为一个整体则无法规避风险。

金融债权的流动性比支持它们的最终资产更强，而且目的在于将风险转移给其他人，这两者的结合使其特别容易在金融危机中产生影响，如存款挤兑、债券市场崩溃、回购市场冻结、资本逃离等。央行在金融恐慌中提供流动性时发挥了有益的社会作用，缓解了流动性错配，并降低了因太多人寻求保护而造成的外部性：这些人立即逃离市场，并在此过程中造成了更大的损害。但央行作为最后贷款人的角色也引发了道德风险这一棘手问题。

“道德风险”是保险领域的一个术语，指的是保险对行为的扭曲效应，特别是被保险人不倾向于采取代价高昂的行动来降低事件发生的概率。道德风险是一个不幸的术语，因为它暗示道德是问题的核心，而不是人性。经济学家只会说“激励很重要”。[20]经济学中最接近万有引力定律的是需求定律：需求曲线向下倾斜，这意味着当价格下降时，对某种东西的需求就会增加。如果不审慎的代价降低了，你就会更加不审慎。这里不涉及道德判断，只是经济问题（也就是人性）。

许多经济学家和金融市场参与者担心，央行充当最后贷款人，甚至只是操作货币政策会引发道德风险。救助银行会让央行承担更大的风险，从而导致未来需要承担更多的救助。正面看，结果不错——银行和其他投资者是赢家；反面看，结果却难以接受——纳税人输了。这是有道理的，但解决办法不是让政策制定者在金融危机中占据道德风险的制高点。消防队不会通过房子被烧毁（更不用说整个社区）来给粗心的房主一个教训，政策制定者也不应该保护私营企业和投资者免受他们错误决策的后果。但如果他们有工具可以使用的话，也不应该袖手旁观，让金融体系和经济同时崩溃。

央行的最后贷款人角色是对货币和财政政策的补充，这些政策应该协同发力。如果爆发了一场金融危机，而央行作为最后贷款人不愿出手，央行就可能需要更加积极地放松货币政策，政府则需要更加积极地实施财政刺激措施，来应对由此产生的经济影响。

货币和资产价格泡沫

金融危机的发生是有原因的。很多危机爆发之前都出现了信贷驱动的资产价格泡沫。当泡沫破裂后，危机随之而来。要理解金融危机，首先要理解资产价格泡沫。

就像“流动性”一样，“泡沫”也是一个人们经常使用的术语。随着时间推移，经济活动的规模也会扩大，而资产是对经济产出的一种要求，因此资产价格也会上涨。资产价格持续上涨，而且可能相当强劲，这一事实并不一定意味着存在泡沫，也许是因为家用电脑、互联网和智能手机等新变革技术的出现，使经济前景变得更加光明。

对经济学家来说，资产价格泡沫有着非常特殊的含义。当资产价格脱离潜在的“基本面”，升至基本面无法支撑的水平时，就会出现资产价格泡沫。在泡沫中，投资者的预期推高了价格，使泡沫成为一个自我实现的过程。资产价格不断上涨，进入泡沫区域，投资者会继续购买资产，因为投资者预期其他人也会这样做。这种乐观的买盘推高了价格，证实了价格上涨的预期，会推动资产价格进一步远离基本面，形成上涨螺旋。随着资产估值变得更加极端，这个过程可能会持续很长时间。最有名的案例是日本的情况，据说在日本经济泡沫顶峰时期，东京市中心皇宫的土地价值超过了整个美国加利福尼亚州。[21]

棘手的是，尽管需要根据“基本面”来判断资产价格泡沫，但这些基本面并不能直接观察到，必须推断出来。基本面在很大程度上取决于投资者的看法。有关资产的某些客观方面、整体经济和世界形势可能相对容易确定，但资产的基本面在很大程度上取决于未来发生的事情。这就是资产价格的作用：将未来前景折现为当前的价值。生活充满了惊喜。因为未来还没有发生，并且可能会和过去完全不同。

关于泡沫，唯一确定的是它最终会破裂——在破裂之前，则无法证明它是泡沫。还有臭名昭著的“音乐播放”效应需要应对。即使大多数投资者认为存在泡沫，也没有人知道泡沫会持续多久，而且在泡沫存在期间可以赚到很多钱。花旗银行前首席执行官兼总裁查克·普林斯（Chuck Prince）在2007年7月接受英国《金融时报》采访时曾说过一句著名的俏皮话：“只要音乐还在继续，你就得站起来跳舞。”在此之前，他的话同样具有启发性：“当音乐停止时，就流动性而言，事情将变得复杂。”[22]

指数化加剧了泡沫问题。很多资金投资于指数基金：跟踪股票市场或其他指数的基金，如标准普尔500指数或Msci世界指数。人们投资指数背后有很多理由和可靠的金融理论支撑，但这意味着，正在经历泡沫的指数或指数中的特定股票，将吸引更多来自购买指数的所谓被动投资者的资金流入。这个问题甚至存在于主动投资者身上，即那些主动管理基金以寻求跑赢特定指数的人。许多为主动投资者设计的基金仍将根据指数进行管理，这意味着基金经理将有义务将指数的风险控制在一定范围内，即“跟踪误差”。一旦某只股票在整体指数中所占的比例达到一定程度，许多投资经理就很难不把至少一部分投资组合放在这只股票上，不管他们认为这只股票有多高估或处于严重的泡沫状态。否则，他们管理的投资组合将过于偏离指数，违反了客户强加的风险限制

（投资经理将服务出售给客户的基础是他们将控制这种风险）。

泡沫叙事总是会影响投资者情绪。在20世纪80年代后半期日本的资产价格泡沫中，人们普遍认为房地产价格将继续上涨，因为房价在战后从未下跌过，日本经济似乎是一个“奇迹经济”。[23]在20世纪90年代末的纳斯达克股市泡沫中，随着市场估值飙升，主流观点认为，市净率和市盈率等传统估值指标在互联网时代已不再适用，可以忽略不计。在21世纪前10年的美国房地产泡沫中，一种常见的说法是，以抵押贷款证券化为中心的金融创新提高了低收入家庭拥有自己住房的能力，并永久性地提高了住宅投资占GDP的比例。

然而，泡沫不可能永远持续下去。资产价格上涨到底是出现了泡沫，还是未来前景和基本面发生了真正的变化（未来尚未揭晓），要解决这个问题，唯一的办法就是等待泡沫破裂。根据定义，泡沫最终会破裂，如果没有破裂，那就不是泡沫。这一事实本身就会加剧泡沫：泡沫持续的时间越长，相信泡沫的人就越会以泡沫没有破裂为依据，以此证明它不是泡沫！

资产价格泡沫通常会在其内部矛盾的重压下破裂。同样的逐利动机既助长了泡沫，也导致了泡沫的破裂。泡沫持续的时间越长，未被卷入其中的剩余投资者就越少，而希望通过出售资产锁定利润的早期投资者则越来越多，这是一个危险的组合。由于急于获利的卖家超过了对高价买入持怀疑态度的买家，资产价格很容易暴跌，这就证实了高价确实是一个泡沫。就像舒芙蕾一样，泡沫很少会上升两次，泡沫破裂之后，就会留给市场来收拾残局，为相关资产计算出一个或多个合理的估值。

日本土地价格泡沫

资产价格泡沫是非常危险的，最容易引发金融危机。当资产价格的上涨是由银行信贷推动的，也就是说，由货币创造推动的，情况尤其如此。由银行贷款提供的增量资金所推动的资产价格泡沫，造成了银行体系资产负债表中资产侧和负债侧对风险的认知不匹配。以日本 20 世纪 80 年代的房地产泡沫为例。[24] 在银行贷款大幅增加的推动下，尤其是在主要城市地区房地产价格飙升，股价也随之暴涨（图 6.1）。两者都在 20 世纪 90 年代初暴跌，引发了持续 10 年的银行危机，并迎来了日本广为人知的“失去的几十年”。

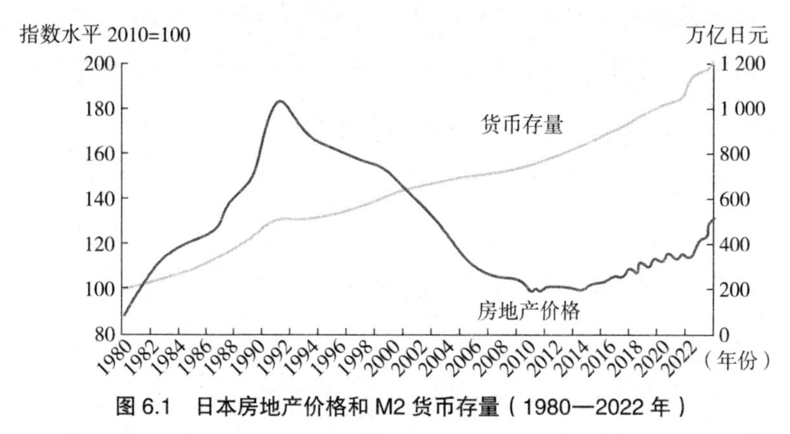

图 6.1　日本房地产价格和 M2 货币存量（1980—2022 年）

数据来源：国际清算银行（房地产价格）和国际货币基金（货币存量，至 2006 年），摘自 FRED、圣路易斯联邦储备银行和日本央行（货币存量从 2007 年起），季度数据。

随着 20 世纪 80 年代的发展，日本的银行迅速扩大了直接和间接贷款，为投资房地产提供资金，这在银行体系资产负债表的资产一侧创造了房地产贷款，在负债一侧创造了存款。因为当时日本正在经历房地产（及股票市场）泡沫，所以这些贷款风险很大，尽管当时人们并没有意识到这一点。泡沫持续的时间越长，新发放的房地产贷款风险就越大，因为贷款购买的房地产价格越来越高，后期必然要经历相应的大幅下跌。

另一方面，银行存款被视为安全资产。事实上，在“二战”之后，日本没有任何银行储户遭受过损失，而且日本存款保险公司这个 1971 年成立的政府实体为“小额”存款提供担保（在 20 世纪 90 年代初，保障存款不超过 1 000 万日元，约合 8 万美元），在 20 世纪 90 年代初泡沫破裂之前，日本存款保险公司从未实际发挥作用。

在银行持续为购买房地产提供贷款的推动下，房地产价格不断攀升。这种贷款创造的存款从银行借款人转移到房地产的卖方。从卖方（通常是个体农民或土地所有者）的角度来看，房地产价格泡沫使他们能够从日益膨胀的高风险资产转向安全资产。

当泡沫破裂时，房地产价格急剧下跌，以六大城市地区的商业用地价格指数为例，从峰值到谷底下跌了 87%。一旦发生这种情况，银行体系资产负债表中资产端的潜在价值也会大幅下降，导致许多银行在按市值计价的基础上出现资不抵债风险，也就是说，如果它们被迫承认其资产的真实价值，它们的资产净值将为负。这意味着银行的资产价值不足以完全偿还债权人和存款人的债权。

日本政府先是通过实施容忍政策来处理银行危机，而不是通过将资产按市场计价、积极重组不良资产和大规模重组银行资本来正面解决问题。在银行体系资产负债表的资产方面，监管当局允许银行隐瞒其潜在不良贷款损失的真实程度，并逐步处置这些不良贷款，希望银行能够维持运营，并利用稳定的营业利润补充资本；在银行体系资产负债表的负债方面，政府通过对所有存款提供全面担保来减轻银行的压力，最初为 5 年，但对一些没有保险的存款延长了 10 年。

考虑到银行体系资产负债表中隐藏亏损的规模，以及泡沫破裂释放出的通缩力量，这种方法失去了效用，实力最弱的银行开始一家接一家地倒闭。最终，政府不得不咬紧牙关，注入公共资金对银行进行资本重组。银行资产负债表问题是此次金融危机发生和演变的基本逻辑。

从 2010 年持续至 2015 年的欧元区主权债务危机是另一种金融危机。这次危机始于 2010 年 4 月的希腊主权债务危机，2015 年 7 月时任欧洲央行行长马里奥 · 德拉吉（Mario Draghi）在伦敦的一次演讲中用几句话奠定了结束危机的基础。这场危机开始的原因和结束的方式告诉我们很多关于货币的事情，以及社会对货币游戏规则的错误理解是如何导致很多经济灾难的。下面我们来具体分析这个故事。

第七章
欧盟的“房子”建了一半

在我们的职责范围内，

欧洲央行准备采取一切必要措施来保护欧元。

相信我，这就够了。

——马里奥·德拉吉，时任欧洲央行行长，

2012 年 7 月 26 日[1]

欧元作为一种货币诞生于1999年，当时欧盟14个成员国中的11个国家都采用欧元作为共同货币。但欧元不仅仅是一种货币，特别是在英国脱欧之后，现在有20个成员国的欧元区构成了拥有27个成员国的欧盟的基石。然而，这是一个非常不稳固的基石。原因与货币有关。

欧元区是一个“货币联盟”，但其存在严重缺陷，因为它不是一个财政联盟，或者至少不是一个完整的财政联盟。在大多数国家，特别是发达国家，尽管央行的运作独立于政府的其他部门，但它仍然是政府的一部分。即使货币政策和财政政策是分开的，在很大程度上彼此独立运作，但它们也是一个政府的两个部分，如果有需要，它们可以作为一个整体发挥作用。

但作为欧元区中央银行的欧洲央行却并非如此。[2] 欧洲央行不是一个主权国家的中央银行、不是一个统一政府的一部分、更不是各成员国政府的组成部分，欧洲央行没有一个可以与之协调的财政部，也不对任何政府负责。相反，欧洲央行是一个超国家机构，凌驾于“欧元区”（采用欧元作为本国货币的欧盟成员国）的20个成员国之上或与之平起平坐。欧洲央行的财政和政治对应物是欧元区各国政府和这些国家的财政部，以及欧盟级别的机构，如欧盟委员会、欧洲理事会、欧洲议会和欧洲法院。

这就是欧元功能失调的根源所在。要想正常运作，一个货币联盟还需要成为一个财政联盟：调控宏观经济的货币和财政政策之间不应该有太大的隔离空间，也不应该把沙子扔进连接它们的齿轮里。财政联盟离不开政治联盟，因为财政事务总是涉及或影响政治问题。然而，欧元还有一个更大的缺陷：未能认识到货币联盟——国家货币主权的汇集——本质上是一种政治行为，而不是像人们经常所认为的那样，仅仅是一种技术官僚行为。货币和财政事务是同一枚主权硬币的两面，将这两面过于宽泛地分开会导致经济危险。

欧盟的“房子”建了一半

欧盟是一个复杂的政治实体，欧元区和欧洲央行如何在其中定位并运作也很复杂。如果不放在欧盟的背景下，就无法真正理解欧元及其深层次缺陷。

欧盟于 1993 年 11 月《马斯特里赫特条约》（Maastricht Treaty）生效时成立，但其前身可追溯至“二战”后一些更早的协议和条约。促成欧盟成立的是一个意在加强经济和贸易合作的项目。欧洲煤钢共同体（根据 1951 年《巴黎条约》建立）后来演变为欧洲经济共同体（European Economic Community）（根据 1957 年《罗马条约》建立），强调“共同市场”，并根据 1992 年签署的《马斯特里赫特条约》成立欧盟。《马斯特里赫特条约》为建立一个以欧元为基石的货币联盟奠定了基础，欧元于 1999 年 1 月以电子方式引入，并于 2002 年 1 月开始流通纸币和硬币。

欧盟现在由 27 个成员国组成，德国、法国、意大利、西班牙和荷兰是其中经济规模排名前几位的国家。作为一个政治实体，欧盟的形态介于一些相互合作但独立的国家之间，比如《美国 - 墨西哥 - 加拿大贸易协定》(United States-Mexico-Canada Agreement) 这样的贸易集团，或者北大西洋公约组织（North Atlantic Treaty Organization）这样的军事联盟，以及组成单一国家的联邦，比如美利坚合众国、澳大利亚联邦、德意志联邦共和国或俄罗斯联邦。

欧盟处于上述合作集团和独立联邦国家之间的中间位置，因为成员国将其主权的某些方面集中到欧盟层面，而将其他方面保留在国家层面。就主权的集中方面而言，欧盟就像一个单一的民族国家一样运作，例如货币政策（针对欧元区成员国）、人员跨境流动、贸易政策和关税。欧盟甚至还有议会（某种意义上的）、盟旗和盟歌，这些都是人们熟悉的民族国家的标志。

然而，当涉及单独保留的主权方面时，欧盟更像是一个合作的民族国家集合。例如，成员国保留对其财政政策（尽管受到欧盟的限制，下文将详细介绍）、外交政策（尽管欧盟现在有外交事务和安全政策联盟高级代表在这一领域发挥协调作用）、军事防御（尽管大多数欧盟成员国是北约成员国）、保护外部边界（尽管欧盟有一个边境和海岸警卫队提供一些支持，并且正在加强）的决策权。许多国家还有不同的语言、独特的民族和地域特征以及文化。

欧盟也是一个正在整合中的联盟。人们普遍认为，欧盟的“创始元勋”[3] 打算从最容易、最明显的开始，相继建立一个功能齐全的经济、货币和政治联盟，并依赖于这样一个事实：一件事的出现会导致另一件事的发生。他们认为，经过数年乃至数十年，欧盟将逐渐向类似于欧洲合众国联合更紧密的民族国家模式发展，而这实际上已经发生了。在欧盟层面，汇集国家主权的这一缓慢但稳定的进程取得了进展，这是由于条约连续修改，以及最近对经济、金融、移民、流行病和地缘政治危机的反应。

欧元主权债务危机引发了一场持续至今的辩论，即是否有必要加强或更雄心勃勃地完善欧洲经济与货币联盟（Economic and Monetary Union），使其同时成为一个“银行联盟”“资本市场联盟”和“财政联盟”，尽管不一定是一个“财政转移联盟”。这些理念在 2012 年 6 月的“四位主席报告”、2015 年 6 月的“五位主席报告”、2015 年 3 月的欧盟委员会《欧洲未来白皮书》等高层政治文件中都有体现（这四位主席分别是欧洲理事会、欧盟委员会、欧元集团和欧洲央行的主席，第五位是欧洲议会议长，很明显他是后来才介入此事）。

在债务危机期间，为弥补欧元框架的缺陷，各国采取了许多行动，并精心设计了新的机构，包括建立“纾困”基金和机制（欧洲金融稳定机制、欧洲金融稳定安排和后来的欧洲稳定机制）、引入银行业联盟（单一监管机制、单一处置机制和建立共同存款保险制度的计划）、全面改革财政规则框架（新的财政契约和财政监督体系），以及欧洲央行采取的行动（证券市场计划、直接货币交易框架和若干资产购买计划）。

继 2016 年 6 月公投通过后，英国于 2020 年 1 月 31 日正式“脱欧”，这是对基于条约的“日益紧密联盟”愿望的第一次重大逆转，而且是一次“地震”级别的。英国的名义 GDP 比最小的 18 个欧盟成员国的总和还要多一点，所以就经济权重而言，英国的退出相当于欧盟成员国的数量从 28 个减少至 10 个。

欧元的逻辑

原则上，欧元是欧盟的货币，尽管成员国必须满足某些“趋同标准”才能采用欧元作为其货币。到目前为止，已有 20 个欧盟成员国这样做了，最新的一个成员国是克罗地亚，于 2023 年 1 月 1 日加入欧元区。采用欧元是一条单行道，尽管各国有退出欧盟的程序，但欧盟条约中没有规定一个国家在加入欧元区后的退出机制。英国虽然退出了欧盟，但它从来没有采用欧元作为本国货币，因此也没有义务这么做。[4]

欧元是一种奇怪的货币，不同于其他任何主权货币。大多数国家都有一种本国货币，作为该国的记价单位，也是交换媒介和价值储存手段。在威斯特伐利亚国际关系体系中，拥有自己的货币是国家主权的一个关键因素，这一体系在世界上已经存在了 3 个多世纪。[5] 作为一个国家的组成部分，拥有一种主权货币与拥有边界、军队、法律和司法体系等事务是密不可分的。一个国家拥有自己的货币是一种主权行为，不仅因为它有助于将其人民在商业上联系在一起，并提供一种共同的身份认同感，就像语言、国旗或国歌一样；它还有助于政府的存在和运行。利维坦也需要一台印钞机。

欧元诞生之初，体现了两类国家之间的一种隐含协议，一般称其为“节俭的北方”（如德国、荷兰和芬兰）和“挥霍的南方”（如意大利、西班牙和葡萄牙）。“节俭的北方”拥有货币信誉，通常通货膨胀率较低，货币汇率较强；而“挥霍的南方”缺乏货币信誉，往往通货膨胀率较高，货币汇率较弱。欧元本质上是意大利、西班牙、葡萄牙以及后来的希腊等国承诺从“节俭的北方”引进类似德国央行（Bundesbank）的货币信誉和纪律。作为回报，“挥霍的南方”国家令人信服地承诺（因为采用欧元被认为是不可逆转的进程）不再通过贬值本国货币来寻求竞争优势。通过接受《稳定与增长公约》的约束，挥霍无度的南欧国家同意在财政上不搭欧洲央行货币信誉的便车，欧洲央行的货币信誉主要是“进口”自德国央行。

因为至少在最初，欧元区被设想为一个货币联盟，而不是一个财政联盟，因此人们认为有必要对各国政府施加财政约束，否则人们会认为，一些成员国可能在利用欧元信誉的同时实施过于宽松的财政政策。欧洲央行为整个欧元区制定货币政策，而不是为其中的任何一个国家。欧盟的规划者们认为，除非受到财政束缚，否则单个国家将倾向于实施比在正常情况下更宽松的财政政策，因为该国只是货币联盟的一部分，这样做的任何通胀影响都将被“稀释”，而欧洲央行将对货币联盟的整体货币状况做出反应。但是，如果每个国家都实行宽松的财政政策，那么整个欧元区的政策就会过于宽松，而欧洲央行将不得不通过收紧货币政策来抵消这一影响——否则，欧洲央行就没有必要这么做。欧盟规划者们认为，最好是用严格的财政规则来抑制这些财政冲动，并给予欧洲央行在不受财政政策约束的情况下操作货币政策的自由。

《马斯特里赫特条约》和《稳定与增长公约》就是为此而设计的。原则上，各国应将预算赤字控制在 GDP 的 3% 以内，将（政府）债务与 GDP 之比控制在 60% 以下，欧盟委员会的任务是监督财政规则的遵守情况，并在必要时执行这些规则。直到全球金融危机和大衰退之前，这一切似乎都没问题。然而，金融危机和经济衰退为欧元区陷入一场生死攸关的“主权债务危机”拉开了帷幕，危机肇始于欧元区最薄弱的一环——2010 年的希腊。

把货币主权和财政主权分开是愚蠢的

在最初 10 年的大部分时间里，从货币政策的角度来看，欧元似乎一帆风顺。在欧元投入使用最初的 8 年里，每月 CPI 平均同比增长 2.1%，略高于欧洲央行宣布的“接近但低于 2%”的通胀目标。

将欧元确立为共同货币，意味着在成员国之间转移资金不再存在任何汇率风险。由于通货膨胀得到控制，借贷成本下降，汇率风险消除，资金流动更加自由。随后，欧元区内部的经常账户失衡开始形成，但由于受到房地产泡沫和私人部门借贷的推动，这种失衡几乎没有得到遏制。与此同时，在金融市场上，投资者将欧元区成员国的主权债务在风险方面或多或少同等对待，各国主权债券与德国国债的利差缩小甚至几乎消失。如此小的主权债券息差可以被视为欧洲经济与货币联盟成功的证据，该联盟基于单一货币和严格的财政规则。

然而，这种安排有一个缺陷：欧元区成为一个货币联盟，却没有同时成为一个财政联盟，这就造成了一种局面，相当于要求成员国政府以外币借款。通过采用欧元，各国政府将印钞机的钥匙交给了在法兰克福新成立的欧洲中央银行，而没有将它们的财政职能合并成一个单一的欧元区财政部，这样的财政部将负责整个联盟范围内的预算事务，如支出、税收和借贷。

为什么这个缺陷是一个大问题？在货币事务方面，欧元区成员国类似于美国这样的联邦制国家。它们使用自己国家的货币，但却没有能力随意创造货币。只需敲击一下电脑键盘，就能凭空创造欧元，这种能力属于欧洲央行，而不属于各成员国央行或各国政府。当然，这种说法需要一些限定条件。基于紧急流动性援助（Emergency Liquidity Assistance）框架，在某些情况下各国央行可以向其管辖范围内的金融机构（但不直接向其政府）提供央行资金（欧元），但需要得到欧洲央行管理委员会至少三分之二的赞成票。

组建一个货币联盟而非财政联盟，在象征意义和对公民（尤其是流动人口）的便利方面颇具吸引力，但被严重误导了。财政或预算问题被视为政治问题，是一个国家之所以成为主权国家的核心。《马斯特里赫特条约》为1999年欧元的推出奠定了基础，最初签署该条约的12个国家无意将其主权集中到这种程度。对欧洲人来说，这将是一个巨大的宪法步骤，类似于将松散的欧洲经济共同体独立成员国将转变为“欧洲合众国”（United States of Europe）。欧盟的创始者们没有意识到的是（或者，他们即使意识到了也没有深入讨论），组建一个货币联盟所代表的主权集中程度，与组建一个财政联盟所代表的主权集中程度是不一样的。

在经历了几年的财政平稳运行后，全球金融危机和大衰退来袭，随后演变成欧元区主权债务危机。在那次经济衰退中，欧元区的 GDP 在一年多的时间里从高峰到低谷下降了 5.7%，预算赤字开始上升，政府债务水平也开始攀升，这并不奇怪。

主权债务危机爆发于 2010 年初，当时希腊财政赤字不断提高，有消息称希腊篡改了经济统计数据。南欧国家和爱尔兰主权债券的绝对收益率及相对于德国政府债券的收益率都开始飙升。这场危机本质上是一个金融市场开始意识到欧元区架构存在严重缺陷的过程，严重的经济衰退中，各国在使用宏观经济政策工具推动经济复苏的能力上受到严重削弱，而这反过来又可能迫使它们退出欧元区并陷入违约。

欧元的宏观经济束缚

假设你向一位经济学家提出以下挑战：为一组基本相邻的国家提出一个制度框架建议，在遭受重大不利冲击时，该框架将使单个国家在宏观经济上的回旋余地最小。如果这位经济学家提出的宏观经济设计与欧元区在全球金融危机和随后的主权债务危机期间的运作方式非常相似，也就不足为奇了。

原因如下，一个给予个别国家最大宏观经济政策灵活性的框架将沿着以下思路展开。每个国家都将拥有自己的货币和独立于其他国家的货币政策、灵活的财政政策框架能够应对总需求或金融体系稳定性的负面冲击、能有效协调货币和财政政策、灵活浮动的汇率将起到缓冲作用并减轻国内经济受到的冲击，以及可以发行自己的货币。

现在将上述框架与欧元区单个国家的框架进行比较。欧元区成员国没有自己的货币政策，而是必须接受欧洲央行制定的货币政策，这反映了该机构对整个欧元区经济状况的判断。成员国也缺乏实施强有力的逆周期财政政策的能力，并受到欧元区财政规则和紧缩财政政策倾向的限制；它几乎没有能力将其财政政策立场与欧洲央行的货币政策立场或其他成员国的财政政策立场协调起来。成员国主要贸易伙伴（即欧元区成员国）的汇率实际上是永久固定的，只有对非欧元区国家才享有汇率灵活性。最后，它不能发行自己的货币（除非在紧急流动性援助框架的严格限制下）。

图 7.1 显示了缺乏宏观经济政策灵活性对遭受重大负面经济冲击的个别国家的破坏性。截至 2022 年第二季度，希腊的实际 GDP 水平比危机前的峰值（2007 年第二季度达到的峰值）低了惊人的 24.0%；甚至欧元区第三大经济体意大利的 GDP 也比峰值水平（2008 年第一季度）低 3.9%。与此同时，德国的实际 GDP 水平比危机前的峰值（2008 年第一季度）高出 14.0%。迄今为止，德国通常被认为是欧元区最强劲的经济体。相比之下，美国的实际 GDP 水平（截至 2022 年第二季度）比危机前的峰值（2008 年第二季度）高出 26.0%，英国的实际 GDP 水平比危机前的峰值（2008 年第一季度）高出 16.2%。

德国较好的经济增长结果在一定程度上反映了其作为欧元区成员国所享有的较低汇率带来的优势。原则上，欧元汇率应该反映其 20 个成员国独立汇率的加权平均值。考虑到德国较强的出口竞争力及其历史上强势的货币（德国马克），在独立货币的情况下，德国的汇率应该比大多数其他欧元区成员国的汇率更坚挺，因此也比欧元本身更坚挺。可以从另一个角度看这个问题，不妨考虑一下德国现在退出欧元区会发生什么。这么做之后，德国货币的汇率会升值吗？大多数观察家认为会，这意味着作为欧元的一部分，德国获得了较低汇率所带来的好处。

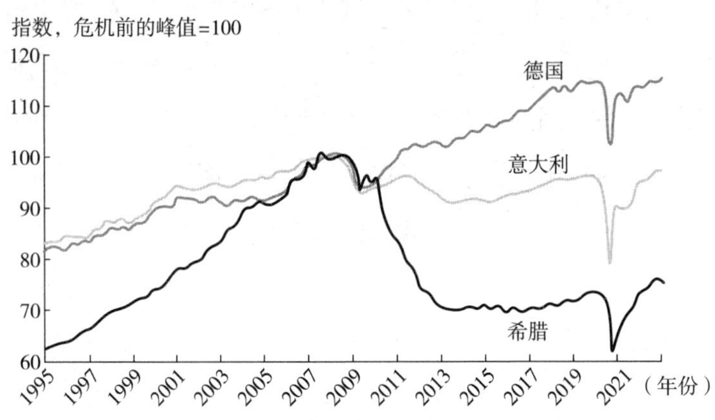

图 7.1 金融危机前实际 GDP 指数达到峰值（德国、意大利、希腊）

数据来源：欧盟统计局，摘自圣路易斯联邦储备银行，季度数据。

通常，一个遭受严重经济衰退打击的国家可以动用几种工具来刺激经济并实现复苏。该国可以改变货币政策立场，央行可以降息，如果常规的利率弹药用尽，还可以实施量化宽松。该国也可以调整财政政策，通过增加支出和转移支付以及减税来维持巨额预算赤字。其货币兑主要贸易伙伴货币的汇率也可能会走弱，这将提高竞争力，刺激出口和国内生产。如果该国银行体系陷入困境，可以动用公共资金进行纾困，并确保其资本充足。投资者也知道，在紧要关头，央行即使表面上是独立的，也会支持政府的信用，他们知道政府不会“缺钱”。不断恶化的公共财政并不一定会限制财政政策，也不会因为政府违约风险上升而导致金融状况全面收紧。这方面的典型例子是日本：日本的财政指标是发达经济体中最差的，而且多年来一直如此。然而，日本央行既有意愿也有能力将10年期政府债券收益率维持在零左右（日本央行自2016年9月以来一直实施这一政策）。

问题就在这里。在欧元区，这些工具中的每一个都受到限制。以意大利为例，意大利是欧元区第三大经济体，在全球金融危机期间，意大利的实际GDP在五个季度内下降了5.4%；虽然后来意大利的GDP开始回升，但在主权债务危机期间再次下滑。至2013年第一季度，意大利GDP比危机前的峰值低9.5%。作为欧元区的一部分，意大利没有自己的货币政策，而其央行本可以根据本国情况调整货币政策立场。意大利确实从欧洲央行的货币宽松政策中受益，但欧洲央行为整个欧元区制定货币政策，而不是为其中任何一个国家制定货币政策。例如，到2013年第一季度，德国的实际GDP比危机前的水平高出1.2%。德国是欧元区最大的经济体，因此也是对欧洲央行政策影响最大的经济体。

在财政政策方面，意大利也是无计可施。由于受《马斯特里赫特条约》财政规则的约束，意大利实施逆周期财政政策的能力受到严重限制。另一方面，与货币政策不同，意大利无法从欧元区范围内的财政扩张中受益：因为欧元区不是一个财政联盟，没有一个地区范围内的财政当局准备实施逆周期的财政政策。目前，欧盟和欧元区逐渐发展了一些这样的财政能力，但仍然相当有限，还远不够灵活。

意大利不能对其主要贸易伙伴其他欧元区国家贬值自身的货币，因为这些国家使用的是同一种货币。欧元区国家实际上已经永久性地将本国货币与最具竞争力的成员国的前货币——德国马克挂钩。当然，欧元本身是一种浮动货币，并且在金融危机以来总体趋势上对美元贬值。但是，意大利必须接受所有欧元区成员国的平均汇率，而不是让汇率只反映其自身的经济状况。

像意大利这样的国家在使用欧元的过程中还面临着另一个问题。当意大利使用原先的货币里拉时，政府偿还里拉债务的能力毫无问题。作为意大利政府的一部分，意大利中央银行只需敲击一下键盘就能“创造”出里拉——如果这是政府兑付其债券所必需的，它为什么会拒绝这么做呢？投资者可能会担心意外的高通胀会侵蚀他们所持意大利政府债券的实际价值，但他们可以放心的是，意大利政府不会违约。

政府所有的借款都是用一种它们最终没有能力创造的货币进行，这是非常危险的。然而按照设计，这就是欧元区的运作方式。欧元区对成员国政府施加了市场纪律，因为它代表着不印钞的可信承诺。但这种纪律的另一面是市场混乱——主权债务危机——当市场参与者认为政府可能无法为到期债务再融资时，就可能会被迫违约。

这就是 2010 年欧元区发生的情况，当时希腊债务危机爆发，并“传染”给欧元区其他“外围”国家（如爱尔兰、葡萄牙和西班牙），主权债券息差（相对于德国国债）开始飙升（图 7.2）。投资者开始考虑这些国家中的一个或多个可能决定（或被迫）离开欧元区并恢复本国货币的可能性。这样的行动几乎肯定会导致新货币对欧元的大幅贬值，并使主权债务以新的本国货币重新计价，或者导致债务直接违约。

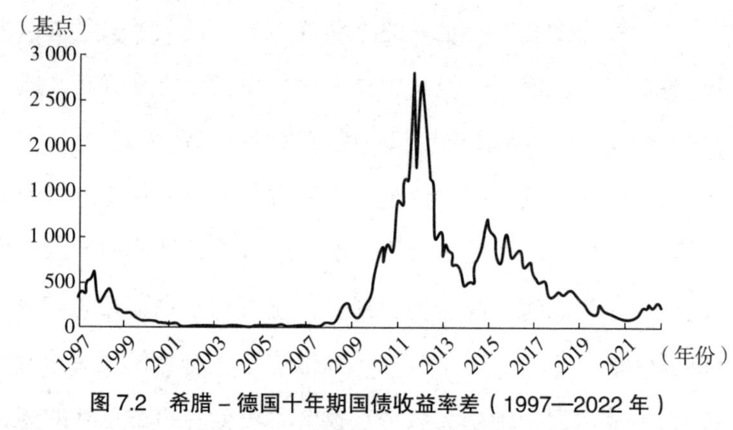

图 7.2 希腊－德国十年期国债收益率差（1997—2022 年）

数据来源：经济合作与发展组织，摘自 FRED，圣路易斯联邦储备银行，日度数据。

当欧洲央行行长马里奥 · 德拉吉走投无路之时，他发出了一个非常强烈的信号，即欧洲央行将尽一切努力确保欧元区不会解体，主权债务危机才得以平息。德拉吉在 2012 年 7 月的伦敦演讲中强调："在我们的职责范围内，欧洲央行准备采取一切必要措施来保护欧元。相信我，这就够了"。这一立场被写入了欧洲央行于 2012 年 9 月建立的直接货币交易框架（但在该框架下从未支付过一欧元）。由于市场参与者得到保证，外围国家不会退出欧元区，也不会出现债务违约，这导致利差出现了暴跌。

为什么欧洲央行的量化宽松独具特色

如第四章所述，当央行的量化宽松政策涉及购买政府债券时，可以被视为合并政府的债务再融资操作。这种看待量化宽松的方式强调了这样一个事实，即央行准备金和政府债券只是政府在出现预算赤字时创造货币（在预算盈余时减少货币创造）的不同方式。

由于债务管理通常被视为财政政策的一个方面和财政当局的职权范围，量化宽松模糊了货币政策和财政政策之间的界限。这本身并没有错，也不是央行停止实施量化宽松的理由，但这是一个值得注意的结果。各国央行努力让外界认为它们独立于政府之外，努力让外界认为它们的货币政策与财政政策截然不同，但它们并没有这样描述自己的量化宽松政策。

主要央行当中，欧洲央行在全球金融危机爆发后实施量化宽松的时间相当滞后。美联储于 2008 年 12 月宣布了类似量化宽松的政策转变；英国央行于 2009 年 3 月宣布将启动量化宽松；日本央行于 2010 年 10 月宣布了类似量化宽松的政策，随后 2013 年 4 月，在新任央行行长黑田东彦（Haruhiko Kuroda）的领导下，开始了激进的量化宽松计划；欧洲央行于 2014 年 9 月发出量化宽松信号后，至 2015 年 1 月才正式启动。为了强调欧洲央行接受量化宽松的时间有多晚，这一政策是在欧洲央行实施负利率政策（2014 年 6 月）之后推出的，负利率政策可以说是一种更激进的货币政策工具，当然也很难向公众解释。

欧洲央行的量化宽松政策在一个关键方面与其他央行不同，这无疑是欧洲央行迟迟不采取量化宽松政策的主要因素：欧洲央行的量化宽松政策不能被视为合并政府的债务再融资操作，因为在欧元区的情况下，没有合并政府。相反，欧洲央行购买了 20 个成员国政府的债券。

这使得欧洲央行的量化宽松本质上更具财政性质。欧洲央行总是煞费苦心地强调其货币政策的“独立性”。欧洲银行的量化宽松政策将成员国政府的债券从市场上购买回来，代之以欧洲央行的货币（准备金）。欧洲央行的货币与欧元债券不是一回事，但在某些方面与之相似。欧洲央行的量化宽松可以被看作为共同分担成员国的主权风险开了后门或形成了影子财政联盟。欧洲央行在宣布其公共部门资产购买计划时所采取的奇怪措施使这种解释变得更加复杂：资产购买计划出现的任何损失中的 80% 都将由成员国各自的央行承担，而欧洲央行将为剩下的 20% 买单。

未完待续

在撰写本书时，欧盟及其内部的欧元区仍在应对新冠疫情产生的不良后果。同时，欧盟也正遭受另一个负面经济冲击的严重打击：在 2022 年 2 月俄乌冲突开始后，欧盟对俄罗斯实施的经济制裁产生了连锁反应。现在，与其他各种各样的“联盟”一起，欧盟成为“能源联盟”的需求已经成为最重要的议题。目前还不清楚欧盟和欧元区的最终归宿是什么。很明显，目前的形势是不可持续的。要么这个经济和货币联盟同时成为一个财政联盟，从而得到巩固和完善，要么促使欧元区解体的压力最终将变得势不可当。

欧盟的支持者经常声称，欧盟本质上是一个政治架构，而不是一个经济联合体。他们指出，欧盟的动力来自欧洲各国人民对和平的渴望，20 世纪的前半个世纪里，欧洲遭受了两次毁灭性世界大战的创伤。他们无疑是正确的。

但这一切都有一个悖论。当被问及为什么欧盟的政治领导人会如此艰难地采取下一个合乎逻辑的步骤——正如 2012 年 6 月的

“四位主席报告”中所敦促的那样——通过使欧元区成为一个适当的财政联盟来支持欧元区时，欧洲观察家的一个普遍的结论是，目前还没有这样做的政治意愿。这里存在一个明显的矛盾：政治意愿驱使欧洲国家团结起来，但缺乏政治意愿却阻碍它们以真正可行的方式团结起来。

还有一个更深层次的矛盾必须在某个时候加以解决。欧洲评论家和政策制定者倾向于将财政联盟视为一种政治行为，因为该联盟不可避免地需要成员国之间的货币转移，因此（至少现在）在改革欧盟和追求“越来越紧密的联盟”方面，它是一座太远的桥梁。他们忽略的是，汇集货币主权同样是一种政治行为。一个民族国家创造和控制自己货币的权力是主权的一个核心方面，不能轻易放弃，当然也不能仅仅基于技术官僚或便利条件而放弃。如果欧盟政治层面不能向选民解释货币联盟与财政联盟在本质上同样具有深刻的政治性，并获得必要的支持以完成经济和货币联盟，那么欧元的日子可能就屈指可数了。

在主要货币中，欧元的独特之处在于它是一些（而且还在不断增长）国家的货币，而不仅仅是某一个国家的货币。欧元区成员国在货币上已经捆绑在一起，就好像这些国家已永久地将自己的货币与另一个国家的货币挂钩。[6]但是，在国际金融世界中，美元、日元、英镑、人民币[7]以及欧元等各种货币是如何联系在一起的呢？这就是我们下面要讨论的话题。

第八章
美元如何成为世界货币

美元是我们的货币，
却是你们的问题。

——约翰·康纳利（John Connally），
时任美国财政部部长，
1971 年 11 月在罗马出席 10 国集团会议的发言[1]

每个国家（欧元的情况下是一组国家）通常都有自己独特的货币：美元、日元、英镑、人民币等。每个拥有自己货币的国家都解决了该国内部的协调问题：经济主体都使用相同的货币标准，经济车轮（大多数时候）运转顺利。但是，经济和金融活动并不局限于国家的边界——在我们这个高度互联的“全球化”世界里，情况就是如此。[2]这些数量众多的国内货币体系是如何有效协调的？国际贸易和国际货币体系是如何相互联系的？一个国家的货币政策如何影响另一个国家的经济和货币政策？政府如何“干预”外汇市场？一种货币成为“储备货币”意味着什么？成为“储备货币”的好处和坏处是什么？如果不了解货币的国际层面，就不可能完全理解这些问题。

在考虑国际货币问题时，要记住的一件关键事情是，在国内经济中，货币是以前面章节所述的方式创造的。但在国际层面，它是在国际交易中交换的，而不是在国际交易中产生的。掌握这一基本事实有助于拨开许多关于国际货币的迷雾。

货币并没有真的跨境流动

国际金融的语言可能令人困惑。经济学家们用诸如国际收支、经常账户赤字和盈余、资本流动、冲销和未冲销的外汇干预、固定汇率和浮动汇率、储备货币等术语阐述他们的见解。下面让我们试着揭开这些概念的神秘面纱。

资金在国与国之间流动主要有两个原因。一是作为国际货物和服务贸易的一部分：出口商需要收款，进口商需要付款；二是作为国际投资的一部分：一个国家的投资者和交易员希望在其他国家进行投资，具体时间从外汇交易的几秒钟（所谓的高频交易甚至只有几毫秒）到长期投资的数年不等。就频率和数量而言，金融交易超过了与国际贸易有关的交易，并推动汇率的短期波动。

外汇市场是一国货币兑换另一国货币的市场，在国际货币体系中起着核心作用。可以把这个市场看作是将资金从一个国家的银行账户（以该国货币计价）转移到另一个国家的银行账户（以目的国货币计价）的中介。假设我想把我在美国银行账户里的100美元汇到我在日本的银行账户，这100美元就要进入外汇市场。撇开中介机构的角色和所有涉及的计算机终端及光纤，我正在用我的100美元银行存款与日本某个人进行交换，他的银行存款为13 500日元（使用撰写本书时的大致汇率，忽略了交易成本）。在我把这100美元转移到日本之前，我在美国银行账户上有100美元的存款，转移之后，我在日本的银行账户上有13 500日元的存款。但这意味着在日本银行账户中有13 500日元存款的人不再拥有这笔钱，而是在美国银行账户中有100美元的存款。

经济学家和市场参与者经常谈论货币或资本从一个国家“流动”到另一个国家。在这个例子中，就好像我的100美元站起来，把自己运送到了日本。然而，这是一个误导性的比喻。从某种意义上说，商品和服务确实是流动的，它们从一个地方开始，在那里生产，然后在另一个地方消费。对于商品来说，这是显而易见的；对于某些类型的服务，尤其是信息流（因为信息是无限可复制的，可以同时存在于多个地方），这种情况就不那么明显了。

但货币是不同的。资金不会在国家之间流动，至少不是这个词让人联想到的那种意义，而是在国家之间交换。如果你想从资金流动的角度来思考，应该把它看作是一个双向的过程，一个方向的流动必然与另一个方向的流动相匹配。这些“流量”实际上是分类账中的贷方和借方分录。两国之间的资金流动不会改变每个国家的货币量（银行存款）；它只是改变了谁拥有这些货币。

我从美国向日本转账 100 美元的情况适用于任何一种货币支付。当我在沃尔玛超市购买中国制造的玩具时，我用美元付款，但制造玩具的中国公司却用人民币收款，这中间发生了什么？本质上和我刚才描述的过程一样。外汇市场是一个由计算机终端、外汇交易者和后台结算流程组成的复杂网络。简而言之，这家中国公司的银行账户里多了相当于 100 美元的人民币，而其他一些中国实体的美国账户里多了 100 美元，也就是我过去拥有的 100 美元。中国向美国出口商品背后的货币交易，涉及美国和中国的银行账户中美元和人民币所有权的变化。

再举一个例子。一家管理英镑基金的伦敦对冲基金增加了对韩国的股票资产配置（在未对冲的基础上，即承担相关的外汇风险），简化后的步骤是什么？该基金将部分英镑银行存款转换为韩元银行存款，这意味着有人在韩国将他们的韩元银行存款兑换成等额的英镑存款。这只基金买入了韩国股票，现在卖方银行账户里的韩元存款增加了。净效应是英镑或韩元的银行存款数量没有变化，但英国人持有的韩国股票和韩国人持有的英国银行存款增加了。

经济学家和金融市场参与者将这家总部位于伦敦的对冲基金对韩国股票的投资描述为“资本流动”，但这是一种误导。“资本”是另一个在许多不同意义上使用的经济术语，它的用法既能澄清问题，也可能混淆问题。一个国家的资本存量包括工厂和仓库、运输和通信基础设施、计算机和电信设备，以及用于帮助生产商品和服务的住宅和商业房地产（建筑物），这些都是由于前期的累积投资而存在的。这些资本通常不会“流动”，往往是相当固定的，而且经常被固定在地面上。如果这些资本确实流动，那也是作为国际贸易的一部分，而不是经济学家所说的“资本流动”的一部分。当经济学家使用这个术语时，他们指的是前面例子中描述的金融资产所有权和相关风险分配的各种变化。如果某种货币在流动，它更有可能是计算机上纵横交错的信息，以接近光速的速度传播，而不是装满美元的手提箱在跨国转移（尽管这种情况也会发生）。

经济学家通常所说的资本流动往往会促进实际的资本流动。假设一个发展中国家计划建造一座充满资本设备的现代化工厂，这个国家可能会从一家美国银行获得美元贷款，为该项目提供资金。发展中国家工厂的所有者用美元贷款向海外制造商购买资本设备。美元在美国乃至国际银行体系流动，资本设备被运往发展中国家。资本设备是“流动”的真实资本，而不是在银行体系中流动的美元。导致资本流动的是借款人获得美元贷款的能力。

让我们回到我在沃尔玛超市购买中国制造的玩具这一例子。

实际上并没有资金流动，因为我用美元购买人民币的过程也是中国人用人民币购买美元的过程。然而，为了专注于这次交易，我用人民币购买玩具，所以我最终拥有的美元更少，而中国的某个人现在拥有我的美元；他们的人民币也更少，但中国的其他人（工厂老板和工人）获得了那个人的人民币。美元在美国银行体系中流通，人民币在中国银行体系中流通，但最终的结果是，玩具从中国转移到美国，而中国的某个人最终得到了更多的美元。正是这一结果让美元看起来像是在流向中国，你也可以说是中国的信贷正在流向美国。

我刚开始举的例子，是假设我想把 100 美元兑换成 13 500 日元的愿望正好与有人想把 13 500 日元兑换成 100 美元的愿望相匹配。在个人交易的层面上，这应该没有问题，因为主要经济体之间每时每刻都有无数的交易在进行，找到一个想往另一个方向汇款的人应该没有问题。与外汇市场的大海相比，我的 100 美元只是沧海一粟。

但是，当考虑到所有的交易时，如果在一个方向或另一个方向上存在不平衡，会发生什么？想象一下，在所有的交易都匹配完成之后，只剩下我想往日本汇 100 美元，而日本没有人想往美国汇 13 500 日元。也就是说，我有 100 美元，想在日本的银行购买 13 500 日元的存款，但在这个汇率下，没有日元的卖家（或美元的买家）。

这就引出了弹性汇率的概念，有时也被称为浮动汇率（相对于固定汇率）。此时，日元的汇率将会走强，将会促使一些人卖出他们的日元，买入我的美元，因为美元现在更便宜了（比如 134.99 日元买 1 美元，而不是之前的 135 日元）。灵活的汇率意味着日元和美元之间的汇率总是会朝一个方向或另一个方向调整，以确保双方都愿意交换他们的货币。难怪外汇市场汇率不断波动！

不可能三角

有一个与国际货币问题有关的著名概念被称为蒙代尔不可能三角，以加拿大著名经济学家罗伯特·蒙代尔（Robert Mundell）的名字命名，他因这一贡献和其他成就获得了诺贝尔经济学奖。[3] 蒙代尔指出，一个国家不可能同时实现以下三件事：资本自由流动（称为“开放资本账户”）、货币政策独立以及固定汇率，即汇率与另一种主要货币（通常是美元）挂钩。一般来说，只能同时实现其中的两个。

如果一个国家希望允许资金自由进出，并保持对国内货币政策的控制，那么它就不能实现固定汇率。如果一个国家希望允许资金自由进出并保持固定汇率，那么它就无法保持对国内货币政策的控制。如果一个国家希望控制其国内货币政策并维持固定汇率，那么它就不能允许货币自由进出。

假设一个国家（姑且称其为 A 国）允许资金自由流动，同时希望控制国内货币政策，并保持其汇率固定。如果 A 国央行设定的政策利率高于其货币与之挂钩国家（称其为 B 国）的政策利率，外汇交易者将有动机卖出 B 国货币，无限额买入 A 国货币，从而利用利差套利。为了防止其汇率升值，A 国央行将不得不向外汇交易商提供无限量的本国货币，这可以通过简单的创造货币（电子印刷货币）来实现。换句话说，A 国试图将其利率设定在高于 B 国的水平，同时保持与 B 国的汇率挂钩，这迫使它进行无限制的货币扩张，失去对其货币政策的控制。

假设 A 国央行将其政策利率设定在低于 B 国的水平，那么外汇交易者将有动机卖出 A 国货币，并无限量买入 B 国货币，从而利用利差套利。为了防止汇率贬值，A 国的中央银行必须向外汇交易商提供无限量的 B 国货币，但这是不可能的，因为它不能随意创造 B 国货币。A 国可能之前积累了 B 国的货币储备，但迟早会用完，到那时它将不得不放弃盯住 B 国货币的政策。

为了避免上述任何一种情况发生，一个允许资金自由流动并希望维持国内货币政策独立的央行将不得不让其货币汇率自由浮动。在这种情况下，汇率将进行调整，来抵消不同国家间存在的利差。利率较高国家的汇率在预计利率较高的时期内预计会走弱，这种汇率“劣势”将恰好抵消其利差优势。每当投资者修正对两国未来利差的预期时，两国货币的汇率会感受到压力，向两个不同的方向移动。难怪汇率不断波动！

假设 A 国允许资金自由流动并固定汇率，但同时又试图控制国内货币政策。那么 A 国将发现，为了在保持盯住汇率的同时允许资金自由流动，需要不得不让本国利率同与之挂钩的货币所在国的利率保持一致，从而消除仅仅为了利用利差而转移资金进行套利的动机。实际上，A 国失去了对国内货币政策的控制，将其拱手让给了与其货币挂钩的国家（通常是美国）。

现在，假设 A 国希望保持对国内货币政策的控制，并与其他货币挂钩，同时让资金自由进出。它会发现，实现这两个目标的唯一途径是限制资金的自由流动。通过这样做，它可以防止追求利润的利率套利力量，否则利率差异将无法维持。

外汇干预和储备货币

外汇干预意味着什么？外汇市场上有军队进军吗？幸运的是没有，实际情况要比这平淡得多。假设一个欠发达国家实行盯住美元政策，或至少对其货币进行管理，而经济状况正迫使其货币升值。这个国家可能正在推行出口导向型发展战略，不希望本币升值过快、幅度过大，因为这会削弱出口商的竞争力。为了防止出现这种情况，该国央行有时不得不干预外汇市场，卖出本币，买入美元。不同国家根据机构设置的差异，由谁负责作出外汇干预的决定可能略有不同，中央银行可能以自己的名义进行干预，也可能在财政部的指导下代表财政部进行干预。中央银行因此积累的美元被称为“外汇储备”。

对于不是那么细心的人来说，这里还有一个概念陷阱：外汇储备不同于银行体系的准备金，即银行在央行存款账户中的资金，两者不应混淆。联邦储备系统、澳大利亚储备银行或印度储备银行中的“储备”是准备金，而不是外汇储备。事实上，如果外汇储备是由央行持有，而不是由财政部或主权财富基金等政府机构持有，那么外汇储备就位于央行资产负债表的资产一侧，而银行体系的准备金则属于负债一侧，但二者之间存在一定联系。当中央银行进行外汇干预时，它通过在银行系统中创造准备金来获得外汇储备，即通过创造一个国家的货币来购买另一个国家的货币。

经济学教科书明确区分外汇干预是冲销还是未冲销，即央行是否通过出售债券来抵消干预对国内“货币供应”（准备金）的影响。在大多数情况下，作为操作程序问题，这种干预是需要进行冲销的。在财政部负责外汇干预的情况下，通常会发行融资票据，其准备金消耗效应抵消了干预的准备金创造效应。在中央银行进行干预的情况下，将实施一些准备金消耗操作来抵消干预所产生的准备金创造效应。一个例外是，如果央行正在实施量化宽松，在这种情况下，它可以将外汇干预作为一种手段。

在任何情况下，外汇干预都会导致政府积累外汇储备。构成这些储备的货币被称为“储备货币”，这并不奇怪。在全球大约 180 种国家货币中，只有少数几种[4]被认为是储备货币。截至 2022 年第二季度，以美元计算的全球外汇储备总额为 12.04 万亿美元。并不是所有的外汇储备都是美元，但美元所占的份额最大，为 59.5%，其次是欧元（19.8%）、日元（5.2%）、英镑（4.9%）、人民币（2.9%）、加拿大元（2.5%）和澳大利亚元（1.9%）[5]。

外汇储备规模最大的 5 个国家和地区依次是中国（3.22 万亿美元）、日本（1.20 万亿美元）、瑞士（8 830 亿美元）、俄罗斯（5 680 亿美元）、中国台湾（5 520 亿美元）[6]。这些国家和地区拥有如此庞大的外汇储备，反映了这样一个事实：多年来，他们进行了大量的外汇干预。一个国家越是抵制本国货币对另一种货币的升值压力，并通过卖出本国货币买入另一种货币进行干预，该国积累的外汇储备就越多。政府通常喜欢将大部分或全部外汇储备以政府债券的形式持有，因为这是最安全、流动性最强的资产。近年来，一些政府已将部分外汇储备转移到所谓的主权财富基金，这些基金通过进行风险更高、流动性更差的投资来寻求更高的回报。

虽然没有世界货币，也没有世界政府创造世界货币，但储备货币在全球经济中发挥的作用类似于本国货币在本国经济中的作用。储备货币，特别是占主导地位的美元，解决了协调问题，履行了货币的三大职能：记账单位、交换媒介和价值储存。美元在国际贸易和金融中扮演着尤为重要的角色。[7] 许多国际贸易都是以美元（在较小程度上也包括其他储备货币）计价（记账单位）和结算（交换媒介）的。对于持有外汇储备的国家以及在其金融投资组合中持有美国国债和其他美元证券的投资者来说，美元是一种重要的价值储存手段。外国和国际投资者持有公众手中美国国债总量的近三分之一（包括美联储持有的美国国债）[8]。

考虑处于两个国家的两家公司，二者进行贸易——比如澳大利亚的一家矿业公司向日本的一家钢铁厂供应铁矿石。两国可以用澳元或日元对铁矿石销售进行定价和结算，但它们可能更倾向于用美元结算，尤其是在许多在全球铁矿石市场上运营的其他公司也以美元计价结算的情况下，美元结算更是首选。在农产品、矿产和加工商品等标准化产品的国际市场上，存在一个重要的网络和“赢者通吃”效应：市场变得越大，流动性和效率越高，买家和卖家使用同一种货币越多，就越容易比较一系列商品的价格和市场状况——如果你是一名大宗商品交易员，就越容易在这些商品之间套利。不出所料，大多数全球大宗商品都是以美元报价和结算的。

成为一种占主导地位的储备货币，也有很大的在位优势。一个国家要使其货币达到这种地位，就必须使自己成为一个主要的全球经济大国，可能还包括军事大国。但是，一种占主导地位的储备货币一旦确立，即使该国的相对实力下降，也可能在较长时间内保持其主导地位。

报价与商品价格确定

许多国际商品以美元报价和交易，这并不意味着它们的价格只以美元设定或决定，其他因素也在考虑之中。

以石油为例。石油现货价格每天都在波动，是最受关注的全球经济指标之一。石油价格以美元报价，大多数交易以美元进行结算。这掩盖了一个事实，即所有货币都参与了石油价格确定的过程。这是因为当美元汇率变动时，以美元表示的需求和供给曲线也会移动，这两条曲线相交，决定了石油（或任何其他类似的全球大宗商品）的现货价格。全球石油需求曲线代表了世界上所有消费者的需求，他们最终以本国货币购买石油。

以日本的石油需求曲线为例，假设这条需求曲线是固定的，但日元对美元升值。现在，对于任何用美元计价的石油价格，以日元计价的油价都比以前低。需求曲线在价格 - 数量空间上向下倾斜[9]，也就是说，在较低的价格下，需求更多。因此日本消费者（或代表他们购买的公司）在任何给定的美元价格下都会比以前需求更多的石油，以美元表示的需求曲线将向右平移。

暂时假设供给曲线不移动，并记住供给曲线在价格 - 数量空间中向上倾斜（或在很短的时间内垂直）；当日元走强（美元走弱）时，以美元计价的石油价格就会上涨，产量就会增加。假设供给不变，全球油价在美元走弱时上涨（反之亦然，美元走强时油价下跌）。以美元计价的油价必须上涨，因为日本对石油的需求增加了，为了满足这种需求，需要同时做两件事：石油供应增加，美国消费者的部分需求必须受到抑制。

类似的逻辑也适用于供给曲线变动的情况。全球石油供应来自世界上几十个国家，每个石油生产国都面临着以美元计价和交易的油价，但这些国家的许多成本都是以本币计算的。全球石油价格是由美元计价的供给曲线和需求曲线交叉决定的，但全球供给曲线包括所有石油生产国的所有供给曲线，这些曲线清晰地反映了石油生产国各自的国内成本。

日本几乎不生产石油，这里以石油生产国加拿大为例，假设加拿大的供给曲线是固定的，但加元对美元升值。现在，任何以美元计价的石油价格，换算成加元后价格都比以前低。供给曲线在价格 - 数量空间中向上倾斜，也就是说，在较低的价格下，供应减少，加拿大生产商（或代表它们销售的公司）在任何给定的美元价格下都会比以前供给更少的石油，以美元表示的石油供给曲线将向左平移。

为了简化解释，假设需求曲线不移动，并考虑需求曲线在价格 - 数量空间中是向下倾斜的。当加元走强（美元走弱）时，以美元计价的油价将上涨、产量将下降。假设需求不变，全球油价在美元走弱时上涨，反之亦然：美元走强时油价下跌。以美元计价的价格必须上涨，因为加拿大的石油供给减少了。

我简化这一解释是为了说明，尽管像美元这样的储备货币的存在似乎方便了国际商品市场及国际贸易和金融，但这在一定程度上是虚幻的。经济活动以多种主权货币进行，使用一种（或少数几种）货币作为国际货币，将多种主权货币存在的固有复杂性在一定程度上隐藏了起来。

实际上，汇率变动——一种货币相对于另一种货币的价值和购买力的变动，会影响以美元计价的商品市场的需求曲线和供给曲线，从而导致商品的美元价格波动。这不只是一种汇率，而是多种汇率在不断变化。试图理清所有这些影响将是一项艰巨的任务，但幸运的是，这是不必要的。分散的市场活动会自动进行调节，相关的价格信号指引着市场主体的行动。

“循环”的石油美元

说到石油市场，很多都是由“石油美元”构成的，即沙特阿拉伯和其他中东石油生产国从石油销售中获得的美元，然后这些美元又“循环”回美国金融体系。我们似乎相信，这种安排源于某种特殊的协议，美国和沙特阿拉伯则对此进行了否认。在这个问题上，他们并没有其他更好的选择。

我们在第二章中分析的国民核算恒等式得出了这样的结果：一个国家在特定时期（例如一个月、一个季度或一年）的经常账户盈余（赤字）代表了这个时期该国对世界其他地区金融债权的增加（减少）。如果一个国家从世界其他地区获得的商品和服务贸易、投资收入和单边转移（如外国援助和工人汇款）超过了它因这些项目向世界其他地区支付的费用，那么这个国家的经常账户就会出现盈余。如果情况正好相反——也就是说，净收入减少了——就处于赤字状态。

以日本为例。在过去的40年里，日本的经常项目盈余平均接近GDP的3%，因为日本的出口总体上大于进口，同时，日本积累的海外投资收入高于向外国人支付的资金。总的来说，世界上其他国家一直在积累欠日本的债务。日本是世界上最大的净债权国，据统计，日本自1990年以来一直享有这一地位。[10]

日本对世界其他地区的债权是对美元和其他非日元资产的要求。世界其他地区不创造日元资产。日本，或者任何一个拥有经常账户盈余并且是世界其他地区净债权国的国家，只能以外币形式积累对外国资产的债权。当日本达到通过经常账户赤字来消耗这些外国债权的阶段时（大概是在该国人口充分老龄化的时候），它将支出的美元和其他外国资产会超过其收入，而这种差额将来自日本此前积累的外国资产。

沙特阿拉伯和其他几十年来一直保持巨额经常账户盈余的石油输出国处境相同。鉴于这些国家的石油出口相对于其经济规模和吸收进口的能力如此可观，他们拥有巨额的经常账户盈余。由于美国长期以来一直是世界上最大的经济体，并且进口了大量石油，这些石油资源丰富的石油输出国不可避免地在美国和其他发达经济体积累了大量的金融债权。在沙特阿拉伯的例子中，除了经常账户盈余外，“循环”并没有真正实现。

美元为何如此嚣张

人们常说，美元受益于其作为全球主要储备货币的地位。曾任法国总统、财政部部长的瓦莱里·吉斯卡尔·德斯坦（Valéry

Giscard d'Estaing）曾将这种特权称为美国“嚣张的特权”，[11] 以描述美国用本币进行贸易计价结算和在国际上借款的能力。如果大部分国际贸易和金融交易是以美元计价的，那么进行这些贸易和交易的美国人就像是在其国内经济中运作一样，他们不必担心将美元兑换成外币过程中带来的成本和风险。这不仅方便，还意味着在承担外汇风险的同时，其他各方必须承担（通常是巨大的）兑换货币的交易成本或者对冲风险的成本。

对于一个拥有主导储备货币的国家来说这可能是方便的，但对于整个世界来说，这可能是低效和不公平的，“嚣张的特权”批评中固有的沮丧和怨恨来源于此。没有人立法要求美元成为储备货币；相反，是市场赋予了美元这种地位。20 世纪，尤其是在“二战”之后，美元成为全球规模最大的储备货币，因为美国在经济和军事上占据了压倒性的主导地位。只要各国使用不同的货币从事国际贸易和投资，汇率波动（就像世界上许多国家一样）、外汇风险就会产生。唯一的问题是谁来承担这个风险。一般来说，较大和较富裕的国家比较小和较贫穷的国家更有能力承担风险。然而，将风险转移给其他国家的是世界上最大、最富有的国家。那些最无力承担外汇风险和成本的国家，恰恰是那些被强加了外汇风险和成本的国家。

这种嚣张的特权对享受它的国家来说可能会有一些负面影响。拥有一种占主导地位的储备货币意味着，发行这种货币的国家必须向世界其他地区供应足够的美元，以满足世界的需求，这种需求可能是巨大而持久的。因为我们在这里谈论的是美国和世界其他地方，美国需要供应的美元是按净值计算的——也就是说，在所有进出美国的资金流都被累计和轧差之后。一个国家向世界其他地区净供应本国货币的方式是经常账户赤字，因为这意味着该国以本国货币支付的金额大于流入的金额。[12]

过去 50 年，美国经常账户赤字占 GDP 的比例平均为 2.2%；在过去的 25 年里，平均为 3.3%。这使得世界其他地区积累了大量美元和对美债权。尽管如此，如果美元还是世界其他地区的主要储备货币，年复一年、日复一日，世界其他地区依然渴望得到大量的美元，而美国则不得不提供这些美元。

美联储：世界的中央银行

美元成为全球主要储备货币的另一个潜在弊端，是给美联储带来了特殊的责任，许多人把美联储视为世界央行。美联储主要关注美国经济，而不是世界其他地区的经济。美联储总是可以巧妙地处理这个问题，声称只有在这些行动符合美国利益并符合其使命的情况下，才会根据美元的全球角色采取行动。但这仍然可能让美联储处于一个不舒服的境地。

全球金融危机就是这样一个例子。由于美元在世界金融体系中的重要性，2008 年 9 月雷曼兄弟破产后，银行对交易对手风险的感知不断升级，导致全球银行大规模囤积美元，随之而来的是全球美元融资市场的收紧。作为回应，美联储提高了美元互换额度，并扩大了与之有此类安排的外国央行的范围。在美元互换交易中，美联储实际上是通过外国央行向全球市场提供美元。

在金融危机期间，美元互换是美联储资产负债表扩张的主要推动力，在新冠疫情大流行期间，美元互换在一定程度上也起到了扩大美联储资产负债表的作用（图 8.1）。从 2008 年 9 月 15 日雷曼兄弟破产到美联储资产负债表最初达到峰值（2008 年 12 月 17 日）的这段时间里，美联储的资产负债表增加了 1.329 万亿美元，增幅为 144%，美元的互换交易占这一增长的 39%。

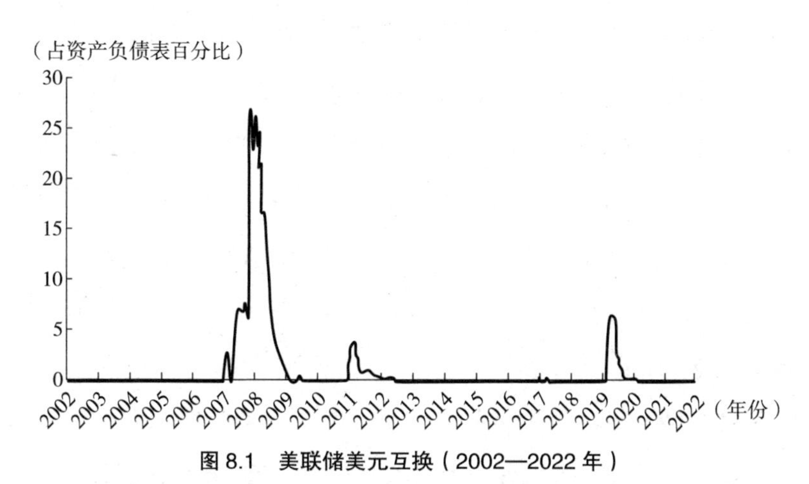

图 8.1 美联储美元互换（2002—2022 年）

数据来源：联邦储备系统理事会，摘自 FRED，圣路易斯联邦储备银行，每周数据。

美联储对这些互换如何运作的解释听起来就像其只是将手中的美元与外国央行的货币互换，并在未来的某个特定日期以第一次互换时的汇率进行反向操作。美联储喜欢强调，自己不受任何汇率或信贷风险的影响，美联储的对手是外国央行，而不是该央行为之提供美元贷款的银行。以下是美联储的解释：

> 美联储向外国中央银行提供美元，同时，外国中央银行根据交易时的市场汇率，以本国货币向美联储提供等额的资金。双方同意在未来的某个特定日期（可能是第二天，也可

能是三个月后)，使用与第一次交易时相同的汇率，互换与第一次交易同等规模的这两种货币。由于第二次交易的条款是预先设定的，因此在此期间汇率的波动不会改变最终的互换规模。所以，这些互换操作没有汇率或其他市场风险。[13]

2009年7月9日，当美联储主席本·伯南克在国会作证时被众议员艾伦·格瑞森（Alan Grayson）问及这些操作时，伯南克解释道："许多外国银行做空美元，并进入我们的市场寻找美元，迫使利率上升，并使我们的市场产生波动。我们所做的，是与欧洲央行在内的一些主要的中央银行，将我们的货币美元换成对方的货币欧元。这些央行把美元贷给其管辖范围内的银行，这有助于降低全球美元市场的利率。"[14]

现实情况是，美联储创造了新的美元，这些美元以准备金的形式出现在其资产负债表上（相应的资产是互换的对手货币），并利用外国央行作为渠道，向国际市场供应这些美元。美联储确实是世界的中央银行。

在本书中，我们涉及面很广，但讨论的都是现代主权货币体系中相互关联的领域：中央银行、政府国库、商业和投资银行、国家货币，以及跨越时空、促进商业和经济活动的各种形式的货币。然而，2009年以来，在全球金融危机之后，与我们所生活的爆炸性信息和数字时代相适应的是，一种全新形式的货币出现在了人们的视野中，那就是加密货币。今天，没有一本关于货币的书能够不解释加密货币并评估其颠覆现有货币体系的潜力。这就是我们接下来要阐述的内容。

第九章
加密货币有未来吗

一个幽灵正在困扰着现代世界，加密无政府主义的幽灵……

起来吧，你没有什么可失去的，除了你的铁丝网！

——蒂莫西 · C. 梅（Timothy C. May），

《加密无政府主义宣言》，1988 年[1]

这本书的推荐语中没有将“计算机”或“计算机算法”与“政府”和“银行”放在一起。自21世纪10年代以来，比特币、以太坊和其他加密货币的爆炸式增长以及人们对加密货币的兴趣引发了一个问题：为什么不认真审视加密货币呢？加密货币是一种不可思议的、由技术驱动的21世纪货币创新，可能会在金融生态系统中占据永久性地位。然而，与一些加密福音传道者和加密无政府主义者的希望相反，加密货币不太可能形成严重挑战，更不用说取代主权（和主权控制）货币了。

加密货币是仅以数字形式存在于计算机网络上的货币，其管理和转让依赖于加密技术，不涉及任何中央对手方或中介。加密货币的历史可以追溯到2008年10月31日，当时一个名叫中本聪（Satoshi Nakamoto）的人发表了一份长达9页、题为《比特币：点对点电子现金系统》的在线白皮书。[2] 2009年初，中本聪提出的方法被用于推出首个加密货币——比特币。在撰写本书时，全球约有21 961种加密货币，以美元计算的总市值为8 560亿美元。[3] 这听起来规模不小，但只相当于全球货币供应量的1%左右。

至少有以下四个原因让我们认真对待加密货币。第一个原因是，加密货币世界的反叛精神。许多加密货币的开发者、用户和推动者都对政府控制的货币体系抱有强烈的不信任和厌恶态度，并渴望一个货币的生产和使用不需要中央权威或中介机构的世界。中本聪推出比特币的时机可能并非巧合：在全球金融危机期间，各国政府和央行都在为避免全球金融体系崩溃而焦头烂额。比特币的发明者在 2009 年 1 月 9 日标记了加密货币的第一笔交易，并为后世留下了以下信息："2009 年 1 月 3 日，财政大臣即将对银行进行第二次救助"，这指的是 2009 年 1 月 3 日英国《泰晤士报》（*The Times*）的一篇报道的标题。[4]

第二个原因与历史轨迹有关，随着互联网的快速发展和一切事物的数字化，世界正在经历快速的技术创新。谁能知道加密货币在未来几年和几十年将如何发展？当 19 世纪末第一辆汽车出现的时候，马车作为一种交通工具似乎已经根深蒂固了。[5] 第三个原因是，加密货币在跨越千年的货币场景中出现迫使中央银行和政府进行创新，正如本章后面所探讨的那样。第四个原因是，即使加密货币不会大规模取代主权主导的货币体系，它们也可能会以某种形式继续存在下去。

顾名思义，加密货币是从计算机科学和密码学发展而来的。这是一个极其书呆子气的世界，与银行家、央行行长和财政部官员们一本正经的世界大不相同。加密货币主题可以变得非常技术性和非常令人困惑，并且发展非常快。下面的阐述将尽量保持通俗易懂。

加密基础知识

比特币、以太坊和其他加密货币仅以数字方式存在，但数字化并不是它们的特殊之处。毕竟，如今大多数货币都是以数字形式存在的，即以银行、中央银行和其他金融机构维护的数字记账方式存在。截至 2022 年 11 月，美国流通的实物货币——硬币和纸币价值 2.30 万亿美元，相当于 M2 的 10% 左右。截至 2022 年第二季度，美国家庭金融资产总额为 108.70 万亿美元，实物货币仅占其中的 2% 左右。在整个现代世界，货币绝大多数是电子化的——在一个日益数字化的世界里，这一现象有助于经济统计并促进了经济活动，这并不奇怪。

加密货币的特殊之处在于它们使用的数字技术及其基本理念。中本聪的创新是在没有任何中央机构或看门人的情况下，使用密码学解决系统中的“双重支付”问题，随后的加密货币都是在此基础上建立起来的。双重支付问题是指需要确保同一笔数字货币不会被花费两次或两次以上。当你发送了一封电子邮件，收件人收到了它，你仍然保留着你所发送的电子邮件并可以再次发送给另一个人，或者发送给很多人。与一般的经济产品不同，信息几乎可以通过极低的成本无限复制，一个人的消费并不妨碍其他人的消费。如果数字货币像电子邮件一样那就行不通了：每个人都可能成为印钞机。因此，信任——你收到的数字货币不会被发送给一大群人的保证——也会崩塌。

传统的金融系统解决了这种双重支付问题，通过将分布式的、经济范围内的支付系统集中起来，并通过相对较少的金融中介机构，特别是中央和商业银行、信用卡和借记卡公司、支付服务运营商、清算所和证券交易所对交易进行调解和验证。当我支付每月的电费时，发生了如下的事情：电力公司向我的银行账户发出要求支付（比方说）200 美元账单的请求，因为我事先给了银行这样做的长期授权，银行通过扣减我账户中 200 美元和增加电力公司银行账户中同样的金额来做到这一点。对我来说，那 200 美元没了——我不能再使用了——因为像银行这样可信的、受监管的中介机构保存着记录资金在银行系统中如何流动的分类账。

当我用信用卡支付餐厅餐费、杂货和网上购物时，情况就有点复杂了，但同样的原则是可信的、受监管的中介机构在数字金融分类账之间计算资金流量。在这种情况下，我的信用卡公司代表我向那些为我提供商品和服务的人的银行账户付款，我的开户银行按月扣减我一个月的消费总额，并将资金转至我的信用卡公司的银行账户。信用卡公司从银行或其他低成本资金来源获得信贷额度，因此能够弥补支付给商家和收到信用卡持有人付款之间的资金缺口。通过这样做，信用卡公司从那些实际使用信用卡的人那里赚取了相当可观的利差。

加密货币通过使用区块链或“分布式账本”技术消除中介，从根本上打破了这种“通过集中中介和监管建立信任”的体系。加密细节可能令人迷惑，更不用说加密市场术语了，加密主题也千变万化，但归结起来，比特币区块链是这样工作的。[6] 关于谁拥有哪些比特币的信息，以及导致当前所有权配置的相关交易细节，驻留在分布于世界各地的许多不同计算机（计算机“节点”）上的相同文件（块）中。使用比特币进行交易的人利用自己的虚拟钱包进行交易，该钱包使用两把钥匙进行访问：一把是公开的，对所有人都可见；另一把是私人的，只有比特币的所有者知道。

假设我想给你一个我拥有的比特币（或比特币的一部分），

以换取你提供给我的东西（商品、服务、资产或美元）。将我的比特币所有权转让给你的指令将进入一个新的交易区块，当且仅当有人（很快会有更多）解决了一个高度复杂的加密问题时，该交易区块才会被添加到现有的区块中，就像一条链中的最后一环一样。一旦有人成功地做到了这一点——当他们做到这一点时，这将是显而易见的——结果将被广播到计算机网络上，而新的、验证其中包含的交易的区块，将被接受并添加到链中——也就是区块链。

这个巧妙的、分散的系统本身没有中央权威或看门人。一旦它被设置并运行，系统就依赖于正在解决的系统中自主生成的加密问题。被发现并在网络上传播的解决方案是新交易块被接受为有效、并被每个节点添加到区块链中的线索。因此，尽管每个节点在去中心化网络中独立存在，但它们最终拥有完全相同的区块链——也就是说，关于谁拥有什么以及发生了什么交易的信息完全相同。

但是，去中心化网络为什么要接受，或者从某种意义上说，如何“相信”交易区块已被验证？答案是，解决密码谜题的人已经令人信服地证明了他们已经“完成了工作”，他们是合法且真诚的参与者，而不是一些高科技欺诈者，那些欺诈者试图欺骗系统（并试图双重支付）。更准确地说，是人们拥有的电脑，而不是他们自己，解决了这些密码难题，这需要花费大量的计算能力。

为什么人们要设置计算机并花费大量必要的资源来验证代码块呢？毕竟，一旦中本聪推出了最初的比特币区块链，就不需要中央机构雇人来建立计算机银行，解决必要的密码谜题，并保持系统运行。答案揭示了比特币及其衍生加密货币的另一个巧妙之处。努力工作并解决计算难题的人将获得新“铸造”的比特币作为奖励。因此，他们被称为“矿工”。就像以前的拓荒者一样，没有人告诉他们该做什么，利润动机促使他们努力“挖矿”。通过这种方式，新的比特币通过“矿工”验证交易块进入流通。

比特币还有其他一些有趣的特性，但并非所有这些特性都与它的模仿者相同。一是，比特币的总开采数量预设为 2 100 万枚，最后一枚预计将在 2141 年被开采出来。二是，解决必要的加密难题以验证新区块并将其添加到区块链中，从而获得新比特币奖励的计算难度随着时间的推移而增加。三是，每 10 分钟一次、由于区块验证而给“矿工”的比特币奖励数量每 4 年减半。因为已经有超过 1 800 万枚比特币被开采出来，从现在开始，剩余的比特币越来越少。

比特币的这些特征类似黄金在全球货币事务中所扮演的角色，让人回想起 19 世纪和 20 世纪初的金本位时代，以及“二战”后布雷顿森林体系的黄金汇兑本位。布雷顿森林体系于 1971 年 8 月结束，当时美国总统理查德 · 尼克松（Richard Nixon）突然宣布，美国将切断美元与黄金之间的联系，这一决定开启了浮动汇率时代。[7] 世界上黄金的数量大概是固定的（当然，还有不是那么为人所知的储量），原则上，抛开矿产开采的技术进步不谈，随着时间的推移，黄金的发现和开采应该会变得更加困难。

比特币的特点也让人想起米尔顿 · 弗里德曼的一句名言：货币当局应以固定水平增加货币供应量为目标，大体上与名义经济增长率保持一致，并应避免采取激进的货币政策。[8] 但对于比特币来说却不是这样的：比特币流通的年增长率已经稳步下降，并将继续下降。

中本聪设计的巧妙而复杂的机制一石三鸟：比特币交易得到验证，“矿工”因此获得新的比特币，新的比特币进入流通。但这也带来了一个潜在的致命缺陷：开采比特币和其他使用类似“工作量证明”协议的加密货币需要消耗大量的电力。一项研究估计，比特币挖矿消耗了全球约 0.55% 的电力。[9] 在一个关注气候变化的时代，这可不是一个好现象。

然而，在加密货币领域，或者更广泛地说，在硅谷，一个人的绊脚石却是另一个人的创新机会。一种不同的验证区块的方法已经被开发出来，称为“权益证明”，这种方法不需要那么多的电力。这个想法是，区块验证者必须拥有一定量的加密货币才能进行交易。权益证明和工作量证明协议都意在达到同样的效果：几乎无法想象“矿工”可能从事欺诈并改变区块链历史，因为它分布在多个独立的计算机节点上。

到目前为止，我们主要关注原始加密货币比特币和类似的后续加密货币。然而，自 2009 年比特币问世以来，已经出现了许多令人目不暇接的创新和发展。成千上万的加密货币和接近 1 万亿美元的市值证明了这种快速发展。

例如，比特币之后最受欢迎的加密货币以太坊（Ethereum），允许编写和执行“智能合约”。这些合约在加密货币支付中自动履行和解除，不需要任何人为干预，具体取决于满足某些特定条件。“代币”是位于现有区块链“之上”的加密货币，可用于该网络上的各种交易目的，例如智能合约结算。以太坊的代币被称为 Ether，在撰写本书时（2022 年 12 月 6 日）一枚代币的价格约为 1 265 美元。一种创新类型的代币是“不可替代代币”，这是一种存储在区块链上的数字资产。还有像 Tether 这样的“稳定币”，意在将加密货币的价值与法定货币（通常是美元）挂钩，据称是通过法定货币储备来“完全”支持加密货币。这让人想起过去偶尔重现的“狭义银行”理念。[10] 通过“首次代币发行”，加密货币已成为加密资产和其他在线商业模式投资的新（法定货币）资金来源。

加密带来的挑战

加密货币不仅仅是数字时代的货币技术创新，其发展的故事情节也令人头晕目眩。套用塞缪尔 · 亨廷顿（Samuel Huntington）的名言，加密货币潮流还存在一个决定性的“世界观冲突”。[11] 许多（如果不是大多数的话）加密货币鼓吹者反对政府、中央银行和大银行对货币体系进行集中控制的想法。他们渴望一个去中心化、民主化的货币和金融世界，在那里，“我们人民”，而不是政府的技术官僚和有钱的资本家，控制着货币事务。对这些加密货币爱好者来说，没有中央权威的区块链不仅是为在线数字时代量身定制的一项便捷的技术创新，这还是一项激进的技术，它使公民能够摆脱压迫性和榨取性的官僚或金融精英的束缚，重新获得他们的货币自主权。对于加密货币社区来说，传统货币体系的失败与不受欢迎的银行“救助”令人厌恶，因此需要一种革命性的、新的、以人为本的体系。

在评估加密货币颠覆甚至取代传统货币体系的潜力时，将底层技术——区块链——与其最著名的应用——加密货币区分开来是有帮助的。商业世界一直在拥抱区块链，并在信息共享、记录保存、数据库管理和物流等领域，以及金融、医疗、交通和房地产等部门探索分布式账本的应用。具有讽刺意味的是，区块链的分布式账本特性，即允许有效的信息共享和记录保存，而非没有中央权威或看门人，往往是其主要的吸引人之处。区块链在商业领域的大多数应用都涉及私人或“许可”区块链，而不是需要复杂“挖掘”激励结构的公共或开放区块链。在一个被许可的区块链中，区块链所有者控制谁可以访问它，谁可以进入新的区块。

区块链技术似乎具有创新性和变革性，可能会加入我们通常认为的现代信息时代重要计算机和数字技术的万神殿，其中包括条形码、二维码、智能手机和支撑万维网的技术。然而，加密货币与主权货币竞争的能力似乎要有限得多，更不用说主导货币格局了。

评估加密货币的作用

评估加密货币的一个很好的视角是货币的三种职能框架：记账单位、交易媒介和价值储存。在这些方面，加密货币都不足以成为主权货币的强大挑战者。

加密货币，即使是比特币和以太坊等占主导地位的加密货币，也没有被作为一种有意义的记账单位使用，除非在一些小众加密社区和暗网的一些阴暗角落里。也就是说，商品、服务和资产的价格不是以比特币或其他加密货币报价和比较。即使加密货币被用于交易商品、服务和资产，它们的价格也很可能是以美元报价和记录的。

加密货币作为一种交易媒介也没有取得多大进展，也就是说，除了在黑市，作为一种跨空间或人与人之间转移货币价值的方式，加密货币并没有发挥多大作用。据报道，加密货币交易量在 2021 年达到了 15.8 万亿美元，但其中大部分涉及在加密货币交易所交易其他加密货币或法定货币。推动加密货币需求的是投机交易，而不是真实交易。如果加密货币不被用作记账单位，那么使用它们作为交换媒介就没有多大意义，除非它们作为一种支付系统在某种程度上更优越，并且足以抵消在转换为法定货币时产生的交易成本。

潜在加密货币用户的兴趣在很大程度上源于对传统银行中介系统转账或汇款速度慢、成本高的不满，尤其是跨境汇款。这是稳定币背后的关键思想：大多数稳定币盯住美元，但提供使用区块链而不是传统的银行间汇款系统（依赖于 20 世纪的基础设施和协议，如 BIC/SWIFT 信息系统和 ABA 银行路由号码）转移资金的能力。2019 年，Facebook 大张旗鼓地宣布计划推出一种稳定币 Libra（后来的 Diem），目的在于大幅提高支付系统的可用性，但该计划最终逐渐销声匿迹。建立一个新的国家（更不用说全球）支付基础设施非常困难。

比特币和其他加密货币作为价值储存手段的表现如何？关于这一点有很多困惑。美元作为一种良好的价值储存手段，意味着它应该在一段时间内保持相当好的购买力——换句话说，通货膨胀率不应该太高。正如第三章所述，出于各种原因，大多数央行都将 2% 的通胀率作为最佳目标。这意味着一个持有钞票的人一年的购买力会下降 2%，而其余 98% 的购买力将被保留下来，如果他们把钱放在银行定期存款或货币市场共同基金中，购买力可能会更大。

许多加密货币爱好者指出，比特币的美元价格随着时间的推移急剧上涨，这证明它是一种极好的价值储存手段（图 9.1）。他们断言，比特币的有限供给，以及它将获得越来越多的用户和粉丝的青睐，实际上保证了它的美元价格会持续上涨。然而，图 9.1 真正显示的是高风险美元资产的价格，类似于个股或汇率的走势。

风险资产也可用于跨时间转移购买力，因此，它们可以被视为价值储存手段。然而，单一的风险资产（相对于高度多样化的资产组合）通常不被视为良好的价值储存手段，因为风险意味着价格既可能下跌，也可能上涨。在撰写本书时，一枚比特币的美元价格为 17 052 美元，如果有人在 2020 年的第一个交易日（当时比特币的价格为 7 735 美元）购买了一枚比特币并一直持有，他可能会声称比特币是一种极好的价值储存手段。但如果有人在 2020 年 11 月 8 日（当时比特币的价格达到了 67 510 美元的峰值）购买了一枚比特币，他可能会有完全不同的看法，因为他已经损失了大约 75% 的投资价值。2022 年 11 月，总部位于巴哈马的加密货币交易所 FTX 破产，进一步凸显了加密资产的风险。

但还有一个更微妙、更实质性的问题。比特币几乎不能作为记账单位或交易媒介，在某种程度上，它也仅是一种（有风险的）价值储存手段，而且是一种（有风险的）美元价值储存手段，其自身并不能作为价值储存手段，所有其他加密货币也是如此。

图 9.1　比特币的美元价格（2015—2022 年）

数据来源：Coinbase，摘自圣路易斯联邦储备银行 FRED，日度数据。

中央银行的主要职责之一是维持价格稳定，即保持其所管理货币的整体购买力相对稳定。矛盾的是，比特币和其他加密货币对许多人有吸引力的原因——废除中央权威——恰恰是它作为一种良好的价值储存手段作用的缺陷：没有中央权威或政府负责维持比特币或其他加密货币的购买力。比特币的美元价格波动不定，使其成为高风险的美元资产，但比特币没有通货膨胀率，当然也没有政府或中央银行来控制它。

比特币和加密货币可能会成为金融生态系统和投资领域的永久组成部分（如果是利基的话）。一方面，它们可能会在在线数字经济中发挥作用，作为涉及加密货币 / 资产交易、智能合约、代币、首次代币发行、不可替代代币和其他加密创新支付机制的一部分。随着人们在网上花费的时间越来越多，以及越来越多的经济活动迁移到网上，如果出于便利或声誉考虑，他们可能会使用比特币或其他加密货币作为支付手段，甚至作为本地化（与应用程序或一组相关的应用程序一起）的价值储存手段，就像经常使用的里程或忠诚度积分一样，这并不奇怪。但与积分激励机制一样，加密货币将与法定货币体系挂钩，并始终受到相对于法定货币汇率（因为这就是加密货币的价格）的支配。

另一方面，它们可能更像是加密资产，而不是加密货币，有时被比作“数字黄金”。加密货币的精灵不能被放回瓶子里，也不应该被放回瓶子里。即使加密货币表现出经典庞氏骗局的一些特征，[12] 也可能因为有足够多“真正的信徒”和对货币体系未来固有的不确定性，从而产生一定数量的投机需求。加密货币，或者至少是那些在目前激烈的达尔文竞争中幸存下来的加密货币，可能会在收藏艺术品、古董家具、稀有邮票和硬币、美酒以及昔日名人的随身物品等资产中永久占据一席之地。

然而，加密货币最大的影响可能是它们对主权货币体系的破坏性影响（用熊彼特的说法，这里包含积极的意义）。

中央银行数字货币

比特币和其他加密货币的出现对全球央行来说是一个典型的颠覆性事件，也是一个警钟。

加密货币的崛起从三个方面对央行构成了挑战。第一个挑战是加密货币为传统的以银行系统为基础的支付机制提供一个直接的替代方案。央行负责监督并在一定程度上操作一个经济体的支付系统，正如我们在第三章中看到的，交易结算最终是用央行的货币进行的，要么是纸币，要么是更常见但不为人所知的准备金。如果我拿出一张 10 美元的钞票到当地的面包店买咖啡和甜甜圈，央行的负债就会易手；如果一家对冲基金购买了价值 100 万美元的股票，资金就会在对冲基金的银行账户和股票卖家之间流动，如果涉及的银行不同，资金还会在开立于央行的各银行准备金账户之间流动。在幕后，中央银行为所有这些货币流动和相关的商业活动提供和运营一些最基本的基础设施。加密货币有可能取代这一功能。

第二个挑战是央行执行货币政策和维持金融稳定的职能可能受到干扰，这两项职能都是央行使命宣言中的核心职责。按照设计，没有中央机构控制加密货币的“货币供应”。比特币的供应上限为 2 100 万，但以太坊和许多其他加密货币的供应则没有限制（以太坊有一些年度供应限制）。考虑到加密货币背后的区块链和“挖矿”技术，并假设现有的新加密货币会产生足够的扩散效应——也许最终的赢家还没有被发现！加密货币供应可能大幅增长，这一切都不受央行的控制。

这可能引发对金融稳定的担忧。货币的过度增长往往伴随着金融不稳定，因此可能在加密货币生态系统中产生泡沫和金融危机。即使加密货币没有取代传统的货币体系，而只是蓬勃发展并与之共存，也会有溢出效应或传染的可能性，因为它们在货币市场上是联系在一起的（加密货币价格以美元报价）。或者想想未来某种我们甚至无法想象的“千年虫问题遇到加密”现象。

加密货币对央行的第三个挑战更具哲学性。加密货币的铁杆支持者将中央银行和银行视为“敌人”，并希望看到这些机构破产。加密货币不仅仅是他们闪亮的新数字玩具、是不断扩大的清单上的又一项现代技术创新，加密货币还是人们期待已久的解决方案，解决了资本主义根深蒂固的结构性特征：大政府、大银行和大人物对经济的控制及对小人物的剥削。[13]

也许不足为奇的是，中央银行作为行动缓慢、保守、官僚的组织，在应对加密货币进入金融领域时犹豫不决。在各国央行中，美联储的做法尤为谨慎。在加密货币出现的头几年，各国央行忙于应对全球金融危机的后果，并根据需要在量化宽松、信贷宽松、前瞻性指引、主权债务危机、负利率和收益率曲线控制等未知领域航行，它们只是睁大眼睛看着加密货币的发展。

从那时起，各国央行就更加关注加密货币了。几乎所有重要的中央银行以及国际清算银行（Bank of International Settlements）、国际货币基金组织（IMF）和世界银行（World bank）等相关国际机构都已开始努力研究加密货币，并考虑应该如何应对。[14]总的来说，各国央行采取了一种“如果你打不过他们，就加入他们”的态度。各国央行已经认识到加密货币背后的技术具有变革性，作为支付系统和更广泛的货币及金融体系的守护者，它们需要帮助培育、塑造并部分采用推动这一加密货币技术的创新。

各国央行正在通过研究并在某些情况下推出“中央银行数字货币”（central bank digital currency，简称为CBDC）来应对加密货币领域所带来的挑战。[15]各国央行正在认真地问自己两个问题：一是考虑到围绕加密货币的技术和市场发展，我们应该如何应对？二是具体来说，我们是否应该计划自己推出一种新的数字货币形式？其中一组是围绕着与中央银行采用区块链、数字代币和智能合约等加密技术的可行性、可取性和实用性相关的技术问题。至少，回答这些问题可以为央行提供一个机会，在这些新兴和不断发展的技术方面积累急需的技术和运营专业知识。但这一努力真正归结为一个问题：随着现金在经济中的相对重要性下降，央行是否应该考虑向公众发行一种数字形式的货币，作为纸币和硬币的数字替代品。

虽然中央银行还没有做到这一点，但它们直接向公众发行数字货币是很有意义的。纸币是中央银行的直接负债，可与银行存款等额兑换。普通大众可以随意将银行的数字负债转换为中央银行的纸质负债（反之亦然）——通过柜员或自动取款机取款或存款——但他们不能将中央银行的纸质负债转换为数字或电子负债。只有银行和其他授权金融机构通过它们的（数字）准备金账户拥有这种特权。

私营部门现在提供各种电子支付系统，允许公众在日常商务中使用数字货币：不仅是信用卡和借记卡，还有各种移动支付服务和数字钱包。如果技术存在——加密货币的发展表明它现在已经存在——那么中央银行可以创造数字版的纸币，如电子美元、电子欧元或电子人民币。事实上，一些中央银行已经启动了CBDC试点计划，最著名的是中国、厄瓜多尔和瑞典，巴哈马在2020年10月推出了CBDC，将其命名为沙币，并与大多数此类初步努力一样，其CBDC由授权银行运营。[16] 鉴于美国国债——至少在美国是公众持有的另一种形式的政府债务——现在只以数字或电子形式发行和持有，最后一种纸质国债已于2016年退出市场，这种情况就变得更加可行了。

让CBDC进入流通

如果央行向公众发行自己的数字货币，而不仅仅是向银行发行，这将会如何运作？CBDC将在哪里进入流通？有四种可能性：一是公众可以用纸币兑换CBDC；二是他们可以将银行存款转换成CBDC；三是政府可以使用CBDC为预算赤字提供融资（一种赤字“货币化”的形式，或者根据具体方式，可被称为“直升机撒钱”）；四是央行可以通过发行CBDC购买资产或实施量化宽松（详见技术讲义）。

第一种是推出CBDC的首要原因，将目前的纸质东西数字化。第二种是引入CBDC的自然结果，因为公众持有并使用其部分银行存款用于支付目的。各国央行担心，CBDC的存在将使银行在金融危机中更有可能出现挤兑，尽管这种担心更多是为了阻止危机的发展，而不是避免使用CBDC，但实际上各国央行可以限制发行CBDC的数量。第三种会引发“财政主导”的“幽灵”，因此会成为央行独立性支持者的诅咒，但当反通胀、通缩或长期停滞是普遍的宏观经济威胁，央行用尽了所有的利率弹药时，这种方法可能会派上用场。这种情况在全球金融危机后的十多年里一直存在，但由于新冠疫情和对疫情的政策反应，这种情况在大多数国家已经被高通胀的回归所取代，但未来很可能再次出现。第四种将为央行管理资产负债表提供另一种方式，并可以绕过银行体系，可能成为一种“人民量化宽松”（People’s QE），这是英国工党前领袖科尔宾在其政策建议中提出的一个术语。

CBDC的引入带来了更激进的可能性，这种可能性涉及使用“可编程货币”。[17] 想象一下，未来CBDC不仅是基于计算机的分类账中的数字条目，而且还充满了类似智能合约的功能，可以对经济环境和政府政策决策做出反应。一种可能性是允许CBDC承载可以用作货币政策变量的利率；这将使央行可以选择实施负利率，而不必担心可能出现的资金外流，因为它可以限制这种互换，甚至完全消除纸币。[18] 另一种可能性是政府使用 CBDC 作为（扩张性或紧缩性）财政政策的工具。更多反乌托邦的可能性包括政府使用可编程货币来限制或促进某些类型的支出，从而限制社会行为，并将其部署在针对“监视国家”的服务中。[19]

各国央行现在正以探索推出 CBDC 为幌子，对加密货币做出积极回应。它们谨慎而且保守，完全在现有宏观经济政策框架的保护下行事，该框架保留了货币政策和财政政策之间的概念区别和操作分离——也就是说，它们得到了财政部和政府的支持。加密货币不太可能形成严重挑战，更不用说取代中央银行和政府在创造和监管货币方面所占据的垄断地位。更有可能的是，随着时间的推移，加密货币创新所释放的破坏性力量将有助于重塑主权货币体系，这种重塑与其说模糊了货币政策和财政政策之间的界限，不如说使这种界限变得毫无意义。

结　语

在这段时间里，卫兵一直在看着她，

先是用望远镜，然后用显微镜，最后用观剧望远镜。

终于，他说："你走方向了。"

然后关上窗户走了。

——刘易斯 · 卡罗尔（Lewis Carroll），

1871 年[1]

在这本关于货币力量的书中，我有五个反思。

第一个反思与当前管理经济需求政策框架的不一致和不充分，以及改革的必要性有关。正如第三章所解释的，这一框架建立在货币政策和财政政策在概念和操作上的严格分离，以及将管理总需求、确保价格稳定和充分就业的主要责任分配给货币政策的基础上。政府赋予央行"独立性"，并让其做出必要的货币政策决定。

这个框架有几个问题。财政政策中有一个重要的总需求管理组成部分。当试图控制需求以降低通胀时，增税之于财政政策，就像加息之于货币政策一样。为什么总需求管理的一个组成部分被分配给一个独立于政治领域的技术官僚实体，而另一个组成部分却留在政治家手中？通常有两个答案：第一，货币政策本身总是可以控制通货膨胀——特别是，货币政策总是可以抵消财政政策的任何扩张性或通货膨胀效应。第二，财政政策本质上涉及分配问题，不可避免地会产生异质性影响，因此必须留在政治领域。

鉴于近期的历史经验，第一种说法似乎越来越站不住脚：日本的长期通缩，以及美国和其他国家在新冠疫情暴发前对“长期停滞”的担忧都表明，当利率接近零利率时，货币政策需要财政政策的帮助。此外，在新冠疫情大流行后的复苏中，发达国家通胀飙升，这让人质疑将抗击通胀的任务交给货币政策的想法是否正确。第二种说法也值得怀疑，因为货币政策也有分配和部门方面的异质性影响，包括可能导致金融部门臃肿。[2] 独立央行可能想要忽略这些影响，但这并不意味着政府应该这样做。

无论目标是管理总需求还是处理分配问题，都需要加强货币和财政政策的协调及联合部署。问题在于，目前的操作和概念框架并不能促成这一点：货币 - 财政协调，更不用说联合行动了，对央行独立性的拥护者来说简直就是诅咒。应考虑调整政策框架，明确使总需求管理成为货币和财政政策的共同责任，并更明确地认识到货币政策的分配和部门影响。[3]

第二个反思是，现在是时候彻底改变我们谈论和思考货币及相关经济政策问题的方式了。我们目前的术语反映了现有的制度框架和普遍的思维方式。就其本身而言，这是没问题的，但导致在许多关键问题上的推理混乱，不利于有效的政策制定。我没有明确的答案，但我可以提出一些问题。

一是我们需要一种更好的方式来谈论我们目前所说的“货币

政策”和“财政政策”。财政政策本质上是货币政策。正如我们在第二章中所看到的，政府无法确定预算赤字的规模，因为这是由国内外个人和企业通过无数分散的经济决策同时决定的。但是，就像央行一样，政府可以通过发放支票和改变税率来调整向经济中注入多少净购买力，从而影响需求。

二是在此背景下，我们需要明确“政府支出”的含义。这些术语通常用于涵盖两种截然不同的活动：直接进入 GDP 的政府消费和投资支出；以及政府交给私营部门的钱，要么作为社会福利支付的一部分（在美国被称为“权利”项目），要么作为自由裁量的转移支付。2020 年，由于疫情及其相关政策，美国联邦预算赤字比 2019 年增加了 2.15 万亿美元，但政府的直接支出（名义上）仅增加了 1 690 亿美元。赤字增加的主要原因是政府创造并提供资金以维持企业和家庭的正常运转——这是一种非常货币式的政策。

将央行在管理总需求时所做的事情称为“金融环境政策”或许更合适，这是“信贷和金融环境政策”的简称。根据对经济需求（相对于供给）和通胀前景的评估，央行可以将沟通重点放在它们认为金融状况是否需要收紧、放松或保持现状，从而分别抑制、提振或维持需求。它们可以独立决定必要的政策行动——调整短期利率或资产负债表的规模和资产构成——但要与财政当局密切磋商，因为需要考虑到政府可自由支配支出计划和其他影响经济增长的政策。

三是政府“债务”是另一个过时的术语。我们不应该把政府债券看作是需要偿还的债务（政府债务可以无限展期），就像我们不应该把准备金和纸币看作是需要偿还的债务一样。我们应该把政府债券总量加上准备金和纸币，同时扣除央行持有的政府债券部分称为“政府创造的货币”，不需要再担心政府——也就是我们——总有一天会面临偿还这些债务的噩梦。如果将政府创造的货币产生的购买力超出了经济的吸收能力，并引发通货膨胀，那么政府创造的货币数量很可能被证明是过多的。在这种情况下，抑制通胀是担忧和改变政策的理由，而不是国家的偿付能力。

四是当涉及新的或扩大的政府项目时，我们不需要担心如何为它们买单（也就是说，钱将从哪里来），而是需要讨论，或者至少思考，资源将从哪里来——而且重要的是，经济的哪些部分将不得不释放资源来帮助产生所需的新资源。将所有这些复杂的活动简化为货币术语是非常方便的，也是货币力量的一部分，但这不应该在有关经济约束到底是什么方面欺骗我们：不是货币，而是真正的资源，以及如何有效地使用它们。

第三个反思与商业银行的性质有关。人们倾向于在公共部门和私营部门之间，或者在政府或国家与市场之间划清界限，并将银行明确地定位在这条分界线的私营部门或市场一边。现实情况要复杂得多。正如我们在第一章中所看到的，商业银行在货币的创造和流通中与中央银行和政府紧密相连。银行创造货币，帮助经济活动融资，并在此过程中传导货币政策。银行的资产负债表与中央银行的资产负债表相关联，与政府的财政运作及其货币创造交织在一起，银行也往往处于金融危机的中心。难怪银行受到严格监管。

银行通常被描述为“金融中介”，它吸收家庭储蓄并将其借贷给商业公司，从而为其生产和投资提供资金。在这种情况下，银行“吸收”存款，然后“借出”贷款。正如我在本书中所展示的，以及一些（但绝不是全部）经济学家所理解的，现实情况则截然不同。银行在为企业建厂或为个人购房提供贷款方面发挥的重要作用，就是为各方提供必要的购买力，以支配所需的资源。这些货币是银行凭空创造出来的；由此产生的投资作为社会资本存量的补充，本身就是储蓄的经济行为。当流水线工人或瓦匠看到他们的薪水进入银行账户时，相关的投资和储蓄已经发生了变化；银行分类账分录的变化只是事后的记录。商业银行通常被描述为吸收存款的机构，但更准确地说，它们应该被称为发放贷款和保护存款的机构。

为什么这很重要？部分原因是为了在理解一种神秘而复杂的现象时获得智力上的满足，但同时也是为了强调，银行不是普通的资本主义企业。银行被赋予了处于以主权为基础的货币体系中心的特权，并因此受到严格监管，它们横跨公共部门和私营部门，模糊了两者之间的界限。跨国银行的高管们常常对强加给他们的监管负担感到恼火，希望获得更大的自由，尤其是在资本充足率要求方面。[4] 这些监管措施中大部分的合理性及有效性值得讨论，但不应该有人怀疑银行属于一个特殊领域，需要受到密切监管。

第四个反思是，我要忧心忡忡地指出，最近的事态发展正在冲击迄今为止美元作为全球最主要储备货币的地位。作为对 2022 年 2 月俄乌冲突的回应，美国与七国集团（G7）其他成员国和欧盟（EU）一起，对俄罗斯实施了前所未有的金融及其他制裁，部分目的是切断俄罗斯金融机构及其央行与美国和全球银行体系的联系。这些措施包括冻结俄罗斯的外汇储备，并禁止俄罗斯主要银行使用环球同业银行金融电讯协会（SWIFT）国际结算系统。SWIFT 是一个允许银行在全球范围内转移资金的信息系统。[5] 美国政府以前也冻结过对手的外汇储备和其他资产，最近一次是在 2021 年塔利班接管阿富汗之后，对伊朗、叙利亚和委内瑞拉也采取过类似的措施。俄罗斯是世界第六大经济体（以购买力平价衡量）[6]、世界最大经济体中国（同样以购买力平价衡量）的亲密盟友、二十国集团成员，并且是联合国安理会常任理事国，与其对抗大大增加了金融制裁的赌注。从长远来看，这有可能削弱美元的主要储备货币地位（在第八章中讨论过），并加速世界上正在进行的经济和金融结构性转变，最明显的是与中国的崛起和中国明确的意图有关，在中国看来，不应让自己的命运成为西方霸权的棋子。[7]

正是以美元为基础的贸易和金融的主导地位，才赋予了美国、七国集团以及欧盟如此大的影响力。但这种主导和优势地位既不是一成不变的，也不是美国可以支配或理所当然的。相反，这是因为有足够多的国家愿意使用美元，而且这样做是因为美元给它们带来了净利益，而美国的行动影响了这种权衡。尽管拥有强大的在位优势，但美国的行动会增加依赖美元的成本或风险，如果这些行动成为一种既定的行为模式，就会使美元的储备货币地位面临风险。尽管美国和七国集团或欧盟很有可能利用其金融实力为地缘政治目标服务，但这种行为是短视的。从长远来看，这可能会破坏美元的国际地位，并为中国、俄罗斯和其他国家提供强大的激励，减少它们在国际贸易、金融和银行业中对美元的依赖，转而发展自己的竞争性基础设施和机构。美国不可能两者兼得：既享受着瓦莱里·吉斯卡尔·德斯坦的名言——作为主要国际储备货币的“嚣张的特权”，又利用这一地位作为对抗对手的地缘政治武器。

我最后的反思是观察到孪生经济——货币经济和实体经济，这二者正在紧密地融合，因为二者都变得更加数字化。早在1999年艾伦·格林斯潘就指出，主要由于计算机和相关的技术创新，以及向信息密集型服务的需求转变，GDP的“变量”实际上正在变轻。[8]摩尔定律没有失效的迹象，所以预计这一趋势将继续下去。

这对货币的未来意味着什么？它是如何与经济交织在一起的？我的“水晶球”太模糊了，无法回答这个有趣的问题。想想看，疫情暴发六个月后，美联储还在为如何让通胀回到目标水平而绞尽脑汁；现在通货膨胀率则接近两位数，美联储正忙着把它控制住。不久前，专家们警告说，“机器人的崛起”和人工智能将导致“失业的未来”[9]；而现在，新冠疫情之后，却出现了严重的劳动力短缺。2021年11月的《格拉斯哥气候公约》是第26届联合国气候变化大会达成的具有里程碑意义的协议，如果没有协调一致的全球合作，就不可能取得成功；然而，当俄乌冲突发生后，世界主要大国相互对抗时，协议的墨迹还未干。没有什么比预测未来更危险的了，更不用说预测遥远的未来了。

但有一件事是相当清楚的：货币仍将继续维持世界运转。

附　录

中央银行和银行系统资产负债表的运行机制

考虑一个简化的中央银行资产负债表（为简单起见，忽略其资本并假设央行只持有政府债券）：

资产	负债
政府债券（GBCB）	准备金（R）
	政府存款（GD）
	纸币（BK）

作为一个等式，中央银行的资产负债表可以表示为：

$$\Delta GBCB = \Delta R + \Delta GD + \Delta BK$$

假设 $\Delta GBCB = \Delta BK = 0$，那么就会得出：

$$\Delta R + \Delta GD = 0 \text{ 或 } \Delta R = -\Delta GD$$

当政府出现预算赤字时，$\Delta GD < 0$，政府就会向银行系统注入准备金，通俗地说就是“印钞”。人们常说是央行在“印钞”，但在这种（原始）情况下，实际是政府（财政部）在这么做。

有人可能会问：政府注入经济的货币是从哪里来的？在这个简单的框架中，答案是政府只是通过非常简单的程序创造了它。假设作为政府组成部门的中央银行允许政府账户出现透支，随后，政府就可以随心所欲地增加预算赤字（“印多少钱”）：GD 越小（进入负值区域），R 就越大。如果放任不管，在某种程度上，将会导致通货膨胀，这就是为什么中央银行被赋予“独立性”的原因。在操作上，中央银行不允许 GD 为负，并将持有多少政府债券（GB）的决策权分配给中央银行，而不是政府自己。

当政府出现预算赤字时，它通常会向私营部门发行债券。现在 $\Delta R = -\Delta GD$ 的关系为：GD 上升，准备金下降。

为了将银行纳入考虑范围，下面看一下银行系统简化的资产负债表：

资产	负债
准备金（R）	存款（D）
贷款（L）	股本（E）
政府债券（GBBK）	

银行资产负债表变动可以表示为：

$$\Delta R + \Delta L + \Delta GBBK = \Delta D + \Delta E$$

假设 $\Delta R = \Delta GBBK = \Delta E = 0$，那么就会得出：

$$\Delta L = \Delta D$$

这是银行信贷创造的基本方程式：银行在发放贷款的同时创造存款。

当银行吸收存款时会发生什么呢？这些存款必须来自某个地方：要么来自其他银行的存款，整个银行体系的资金净流入为零；要么来自公众的存款，即公众将现金存入银行。我们关注整个银行体系而不是单个银行。假设 $\Delta L = \Delta GBBK = \Delta E = 0$，则有：

$$\Delta R = \Delta D$$

当银行系统作为一个整体吸收存款时，准备金就会上升。再看一下央行的资产负债表，这一点就很清楚了。$\Delta GBCB = \Delta GD = 0$，所以有：

$$\Delta BK = -\Delta R$$

如果流通的纸币减少，准备金就会增加（同样的数量）。

事实上，准备金改变的原因只有三个。重新整理中央银行资产负债表等式可以得出：

$$\Delta R = \Delta GBCB - \Delta GD - \Delta BK$$

当中央银行购买政府债券（或任何资产）、政府存款下降（因为赤字增加），或公众对纸币的需求减少时，准备金就会增加。

假设 $\Delta GD = \Delta BK = 0$，那么就有：

$$\Delta GBCB = \Delta R$$

这就是量化宽松的基本机制：原则上，央行可以无限制地通过“印钞”（增加 R）来获取资产。央行增加 R 并不难，它只需轻敲键盘，电子（数字）账簿条目就会出现。

当央行通过购买银行持有的政府债券来进行量化宽松操作时，$\Delta L = \Delta D = \Delta E = 0$，就会有如下等式：

$$\Delta R = -\Delta GBBK$$

银行向中央银行出售债券，并获得了准备金（R）。

因为 $\Delta GBCB = \Delta GBBK$，所以债券从银行系统的资产负债表转移到央行的资产负债表。

量化宽松产生了大量准备金（R），因此人们可能会认为银行可以“借出这些准备金”。银行系统资产负债表的特征似乎表明了这一点。毕竟，如果 $\Delta GBBK = \Delta D = \Delta E = 0$，那么似乎有：

$$\Delta R = -\Delta L$$

但是，从央行的资产负债表来看，只有三种情形会导致准备金（R）发生变化，而贷款（L）并不在这三种情形之中！因此，结论一定是：如果 $\Delta GBBK = \Delta D = \Delta E = 0$，那么 $\Delta R = \Delta L = 0$。如果“借入”资金的是银行体系之外的实体：家庭和企业，那么银行就没有办法“借出”它们的准备金。

准备金和银行贷款之间肯定存在某种联系吧？是的，但是间接的联系。银行在放贷时创造存款，如果借款人（总体上）将这些存款中的一部分转换成钞票，那么准备金确实会下降（下降幅度：$\Delta R = -\Delta BK$）。但这与“银行借出准备金”相去甚远。人们还经常听到这样的说法，即银行将其超额准备金（由量化宽松创造的准备金）“存放”在央行，似乎银行总体上还有其他选择。实际上它们没有其他选择。银行对影响准备金的三种情形没有任何直接控制，所以它们必须将准备金“存放”在央行。

如果量化宽松不能创造银行可以“放贷”的准备金，那么它的意义何在？当政府债券是量化宽松所购买的资产时（通常情况下），量化宽松最好被认为是合并政府的债务再融资操作，它收回债券（GBBK 或 GBPB，公众持有的政府债券），并将其再融资为央行资金（R）。准备金和政府债券只是合并政府负债的两种不同形式。量化宽松政策允许政府在两者之间进行转换，希望“资产组合再平衡效应”能够改变资产价格，缓解金融状况。在最好的情况下，这将只会产生相当微弱的效果，这就是为什么量化宽松一直是一个如此弱的刺激工具。

我们之前看到，当政府出现预算赤字时，它会创造准备金。它还创造了银行存款，这是银行资产负债表上与所创造的准备金相对应的东西。$\Delta L = \Delta GBBK = \Delta E = 0$，所以有：

$$\Delta R = \Delta D$$

当政府发行债券时，这些准备金就会消失，但存款是否消失取决于谁购买债券。如果银行购买这些债券，存款就不会消失；如果公众购买债券，存款就会消失。

存款基本上来自两个地方：预算赤字和银行信贷创造。这可以用一点代数来解释。

不考虑银行股本（E），上述两种资产负债表等式可以分别写成：

$$R = GBCB - GD - BK$$

和：

$$R = D - L - GBBK$$

对上述两个等式进行整理可以得出：

$$D = GBCB + GBBK + L - BK - GD$$

给定 GB = GBCB + GBBK + GBPB，上式可以表示为

$$D = GB + L - GBPB - BK - GD$$

换句话说，银行存款等于政府债券总额（它代表累积的预算赤字加上任何直接存放在央行的债券，央行仍然持有，或任何尚未用于偿还未偿债券的预算盈余）和银行贷款总额，减去公众持有的政府债券、纸币和政府在央行的存款。存款减少可能是因为公众增加持有政府债券，因为当政府向公众出售债券时，它首先消除了在出现相关预算赤字时创造的存款。存款减少也可能是因为公众增加持有钞票的数量，因为存款是钞票的来源。减去政府存款是因为在某种程度上，政府在中央银行有正的存款，这一定是因为政府向中央银行发行了债券，中央银行仍然持有这些债券，或者政府有预算盈余，但没有用它来冲销未偿还的债券。

为了理解中央银行数字货币如何进入流通，我们可以将其作为简化的中央银行资产负债表的负债一侧的一个组成部分：

$$\Delta CBDC = \Delta GBCB - \Delta R - \Delta GD - \Delta BK$$

保持其他条件不变，我们可以看到CBDC进入流通的方式有四种：

（1）$\Delta CBDC = -\Delta BK$（假设$\Delta GBCB = \Delta R = \Delta GD = 0$），公众可以用纸币兑换CBDC。

（2）$\Delta CBDC = -\Delta R$（假设$\Delta GBCB = \Delta GD = \Delta BK = 0$），公众可以将银行存款兑换成CBDC，即提取银行存款导致准备金减少相同的数量。

（3）$\Delta CBDC = -\Delta GD$（假设$\Delta GBCB = \Delta R = \Delta BK = 0$），政府可以通过央行发行CBDC向公众支付收支差额（“填补其赤字”）。

（4）$\Delta CBDC = \Delta GBCB$（假设$\Delta R = \Delta GD = \Delta BK = 0$），中央银行可以用新发行的CBDC向公众购买政府债券（或其他资产）。

术语表

总需求	经济学家用于表示一个经济体中对所有商品和服务的最终需求的术语（在扣除中间需求以避免重复计算后），以 GDP 衡量。
资产负债表	对一个实体的资产及其资金来源（负债和股东资本）的价值进行的时点评估，两者的总额相同。
基点	利率水平或变化的单位，一个基点的定义为“百分之零点零一”（0.01%），所以 50 个基点等于 0.5 个百分点。通常缩写为“BP”。
比特币	第一种加密货币，基于 2008 年 10 月“他”在网上发布的白皮书，2009 年 1 月由匿名人物中本聪在区块链上推出。
区块链	由连续的用密码连接的信息块组成的数字数据库。

预算赤字	政府支出或转移给公众的资金比其税收和其他收费收入多多少。
中央银行	政府的一个部门，负责通过商业银行向公众发行纸币，维护银行之间用于结算的存款账户，管理政府财政，并执行货币政策以保持低而稳定的通货膨胀率。
商业银行	主要业务是向企业、个人和其他借贷实体发放贷款，并管理客户存款账户的银行。
合并政府	政府和中央银行被视为一个统一的业务和会计单位，它们之间的交易是相互抵消的。
信贷宽松	中央银行旨在支持金融市场运作和改善经济中信贷流动的贷款和其他计划。
居民消费价格指数（CPI）	用单个数字代表并跟踪具有代表性的消费品和服务组合的成本。
加密货币	在计算机网络上作为交换媒介的数字货币，使用加密技术而不需要任何中央机构对其进行维护和操作。
经常项目差额	国际收支中贸易差额和收益及经常转移差额的总和，或者等价地，一个国家在一定时期内对世界其他地区的净金融债权的变化。
通货紧缩	总体物价水平下降（负通货膨胀率）的一种情况（通常是持续的）。

通货收缩	通货膨胀率面临下行压力的情况，或通货膨胀率为正但低于中央银行的目标。
有效（利率）下限	中央银行认为不可能降低或不值得降低其政策利率的利率水平。
欧元区	欧盟 27 个成员国中采用欧元作为本国货币的 20 个成员国，其货币政策由欧洲中央银行制定。
法定货币	不以黄金或其他商品为基础（即以固定的汇率可与黄金等兑换）的货币，而是从政府和社会认可中获得价值的货币。
财政政策	政府运用其支出、收入转移和税收政策，试图影响经济活动和通货膨胀率。
外汇干预	政府通过其中央银行用本国货币购买外国货币，或出售外国货币购买本国货币，以影响本国货币的外汇汇率。
前瞻性指引	中央银行对其预期未来货币政策立场的沟通，目的在于提高货币政策的有效性。
国内生产总值（GDP）	一个经济体在一定时期内的商品和服务的产出，用市场价格或其替代物来衡量。
全球金融危机	2007—2009 年世界经历的金融危机，其最严重的阶段是由 2008 年 9 月雷曼兄弟公司破产引发的（也被称为“次贷危机”，指的是

	被打包成抵押贷款支持证券并由世界各地的投资者持有的高风险抵押贷款）。
大衰退	与2007—2009年全球金融危机相关并由其引发的全球经济衰退。
对冲基金	一种私人拥有的投资基金，其目的是通过专门从事某一特定类别的资产或投资方式，并利用其投资（即大量借贷以增加其回报）来获得高于正常水平的回报。
通货膨胀	一个有代表性的价格指数水平的变化，有时用来指被认为过高的变化率。
投资	当前经济产出中未被消费但打算用于增加未来产出的那部分。
投资银行	主要业务是承销、出售和交易企业和政府发行的股票、债券和其他金融证券，并代理兼并、收购和其他企业交易的银行。
最后贷款人	当私人部门借款人无法轻易或根本无法从其他任何人那里获得融资时，央行向其提供贷款。
流动资金	可立即用于购买物品或偿还债务的资金。
现代货币理论（MMT）	一种货币和财政事务的方法，它从根本上认识到政府在消费时创造货币，在征税时破坏货币，因此不会耗尽货币。

货币经济	通过给经济产出和资产分配货币价值来促进和跟踪经济活动的体系。
货币政策	中央银行利用其对利率和金融状况的控制来影响经济活动和通货膨胀率。
货币供应量，货币存量或货币总量	指在任何时间点或在给定时期内平均存在的货币量，包括与不同流动性特征相对应的各种子类别。
道德风险	如果被保险人对其后果进行了保险，则被保险人在试图防范风险方面存在不是特别谨慎的现象。
M1	在美国，大致是货币（纸币和硬币）、活期存款和某些其他流动存款的总和。
M2	在美国，大约是M1加上定期存款（少于10万美元）和零售货币市场基金余额的总和。
名义国内生产总值	用货币来衡量国内生产总值，即以当时经济各组成部分的价格来衡量的产出价值。
可编程货币	一种数字形式的货币，其中包含一种通过计算机程序使该货币具有自动行为的机制，例如改变与之相关的利率或限制其用途。
购买力	货币的一个重要方面，具体指支配有价值资源的能力，特别是购买商品和服务以及实物和金融资产的能力。

量化宽松	中央银行试图通过增加资产负债表的规模或改变资产构成来放松货币政策，并通过创造准备金来提供资金。
QT（量化紧缩）	中央银行对先前量化宽松政策的逆转。
实体经济	生产商品和服务的经济部分。
实际国内生产总值	国内生产总值的定量衡量，即名义国内生产总值经过调整，以消除通货膨胀的影响。
储备货币	在国际贸易和金融中广泛使用的、各国政府和中央银行作为外汇储备（资产）的货币。
准备金（银行）	金融机构在中央银行的存款，属于基础货币的一部分。
储备（外汇）	一国政府持有的外国资产，通常由该国政府或其中央银行在外汇市场进行干预（出售本国货币以压低其本币汇率）时获得。
储蓄	当前国民收入中既不被政府消费也不被政府征税的部分。
长期停滞	即期望的私人部门储蓄长期超过期望的私人部门投资，从而导致实际均衡利率非常低或为负的一种宏观经济状况。
主权债务	国家政府以本国货币或外国货币计价举借的债务，通常以债券或银行借款的形式存在。

期限溢价	投资者持有期限较长的政府债券所需的补偿，通常以利率基点计算。
太大而不能倒	指银行或公司太大，一旦倒闭就会对金融体系或经济造成非常大的破坏，因此需要对其进行救助或“纾困”。
收益率曲线	政府债券从最短期限到最长期限的一系列利率（收益率）。
收益率曲线控制	中央银行试图控制长期利率和短期利率的一种政策。
零利率下限	中央银行不能将其政策利率降至零以下（并非严格正确）。

致 谢

这本书是我作为哈佛大学肯尼迪学院莫萨瓦 - 拉赫马尼（Mossavar-Rahmani）商业和政府中心的高级研究员和研究员期间花了四年时间写就的。我非常感谢中心的联合主任劳伦斯 · H. 萨默斯（Lawrence H. Summers）邀请我来到这里并为我提供便利，感谢我的赞助人杰森 · 福曼（Jason Furman），感谢联合主任约翰 · 海格（John Haigh）的支持和指导。特别感谢理查德 · 泽克豪斯（Richard Zeckhauser），他的知识指导富有传奇性。我从与他们所有人以及肯尼迪学院的教职员工和研究员的讨论和互动中受益匪浅，包括 Ignazio Angeloni、Rabah Arezki、Camilia Cavendish、George Chouliarakis、Karen Dynan、Jeffrey Frankel、Jeffrey Fuhrer、已故的 Robert Glauber、Elizabeth Golberg、Deborah Gordon、Megan Greene、Jo Johnson、Steve Johnson、Jean-Pierre Landau、philippe Le Corre、Timothy Massad、William Overholt、Ioana Petrescu、Yair Pines、Richard Porter、Scott Ratzan、Demian Reidel、Christopher Ruhl、Alexandra Schweitzer、Frederic（“Mike”）Scherer、Merav Shaviv、Myriam Sidibe、Wake Smith、Paul Tucker 爵士和 Antonio Weiss。还要感谢 Susan Gill、Victoria Groves-Cardillo、Scott Leland 和 Daniel Murphy 的行政支持。

我非常感谢克劳斯·施瓦布（Klaus Schwab）在此期间邀请我参加两次世界经济论坛全球未来理事会，一次是关于财政和货币政策新议程（2020—2022年）的理事会，由黛安娜·法雷尔（Diana Farrell）和拉古拉姆·拉詹（Raghuram Rajan）共同主持；另一次是关于新经济议程（2018—2020年）的理事会，由玛丽安娜·玛祖卡托（Mariana Mazzucato）和安德鲁·麦克菲（Andrew McAfee）共同主持。我从与两个理事会的杰出成员的互动中获益匪浅。

在近25年的时间里，我在标普全球（S&P Global）、野村证券（Nomura Securities）、雷曼兄弟和霸菱资产管理公司（Baring Asset Management）担任金融市场的经济学家和央行观察员，形成了本书中提出的许多观点。我非常感谢Douglas Peterson、Hideyuki Takahashi、John Llewellyn、Ravi Mattu和Michael Banton给了我这些机会。我从他们身上学到了很多，也从与这些机构的其他同事的互动中学到了很多，其中包括Daniel Ahn、Lewis Alexander、Daniel Antman、Samuel “Q” Belk、Laurent Bilke、Beth Ann Bovino、Christian Broda、Marie Cavanaugh、John Chambers、Lisa Clement、Joaquin Cottani、Paul Coughlin、Michael Dicks、David Doyle、Erkan Erturk、David Flynn、Courtney Geduldig、Paul Gruenwald、Ethan Harris、Michael Hume、Russell Jones、Dharmakirti Joshi、Masanobu Kaizu、Ken Kawasaki、John Kingston、Takahide Kiuchi、Moritz Kraemer、Jack Malvey、Catherine Mathis、Sho Matsubara、Michele Meyer、Guillermo Mondino、William Morokoff、Edward Morse、Curt Moulton、Joydeep Mukherji、Jens Nordvig、Ken Okamura、Satyam

Panday、Zach Pandl、John Piecuch、Matthew Poggi、David Resler、Lisa Schineller、Jeffrey Shafer、Hiroshi Shiraishi、Jean-Michel Six、Ted Smyth、Jens Sondergaard、Rob Subbaraman、Ed Sweeney、Diane Vazza 和 Peter Westaway.

多年来，我与学术界、金融市场、媒体和政策领域的众多对话者就本书的主题进行了互动，从中学到了很多知识，其中包括 Tim Adams、Tanweer Akram、Robert Aliber、Edward Altman、Daniel Alpert、Masayoshi Amamiya、Stephen Anthony、the late Masahiko Aoki、Akira Ariyoshi、Masatsugu Asakawa、Ian Banwell、Brian Barnier、已故的 Christopher Beal、Richard Beason、Moreno Bertoldi、Olivier Blanchard、Alan Blinder、Jan Bos、Thomas Byrne、Kent Calder、Sun-jin Choi、Richard Clarida、John Connorton、Alexis Crow、Gerald Curtis、Antonio de Lecea、Vasant Dhar、Tim DiMuzio、Andreas Dombret、Peter Drysdale、Charles DuBois、Bill Emmott、Nick Estes、Robert Feldman、Jacob Frenkel、Glen Fukushima、Andrew Haldane、Lyric Hale 和她已故的丈夫 David Hale、Koichi Hamada、Akinari Horii、Robert Hormats、Takeo Hoshi、Kiyoto Ido、Takatoshi Ito、Kazumasa Iwata、Stephanie Kelton、Lawrence Klestinec、Jesper Koll、Stephen Koukoulus、Haruhiko Kuroda、Noel Lateef、Paul Lebow、Alan Mac Donald、Krishen Mehta、Bob Miller、Frank Milne、Yoshihiko Miyauchi、Kazuo Momma、Satoru Murase、Junichi Naito、Masazumi Nakayama、Hiroshi Nakaso、Frank Newman、Maarten van Oorschot、Hugh Patrick、Jim Peach、Thierry Porte、Michael Render、Frank-Jürgen Richter、Nicholas Roditi、Brian Rose、Anthony Rowley、Kevin

Rudd、Motoatsu Sakurai、Nathan Sheets、Takumi Shibata、Kurt Sieber、Claude Smadja、Yael Smadja、Joseph Stiglitz、Ken Takamiya、Tak Tanikawa、Gillian Tett、Robert Tombs、Georges Ugeux、Kazuo Ueda、Mark Uzan、Lucio Vinhas de Souza、Joshua Walker、R “Ray” Wang、Hiroshi Watanabe、Axel Weber、David Weinstein、Stephen Wierhake、Mark Williams、Martin Wolf、L. Randall Wray、Hakuo Yanagisawa、Hiroshi Yoshikawa 和 Jeffrey Young.

Rebecca Fannin、Jeffrey Garten 和 Matt Miller 给了我鼓励和介绍，帮助我从 Flip Brophy、Paul Golob、Jim Levine、Mel Parker、Rafe Sagalyn 和 Leah Spiro 那里获得了关于图书出版过程的宝贵建议，我感谢他们所有人。

我非常感谢 Robert Dilenschneider 多年来的鼓励、支持和指导，也非常感谢他出色的妻子 Jan。我还要感谢 Bob 的帮助，他把我介绍给了本和贝拉出版社的 Matt Holt。非常感谢 Matt 以及本和贝拉出版社的所有团队成员，尤其是 Katie Dickman，他提供了出色的内容编辑和其他支持，还有负责文案编辑的 James fraligh、设计封面的 Brigid Pearson、负责市场营销的 Mallory Hyde 和 Kerri Stebbins，以及负责设计和制作的 Jessika Rieck。也感谢 Amy Murphy 信息丰富和精心制作的索引。

每个作家的背后都有一个家庭的支持。我感谢我的女儿 Emiko 和 Yumiko 的爱及支持。我最感激的是我的妻子 Yoshiko，她一直以来的鼓励、支持、爱和自我牺牲。没有她，就不会有今天的我，也不会有这本书。

注 释

引 言

1. 托马斯·霍布斯（Thomas Hobbes），《利维坦》，埃德温·柯利编辑，附介绍和注释（印第安纳波利斯：哈克特出版公司，1994 年），76 页。

2. 中央银行通常作为独立机构在政府内部运作，但如今它们是政府的一部分。尽管如此，在这本书中，我经常遵循“政府和中央银行”的常用用法，好像后者并不是前者的一部分。

3. 威廉姆·斯坦利·杰文斯（William. Stanley Jevons），《货币与交换机制》（纽约：D. 阿普尔顿公司，1875 年）。

4. 比特币和其他加密货币是新事物，没有得到政府的批准，不太可能挑战美元的记账单位地位，即使它们在某种程度上作为交换媒介取得的进展有限，并被一些人视为有风险的价值储存手段。在第九章中将有更多的介绍。

5. 其实并非如此：并非所有的经济活动都包含在国内生产总值（GDP）中，也并非所有的经济活动都需要市场交换。要了解其中的复杂性，请参阅黛安娜·科伊尔（Diane Coyle）的《极简 GDP 史》（普林斯顿，新泽西州：普林斯顿大学出版社，2014 年）。

6. 美联储的目标是一个略有不同的指标——个人消费支出指数（PCE）。在最近十年（2013—2022 年），根据 PCE 的测算，美国通胀率平均比 CPI 低 0.3 个百分点。

7. 参见杰里米 · 西格尔（Jeremy J. Siegel），《长期股票：金融市场回报和长期投资策略的权威指南》，第 5 版（纽约：麦克劳 - 希尔出版公司，2014 年）。

8. 尤瓦尔 · 诺亚 · 赫拉利，《智人：人类简史》（纽约：哈珀 · 柯林斯出版社，2015 年），第 177 页。

9. 截至 2008 年 8 月，也就是当年 9 月份美国银行系统几乎崩溃之前，美国商业银行的存款总额达到 68 716.5 亿美元，而银行的准备金（包括金库现金作为准备金）和其他金库现金为 622.6 亿美元，仅相当于存款的 0.9%（根据圣路易斯联邦储备银行弗雷德经济数据计算）。我用这个日期来说明银行系统的资产负债表在全球金融危机和量化宽松之前是如何运作的，这些内容将在第四章讨论。

10. 大卫 · 格雷伯（David Graeber），《债：第一个 5000 年》（伦敦：梅尔维尔出版社，2014 年）。

11. 美国财政部部长负责监管美国铸币厂、铸印局和诺克斯堡的美国金条储存库，以及其他职责。

12. 关于这一制度如何在 19 世纪下半叶如何在美国开始形成的有趣的历史处理，见罗杰 · 洛温斯坦，《方法和手段：林肯和他的内阁以及内战的融资》（纽约：企鹅出版社，2022 年）。

13. 在美国，经济衰退是由一组专家——美国国家经济研究局（NBER）商业周期定年委员会（Business Cycle Dating Committee）

使用一系列数据，而不是常用的实际 GDP 连续两个或两个以上季度下降的指标来正式预测的。美国国家经济研究局将大衰退定义为始于 2007 年 12 月，结束于 2009 年 6 月。

第一章 货币创造

1. 约翰 · 梅纳德 · 凯恩斯,《货币论（第一卷）》,《纯粹货币理论》（伦敦：麦克米伦公司，1930 年），第 6、31 页。

2. 在本书的术语表中列出的术语，是在引言之后第一次使用的术语。

3. 例如，参见格林 · 戴维斯（Glyn Davies）,《货币史：从古至今》，第三版（加的夫：威尔士大学出版社,2002 年）；尼尔 · 弗格森（Niall Ferguson）:《货币关系：现代世界的货币与权力，1700—2000 年》（纽约：Basic Book 出版社，2002 年）；尼尔 · 弗格森（Niall Ferguson）:《金钱崛起》（纽约：企鹅出版社，2008 年）；大卫 · 格雷伯,《债：第一个 5000 年》（伦敦：梅尔维尔出版社，2014 年）；菲利克斯 · 马丁（Felix Martin）,《货币：未授权的传记》（纽约：克诺夫出版社，2013 年）。

4. 参见 L. 兰德尔 · 雷（L. Randall Wray）,《理解现代货币：充分就业和价格稳定的关键》（切尔滕纳姆，英国和北安普敦，马萨诸塞州：Edward Elgar，1998，第 3 章）；大卫 · 格雷伯,《债：第一个 5000 年》（伦敦：梅尔维尔出版社，2014 年，第 2 章）。

5. 参见基思 · 陈（M. Keith Chen），范凯特 · 拉克西米娜瑞亚南（Venkat Lakshminarayanan）和劳里 · R. 桑托斯（Laurie R. Santos）的文章“行为偏见有多基本？基于实证的卷尾猴交易行为”,《政治经济学杂志》, 114 第 3 期(2006 年):517–37。

6. 准备金在央行资产负债表的右侧(负债);外汇储备如果由央行(而不是财政部)持有,则位于其资产负债表的左侧(资产)。

7. 还有其他几个项目,其细节因国家而异,如政府存款账户(中央银行是政府的银行),逆回购协议(用于暂时“消耗”储备),以及中央银行的资本账户。

8. 自 2007—2009 年全球金融危机以来,作为对危机的回应,这些资本要求已大幅提高。

9. 例如,美联储过去常常对存款(定义为“净交易账户”)施加以下最低准备金要求:在 1 690 万美元之前为零,高于该金额 3% 但低于 1.275 亿美元,高于该金额 10%。2020 年 3 月,美联储宣布将所有最低准备金要求降至零,因为其大规模购买国债和(政府担保的)抵押贷款支持证券创造了如此大量的准备金,以至于最低准备金要求的概念已经变得毫无意义。

10. 2008 年 10 月,在金融危机期间,作为问题资产救助计划(Troubled Assets Relief Program)的一部分,美联储获得了对准备金支付利息的法律授权。

11. 见斯蒂芬妮 · 凯尔顿(Stephanie Kelton),《赤字迷思:现代货币理论与如何更好地发展经济》(纽约:Public Affairs 出版社,2020),特别是第 1 章;沃伦 · 莫斯勒(Warren Mosler),《经济政策七个致命的无辜欺诈》(圣克罗伊:valiant 公司,2010 年),特别是第 13–30 页;L. 兰德尔 · 雷,《理解现代货币:充分就业和价格稳定的关键》(切尔滕纳姆,英国:爱德华 · 埃尔加出版社,1998 年),特别是第 4 章。

12. 保罗·谢尔德（Paul Sheard），“直升机撒钱和金融伊甸园”，标普全球评级 RatingsDirect（2016 年 5 月）

13. 关于 MMT，见史蒂芬妮·凯尔顿，《赤字迷思：现代货币理论与如何更好地发展经济》（纽约：Public Affairs 出版社，2020）；威廉·米切尔（William Mitchell），L. 兰德尔·雷和马丁·沃茨（Martin Watts），《宏观经济学》（伦敦：红地球出版社，2019 年）；沃伦·莫斯勒，《软货币经济学》（Mimeo，1994）；沃伦·莫斯勒，《经济政策的七个致命的无辜欺诈》（圣克罗伊克里斯蒂安斯特德：valiant 公司，2010 年）；L. 兰德尔·雷，《现代货币理论：主权货币体系宏观经济学入门》，第 2 版（贝辛斯托克：帕尔格雷夫·麦克米伦出版社，2015 年）。

14. 埃里克·蒂莫格尼（Eric Tymoigne），《现代货币理论以及财政部和中央银行之间的相互关系：以美国为例》，《经济问题杂志》第 48 期，第 3 期（2014）：641–62；埃里克·蒂莫格尼，《政府货币和财政操作：内生货币方法的推广》，《剑桥经济学杂志》，第 40 期，5（2016）：1317–32。

15. 政府在央行的账户位于财政部资产负债表的资产一侧，以及央行资产负债表的负债一侧，因为它在合并后的政府资产负债表的两边，所以总是被抵销掉。

16. 如果政府债券是由非银行体系的私人部门购买，那么赤字将会降低银行存款；但如果它们被银行持有，就会创造存款。详见技术讲义。

17. 这句话的第二部分需要调整。如果我们真的要追溯一美元的实际存款到它的“诞生”，那么它可能会追溯到一美元的政府支出，而不管政府是否有预算赤字。政府预算赤字使银行系统中的银行存款净增加（除非赤字部分或全部被政府发行债券所消除），但当政府增加收入时产生的存款通常与政府为提供服务或作为社会福利转移支付给人们时产生的存款不同。然而，货币的可替代性使得追踪某些具体的美元和这种更细微的区别显得没有意义。

18. 市盈率（P/E）是衡量公司股票市场估值的常用指标，是股票价格与每股收益（EPS）的比率。分子和分母同时乘以流通股（即已发行和未回购的股票）的数量，得到市值与总收益的比率，但该比率保持不变。

19. 一些国家的人口和劳动力数量开始下降。参见查尔斯·古德哈特（Charles Goodhart）和马诺吉·普拉丹（Manoj Pradham）合著的《人口大逆转：老龄化、不平等与通胀》（帕尔格雷夫·麦克米伦出版社，2020 年）。然而，即使在人口减少的情况下，如果有足够的资本积累和技术创新，经济也可以继续扩张。

第二章　政府债务的力量

1. 弗兰克·纽曼（Frank N. Newman），《摆脱国债》（明尼阿波利斯，明尼苏达州：两港出版社，2013 年），第 32 页。

2. 参见沃伦·莫斯勒，《经济政策七个致命的无辜欺诈》（圣克罗伊：valiant 公司，2010），特别是第 14–16 页。

3. 参见阿巴·P. 勒纳（Abba P. Lerner），“货币作为国家的产物”，《美国经济评论》第 37 期，2（1947）：312–17。

4. 我在这里用“一代”这个词指的是生活在特定时间点的所有人，而不是在任何时间点上的“年轻一代”和“老一辈”。在现实中，由于时间的推移而出现代际重叠，这就是为什么在更复杂的分析中，经济学家会谈论“代际重叠”并构建“代际重叠模型”。

5. 参见阿巴 · P. 勒纳（Abba P. Lerner），“功能性金融与联邦债务”，《社会研究》第 10 期，1（1943）：38–51。

6. 参见阿尔文 · H. 汉森（Alvin H. Hansen），《完全复苏或停滞》（伦敦：亚当和查尔斯 · 布莱克，1938 年）；劳伦斯 · H. 萨默斯（Lawrence H. Summers），“长期停滞时代：是什么以及如何应对”，《外交事务》，2016 年 3 月 / 4 月，第 2–9 页。

7. 长期以来，经济学家一直在争论公众是否应该将政府债券视为净财富。著名古典经济学家大卫 · 李嘉图（David Ricardo）提出的观点认为，政府债券不是净财富，因为公众会预期在未来被征收更多的税，以便政府能够偿还这些债券，而相关的未来税收的贴现现值恰好等于债券的价值。这方面的经典文章是罗伯特 · J. 巴罗（Robert J. Barro）的《政府债券是净财富吗？》，刊载于《政治经济学杂志》第 82 期，6（1974），1095–1117。

第三章　中央银行的力量

1. 米尔顿 · 弗里德曼（Milton Friedman），《货币的祸害》（圣地亚哥：哈考特 · 布雷斯公司，1994 年第一版），第 49 页。

2. 弗里德曼，《货币的祸害》，第 262 页。

3. 美联储，“联邦公开市场委员会会议”，1996 年 7 月 2 日—3 日，https://www.federalreserve.gov/monetarypolicy/files/FOMC19960703meeting.pdf，51。

4. 见本 · 伯南克（Ben S. Bernanke）等人著作《通货膨胀目

标制：国际经验》(普林斯顿，新泽西州：普林斯顿大学出版社，1999年)。

5. 2019年非现金支付(借记卡、信用卡、ACH和支票支付)的规模为1 742亿，即每天约4.77亿(美联储系统，“2019年美联储支付研究”，2019年12月，https:// www.federalreserve.gov/newsevents/pressreleases/files/2019-payments-study-20191219.pdf)。截至2022年6月30日，美国共有4 771家FDIC参保银行(联邦存款保险公司，“FDIC统计概览”，2022年6月30日，https://www.fdic.gov/analysis/quarterly-banking-profile/statistics-at-a-glance/2022jun/FDIC .pdf)。

6. 杰里米·斯坦(Jeremy Stein)，“信贷市场过热：起源、衡量和政策应对”，在密苏里州圣路易斯联邦储备银行主办的研讨会上发表的讲话，2013年2月7日，https://www.federalreserve.gov/newsevents/speech/stein20130207a.htm，17。

7. 美联储的目标是一个与CPI略有不同的消费者价格指标：个人消费支出指数。在过去的25年里，以CPI衡量的通胀率比个人消费支出价格指数平均高出0.4个百分点。2020年3月，年化个人消费支出指数为1.3%，而此前12个月平均为1.5%；在接下来的12个月里，平均为1.2%，从2021年3月开始上升，在2022年6月达到7.0%的峰值。

8. 见米尔顿·弗里德曼，“货币数量理论”，收录于新帕尔格雷夫词典：货币，约翰·伊特威尔(John Eatwell)，默里·米尔盖特(Murray Milgate)，彼得·纽曼(Peter Newman)编辑，美国第一版(纽约：w.w.诺顿公司，1989年)，第10页。

第四章 量化宽松的力量

1. 本·伯南克，“通货紧缩：确保它不会在这里发生”，2002年11月21日，华盛顿特区，在全国经济学家俱乐部的讲话，https://www.federalreserve.gov/boarddocs/speeches/2002/20021121/default.htm。

2. 每个中央银行都在法律或行政框架下运作，其细节因国家而异。中央银行通常会在不同程度上限制其可以获得或接受作为贷款抵押品的资产种类。标准和普遍的首选资产（因为它的流动性，安全性和“中性”）是由它们自己的政府发行的债券。但大多数主要央行都有能力购买各种形式的私人部门资产，在某些情况下，购买的条件是获得政府的许可，而在其他情况下，则是自行购买。

3. 参见技术讲义和保罗·谢尔德，“跟着我说：银行不能也不会‘借出’准备金”，标准普尔评级服务公司 RatingsDirect，2013年4月13日。

4. “期限溢价”是指投资者因其资金被长期冻结而要求的补偿（以基点计算）；“久期”是指债券或债券组合的加权平均到期日（以年计），或其对利率变化的敏感性（以每单位收益变化的价格变化百分比计）。

5. 除了国债，美联储还购买了大量抵押贷款支持证券（MBS）作为其量化宽松政策的一部分（在2022年4月的峰值时持有2.74万亿美元的MBS，而2022年6月持有国债的峰值为5.77万亿美元）。与MBS有些许不同，除非违约，否则抵押贷款最终会得到偿还，因此，如果持有到期，它们不仅会从美联储的资产负债表上消失，而且会从系统中完全消失，因为抵押贷款人会用银行存款来偿还抵押贷款。

6. 我把“偿还”打上引号是因为这实际上只是在统一政府内部进行的互相抵销的操作，债券和政府存款分别位于央行和政府（财政部）资产负债表的不同侧。

7. 这里指的是老鹰乐队 1976 年著名歌曲中的神秘酒店。

8. 正如第三章所解释的那样，如果一家执行 QT 操作的央行不支付准备金利息，那么在开始提高政策利率之前，该央行将不得不耗尽 QE 所创造的全部（或至少大部分）超额准备金。这是日本央行在 2006 年 3 月宣布结束为期 5 年的量化宽松政策后不得不做的事情；然而，在日本央行的情况下，因为与其他央行和日本央行本身随后的量化宽松相比，量化宽松规模如此之小，这个过程确实是可以很快地完成，用时仅约四个月。

9. 美联储理事会，《关于货币政策实施和资产负债表正常化的声明》, 2019 年 1 月 30 日，https://www.federalreserve.gov/newsevents/pressreleases/monetary20190130c .htm。

第五章　货币创造不平等和财富的力量

1. 托马斯·索维尔（Thomas Sowell）:《经济学的思维方式》, 第 5 版（纽约：Basic Books 出版社，2015 年），269 页。

2. 福布斯，“世界亿万富翁实时榜”，https://www.forbes.com/real-time-billionaires/#57fe9aa53d78。

3. 福布斯，“世界亿万富翁实时榜”https://www.forbes.com/

real-time - billionaires /#152665583d78。

4. 摩根大通,《2022 年年度股东大会委托书》, 第 6 页, https://www.jpmorganchase.com/content/dam/jpmc/jpmorgan-chase-and-co/investor-relations/documents/Proxy statement2022.pdf。

5. 福布斯, “世界亿万富翁实时榜” https://www.forbes.com/real-time-billionaires/#152665583d78。

6. Spotrac, “NBA 球员收入” https://www.spotrac.com/nba/los-angeles-lakers /lebron- james2257 / ; 福布斯,“世界实时亿万富翁”, https://www .forbes.com/real-time-billionaires/#152665583d78。

7. 斯梅佳尼克 · 斯塔莎(Smiljanic Stasha),“美国的无家可归状况——2022”, 政策咨询(博客), 2022 年 7 月 30 日, https://policyadvice.net/insurance/insights/homelessness -statistics/。

8. 凯瑟琳 · J. 艾丁(Kathryn J. Edin)和 H. 卢克 · 谢弗(H. Luke Shaefer),《每天 2 美元: 美国几乎一无所有的生活》(波士顿: 霍顿 · 米夫林出版公司, 2015 年)。

9. 托马斯 · 皮凯蒂(Thomas Piketty),《21 世纪资本论》(剑桥, 马萨诸塞州: 哈佛大学出版社, 2014 年), 439。

10. 另见马尔科姆 · 格拉德威尔(Malcom Gladwell),《异类: 成功的故事》(纽约: 布朗出版社, 2008 年); 纳西姆 · 尼古拉斯 · 塔勒布(Nassim Nicholas Taleb),《随机漫步的傻瓜》(纽约: 兰登书屋, 2005 年); 塞巴斯蒂安 · 马拉比(Sebastian Mallaby),《幂定律: 风险资本和新未来的创造》(纽约: 企鹅出版社, 2022)。

11. 参见托马斯 · 索维尔(Thomas Sowell),《歧视与不平等》

（纽约：Basic Books 出版社，2019）。

12. 丹尼尔·卡尼曼（Daniel Kahneman），《思考，快与慢》（纽约：Farrar，Straus and Giroux 出版社，2011 年）。

13. 兰博森（P. J. Lamberson），《赢者通吃还是长尾？市场行为模型》，《系统动力学评论》第 32 期，3-4（2016）：233-60。

14. 罗伯特·戈登（Robert Gordon），《美国增长的起落》（普林斯顿，新泽西州：普林斯顿大学出版社，2016 年）。

15. 安德鲁·马夸特（Andrew Marquardt），"首席执行官的薪酬飞涨，而普通员工却在努力跟上通货膨胀的步伐。以下是谁的加薪幅度最大，"《财富》杂志，2022 年 4 月 4 日，https://fortune.com/2022/04/04/median-ceo-pay-amazon-discovery-raises/。

16. 众议员凯斯·埃里森（Keith Ellison）："奖励还是囤积？《多德 - 弗兰克法案揭示的薪酬比率检视》，2018 年 5 月，https://inequality.org/wp-content/uploads/2019/01/Ellison-Rewarding-Or-Hoarding-Full-Report.pdf。

17. 光辉国际（Korn Ferry），"高管层的年龄和任期"，https://www.kornferry.com/about-us/press/age-and-tenure-in-the-c-suite。

18. 威廉姆·拉芙迪（William M. Lafferty）、丽萨·施密特（Lisa A. Schmidt）和唐纳德·沃尔夫（Donald J. Wolfe Jr.），"特拉华州法律下董事的受托责任简介"，《宾州法律评论》第 116 期，3（2012）：837–77。

19. 克劳斯·施瓦布（Klaus Schwab）与彼得·万哈姆（Peter Vanham）合著，《利益相关者》（霍博肯：约翰·威利父子出版公司，2021 年）。

20. 商业圆桌会议，“关于公司宗旨的声明”，2019 年 8 月 19 日，https://www.businessroundtable.org/business-roundtable-redefines-the-purpose-of-a-corporation-to-promote-an-economy-that-serves-all-americans.

21. 塞巴斯蒂安·马拉比（Sebastian Mallaby），《富可敌国：对冲基金和新精英的崛起》（纽约：企鹅出版社，2010 年）。

22. 拉那·弗鲁哈尔（Rana Foroohar），《创造者和索取者：金融的兴起和美国商业的衰落》（纽约：皇冠出版集团，2016 年）。

23. 索菲亚·卡拉迪马（Sofia Karadima），“影响 2021 年的七宗跨境并购交易”，《投资观察》，2022 年 1 月 5 日，https://www.investmentmonitor.ai/analysis /merger-acquisitions-deals-2021。

24. 微软，“微软将收购动视暴雪，为每个人带来游戏的乐趣和社区。”2022 年 1 月 18 日，https://news . microsoft.com/2022/01/18/microsoft-to-acquire-activision-blizzard-to-bring-the-the-pleasure-and game-community-to- Everyone-Across-Every-Device/。

25. 参见迈克·E. 哈特曼（Michael E. Hartmann），“美国有多少钱用于非营利捐赠？”The Giving Review（blog），慈善日报，2020 年 7 月 27 日，https://www.philanthropydaily.com/how-much-money-is-in-nonprofit-endowments -in-america/。

26. 克里斯托弗·伦纳德（Christopher Leonard），《科赫兰：美国科赫工业和企业权力的秘史》（纽约：西蒙与舒斯特出版社，2019 年）。

27. 玛利亚·佛南德斯（Maria Fernandes），“杰夫·贝佐斯收入最高的年份，排名”，2019 年 11 月 15 日，The Richest，https://

www.therichest.com/lifestyles/jeff-bezo-years-earned-Highest/。

第六章 货币的破坏性力量

1. 理查德·富尔德（Richard Fuld），“对雷曼破产的国会证词”，众议院监督和改革委员会，2008年10月6日，https://www.americanrhetoric.com/speech/richardfuldlehmanbrosbankruptcy .htm。

2. 参见卡门·莱因哈特和肯尼斯·罗格夫，《这一次不一样：800年金融危机史》（普林斯顿，新泽西州：普林斯顿大学出版社，2009年）；罗伯特·Z. 阿利伯（Robert Z. Aliber），查尔斯·金德尔伯格和罗伯特·麦考利（Robert N. McCauley），《疯狂、惊恐和崩溃：金融危机史》（罕德米尔，贝辛斯托克：帕尔格雷夫·麦克米伦出版社，第8版，2023年），1978年首次出版。

3. 关于2007—2009年全球金融危机的起因及其如何演变的许多优秀著作如下：艾伦·S. 布林德，《当音乐停止之后：金融危机、应对措施与未来的世界》（纽约：企鹅出版社，2013年）；安德鲁·罗斯·索尔金，《大而不倒：华尔街和华盛顿如何拯救金融系统及其内幕》（纽约：维京出版社，2009年）；金融危机调查委员会，《金融危机调查报告：美国金融和经济危机成因全国委员会最终报告》（纽约：Public Affairs出版社，2011年）；亚当·图兹，《崩盘：全球金融危机如何重塑世界》（纽约：维京出版社，2018年）。

4. 保罗·塔克（Paul Tucker），“金融系统中的官方部门干预：最后贷款人、做市和资本”，在日本央行2009年金融体系和货币政策实施国际会议上的讲话，东京，2009年5月27日—28日，第3页。

5. 日本央行，“通过培育资产支持证券市场促进企业融资顺畅的新方案提案（摘要）”，2003年4月8日，https://www.boj.or.jp/en/announcements/release_2003/data/moo0304a.pdf。

6. 见戴维·佛提格（David Fetig），“一个段难忘的历史：76年前颁布的联邦商业贷款第13（3）条”，明尼阿波利斯联邦银行，2008年6月1日，https://www.minneapolisfed.org/article/2008/the-history-of-a-powerful-paragraph。

7. 详情见联邦储备系统理事会监察长办公室，“美联储第13（3）条贷款工具支持整体市场流动性：功能、状态和风险管理”，2010年11月 https://oig.federalreserve.gov/reports/FRS_Lending_Facilities_Report _final-11-23-10_web.pdf。

8. 保罗·谢尔德对2008年联邦公开市场委员会会议记录进行了深入的分析，详见“步入理事会：联邦公开市场委员会2008年后雷曼事件的记录”，标准普尔评级服务公司，2014年3月7日。

9. 联邦公开市场委员会会议，2008年9月16日，36，https://www.federalreserve.gov/monetarypolicy/files/FOMC20080916meeting.pdf。

10. 联邦公开市场委员会会议，2008年9月16日，51。

11. 联邦公开市场委员会会议，2008年9月16日，51。

12. 新冠疫情引发的经济衰退比全球金融危机引发的经济衰退更严重，但复苏速度更快：新冠疫情期间，美国实际GDP两个季度下降10.1%，经过四个季度恢复到衰退前水平；全球金融危机期间，美国实际GDP四个季度下降4.0%，经过六个季度恢复到衰退前水平。

13. 房利美（Fannie Mae）和房地美（Freddie Mac）是这些政府支持的企业通常使用的名字。两家企业的正式名称分别是联邦国民抵押贷款协会和联邦住宅贷款抵押公司。

14. 本·伯南克，“当前的经济和金融状况”，在全国商业经济协会第50届年会上的演讲，华盛顿特区，2008年10月7日，https://www.federalreserve.gov/newsevents/speech/bernanke.20081007a.htm。

15. 联邦公开市场委员会会议，2008年10月28日—29日，149，https://www.federalreserve.gov/monetarypolicy/files/FOMC20081029 meeting.pdf。

16. 联邦公开市场委员会会议，2008年10月28日—29日，150–151。

17. 亨利·保尔森，《峭壁边缘：拯救世界金融之路》（纽约：Business Plus出版社，2010年），208和216页。

18.《多德-弗兰克法案》的全称很恰当：“一项促进经济增长的法案。通过提高金融体系的问责制和透明度来维护美国的金融稳定，结束‘大而不能倒’的局面，通过结束救助来保护美国纳税人，保护消费者免受金融服务滥用行为的侵害，以及其他目的。”

19. 20世纪著名经济学家弗兰克·奈特（Frank Knight）对风险和不确定性进行了重要区分，将风险视为可量化的不确定性。参见弗兰克·奈特的著作《风险、不确定性与利润》（纽约：Harper & Row出版社，1965年）。

20. 史蒂芬·兰斯伯格（Steven E. Landsburg），《扶手椅经济学家：经济学和日常生活》（纽约：自由出版社，平装本，1993年），第 9 页。另见史蒂芬·列维特（Steven D. Levitt）和史蒂芬·都伯纳（Stephen J. Dubner），《魔鬼经济学》（纽约：哈珀·柯林斯出版社，2005 年）。

21. 朱尔斯·奥蒂诺 - 洛夫勒（Jules Ottino-Loffler）《日本皇宫值多少钱？》，Amaral Lab（blog），2016 年 8 月 11 日，https://amaral.northwestern.edu/blog/how-much-was-japanese imperial-palace-worth。

22. "花旗集团首席执行官仍看好收购"，金融时报，2007 年 7 月 9 日，https:// www.ft.com/content/80e2987a-2e50-11dc-821c-0000779fd2ac。

23. 傅高义（Ezra F. Vogel），《日本第一：对美国的启示》（马萨诸塞州剑桥：哈佛大学出版社，1979 年）。

24. 保罗·谢尔德，《日本经济：在亚太地区走向何方？》，收录于《日本在东亚和太平洋的未来：纪念彼得·德赖斯代尔教授》，马慧兰（Mari Pangestu）和宋立刚（Ligang Song）主编，（堪培拉：亚太出版社，2007 年），1–30。

第七章　欧元闹剧

1. 马里奥·德拉吉，2012 年 7 月 26 日在伦敦全球投资会议上的讲话，https://www.ecb.europa.eu /press/key/date/2012/html/sp120726.en.html。

2. 欧洲央行为整个欧元区制定货币政策，但欧元区成员国也保留自己的国家中央银行。制定货币政策的欧洲央行管理委员会由欧洲央行执行委员会的六名成员和 20 个欧元区国家中央银行的行长组成。2014年，欧洲央行在一个名为“单一监管机制”(Single Supervisory Mechanism）的框架下承担了监管欧盟银行的责任。欧洲央行与各国央行以及单一监管机制共同构成了所谓的欧元体系。还有一个术语，欧洲中央银行体系，指的是欧洲央行和所有欧盟成员国的国家中央银行。

3.《马斯特里赫特条约》的24个签署国代表都是男性，签署当年，他们所代表的12个国家的元首也都是男性。

4. 关于欧盟的一切都很复杂，几乎你所做的任何一般性陈述都要受到限制。尽管欧盟成员国应该采用欧元，但英国和丹麦并未使用欧元。

5. 威斯特伐利亚体系是指建立在主权国家优先地位和主权国家之间关系基础上的国际关系体系，各国对自己的领土拥有排他性的主权。这个名字来源于《威斯特伐利亚和约》(Peace of Westphalia)，这是1648年签署的两项和平条约的名字，条约结束了三十年的战争（1618—1648年），但许多现代学者对这一起源持异议；见安德里斯·奥西安德（Andreas Osiander)，“主权、国际关系和威斯特伐利亚神话”，《国际组织》第55期，2（2001），251–78。

6. 欧盟的管理条约中没有规定采用欧元的成员国随后放弃欧元并恢复其本国货币如何处理，并且成员国加入欧元的汇率是“不可撤销的（固定的）”(《欧盟运作条约》第140（3）条)。然而，成员国退出欧盟有一个相对简单的程序，如果它采用欧元，可能也意味着放弃欧元。英国是迄今为止唯一一个离开欧盟的成员国，但它没有采用欧元，所以没有必要处理这个棘手的货币和法律问题。

7. 人民币是中国的货币。“元”是中国货币的记账单位，尽管这个词通常也被用来指货币，就像英国的记账单位“镑”被用来指英国货币“英镑”一样。在许多国家，两者没有区别：例如，在美国，美元既指货币，也指记账单位。

第八章 国际货币的力量

1. 约翰·康纳利的这句话非常富有传奇性，被广泛引用，但我一直在努力寻找原始来源。美国国务院关于 11 月 22 日—23 日会谈的官方记录中没有提到这句话，参见《历史学家办公室》，191。《美国对外关系，1969—1976》，第三卷，对外经济政策；国际货币政策 1969-1972，https://history.state.gov/historicaldocuments/frus1969-76v03/d191。

消息来源似乎是保罗·沃尔克对康纳利评论的回忆。沃尔克并没有把康纳利的评论归属于他在 10 国集团会议上的发言，而是说他是在 1971 年 8 月的“较晚阶段”发表这番言论的。参见保罗·沃尔克和行天丰雄（Toyoo Gyohten）的著作《时运变迁：世界货币美元地位与人民币的未来》（纽约：Times Books 出版社，1992 年），第 81 页。

2. 根据 2019 年国际清算银行（BIS）三年一度的中央银行外汇和场外（OTC）衍生品市场调查 https://www .bis.org/statistics/rpfx19.htm（并使用圣路易斯联邦储备银行 FRED 经济数据库的世界 GDP 数据），外汇市场年交易额与世界 GDP 的比率从 2001 年的 13.5 倍增加到 2019 年的 27.4 倍。

3. 参见宣布罗伯特·蒙代尔（Robert Mundell）获诺贝尔经济学奖的新闻稿：https:// www.nobelprize.org/prizes/economic-sciences/

1999/press-release/。

4. WorldAtlas,《世界上有多少种货币？》, 2022 年 10 月 21 日，https://www.worldatlas.com/articles/how-many-currencies-are-in-the-world.html。

5. 这些股份是为 11.18 万亿美元的外汇储备而发行的。参见国际货币基金组织《官方外汇储备货币构成》, https://data.imf.org/？ sk=e6a5f467-c14b-4aa8 -9f6d-5a09ec4e62a4。

6. 这些数字的来源是货币当局各自的网站，可在维基百科条目“外汇储备国家列表”中查阅：https://en.wikipedia.org/wiki/List_of_countries_by_foreign -exchange_reserves。

7. 卡罗尔 · 博图特（Carol Bertaut），巴斯蒂安 · 冯 · 拜斯威茨（Bastian von Beschwitz）和史蒂芬 · 柯库如（Stephen Curcuru），“美元的国际角色”，美联储理事会，2021 年 10 月 6 日，https://www.federalreserve.gov/econres/notes/feds-notes/The -international-role-of-us-Dollar-20211006.html。

8. 美国财政部，财政部金融服务局，财政部公报，2022 年 9 月，https://www.fiscal.treasury.gov/files/reports-statements/ Treasury-Bulletin /b2022-3.pdf。

9. 所谓价格 - 数量空间指的是价格在纵轴上，数量在横轴上的图形，这是经济学家描绘需求和供给曲线的典型方式。

10. 川本哲二（Tetsuji Kawamoto），“受弱势日元影响，日本仍是最大债权国，净资产创历史新高”，路透社，2022 年 5 月 26 日，https://www.reuters.com/markets/currencies/Japan-Remains -Top-creditor-Net-external-Assets-grow-2022-05-27/。

11. 巴里 · 艾肯格林（Barry Eichengreen）:《嚣张的特权：美元的兴衰与国际货币体系的未来》(牛津，英国：牛津大学出版社，2011 年)，第 4 页。

12. 提供储备货币的国家注定会出现经常账户赤字的观点与经济学家罗伯特 · 特里芬（Robert Triffin）有关，有时被称为“特里芬难题”或“特里芬悖论”。

13. 美国联邦储备系统理事会，“互换额度常见问题”，2020 年 3 月 19 日，https://www.federalreserve.gov/newsevents/pressreleases/swap-lines -faqs.htm。

14. C-Span 3，“哪些外国人得到了美联储的 5000 亿美元？”“伯南克：‘我不知道’,” 众议员艾伦 · 格瑞森（Alan Grayson），2009 年 7 月 21 日，YouTube 视频，5 ：11，https://www.youtube.com/watch? v=n0NYBTkE1yQ。

第九章　加密货币的颠覆性力量

1. 蒂莫西 · 梅（Timothy C. May），“加密无政府主义宣言”，中本聪研究所，1988 年，https://nakamotoinstitute.org/crypto-anarchist-manifesto/。

2. 中本聪（Satoshi Nakamoto），“比特币：点对点电子现金系统”，Bitcoin.org，2008 年 10 月 31 日，https://web.archive.org/web/20140320135003/https://bitcoin .org/bitcoin.pdf。

3. Coin Market Cap，https://coinmarketcap.com/。

4. 弗朗西斯 · 艾略特（Francis Elliot）和加里 · 杜坎（Gary Duncan），“财政大臣阿利斯泰尔（Alistair）即将对银行进行第二次救助：由于金融形势紧张可能需要数十亿美元”，《泰晤士报》，2009 年 1 月 3 日。

5. 罗伯特 · 戈登指出，马在 19 世纪中后期的美国城市中无处不在：“城镇和城市在运输、建筑和配送方面完全依赖于马。1870 年，在地理紧凑的波士顿市，25 万市民与 5 万匹马共用一条街道。”参见罗伯特 · 戈登，《美国增长的起落》（普林斯顿，新泽西州：普林斯顿大学出版社，2016 年），第 48 页。

6. 要了解更详细的说明，请参阅埃斯瓦尔 · S. 普拉萨德（Eswar S. Prasad）的优秀著作，《货币的未来：数字革命如何改变货币和金融》（剑桥，马萨诸塞州：Belknap Press of Harvard University Press，2021 年），尤其是第六章。有关加密货币的另一个可得的和全面的研究，请参阅霍纳 · 麦克唐纳（Oonagh McDonald），《加密货币：货币、信托和监管》（泰恩河畔纽卡斯尔，英国：议程出版，2021 年）。

7. 参见杰弗里 E. 加藤（Jeffrey E. Garten），《戴维营三天：1971 年的一次秘密会议如何改变了全球经济》（纽约：哈珀 · 柯林斯出版社，2021 年）。

8. 见米尔顿 · 弗里德曼，《货币稳定计划》（纽约：福特汉姆大学出版社，1960 年）。

9. 尼克 · 卡特（Nic Carter），《比特币到底消耗了多少能源？》，《哈佛商业评论》，2021 年 5 月 5 日，https://hbr.org/2021/05/how-much-energy-does-bitcoin-actually-conseume。

10. 参见欧文 · 费雪（Irving Fisher），《百分百货币》（纽约：Adelphi 公司，1936 年版）和劳伦斯 J. 科特利科夫（Laurence J. Kotlikoff），《吉米 · 斯图尔特已逝：用有限目的银行结束世界上正在发生的金融瘟疫》(新泽西州霍博肯：约翰·威利父子出版公司，2010年版)。

11. 塞缪尔·P. 亨廷顿(Samuel P. Huntington),《文明的冲突》(纽约：西蒙与舒斯特出版社，1996年)。

12. 参见米切尔·祖科夫(Mitchell Zukoff),《庞氏骗局：一个金融传奇的真实故事》(纽约：兰登书屋，2005年)。

13. 参见劳伦斯·古德温(Lawrence Goodwin),《民粹主义时刻：美国土地起义简史》(牛津，英国：牛津大学出版社,1978年)。

14. 见安奈克·寇斯(Anneke Kosse)和诶拉瑞亚·麦蒂(Illaria Mattei),“获得动能——2021年国际清算银行对央行数字货币的调查结果”，国际清算银行论文第125期，2022年5月。

15. 例如，参见国际清算银行，“中央银行数字货币：基本原则和核心特征”，关于中央银行合作的第一号报告(2020年)；英国央行,《新形式的数字货币：讨论文件》(2020年3月)；英国央行,《对英国央行2020年3月CBDC讨论文件的回应》(2021年6月)；克里斯蒂安·巴伦蒂尼(Christian Barontini)和亨利·霍尔顿(Henry Holden),“谨慎行事——对中央银行数字货币的调查”，国际清算银行文件第101期(2019年1月)；日本央行,《日本银行对央行数字货币的做法》(2020年10月)；美国联邦储备系统理事会，“货币与支付：数字化转型时代的美元”(2022年1月)；欧洲中央银行,“数字欧元报告”(2020年10月)；30人小组，“数字货币和稳定币：未来的风险、机遇和挑战”(2020年7月)；汤玛索·曼奇尼-格里菲利(Tommaso mangini-griffoli)，玛丽亚·索莱达·马丁内斯·佩里亚(Maria Soledad Martinez Peria),

Itai Agur 等，“进一步探讨央行数字货币”，国际货币基金组织工作人员讨论稿（2018 年 11 月）；总统金融市场工作组、联邦存款保险公司和货币监理署，“稳定币报告”（2021 年 11 月）；世界银行集团，《央行数字货币：支付视角》（2021 年 11 月）。

16. 参见巴哈马中央银行，“新闻稿：关于巴哈马数字货币推出的公开更新”，2020 年 12 月 31 日，https://www.centralbankbahamas.com/viewpdf/documents/2020-12-31-14-4514-psdpressrelease-Public-Update-20201231-Final.pdf。

17. 参见亚历山大·李（Alexander Lee）的《什么是可编程货币？》，“美联储笔记（华盛顿特区：联邦储备系统理事会）”，2021 年 6 月 23 日，https://doi .org/10.17016/2380-7172.2915。

18. 关于后一种可能性，请参阅肯尼斯·S. 罗格夫（Kenneth S. Rogoff）的《现金的诅咒》（普林斯顿，新泽西州：普林斯顿大学出版社，2016 年）。

19. 参见肖莎那·祖波夫（Shoshana Zuboff），《监视资本主义时代：在权力的新前沿为人类未来而战》（纽约：Public Affairs 出版社，2019 年）。

结语

1. 刘易斯·卡罗尔（Lewis Carroll），《爱丽丝梦游仙境与镜中奇遇记》（伦敦：Weidenfeld and Nicolson 出版社，The Heirloom Library edition，1949 年），第 175 页。

2. 参见约翰·凯（John Kay），《金融本质：资本游戏与下一场危机之源》（纽约：Public Affairs 出版社，2015 年）；阿代尔·特纳（Adair Turner),《债务和魔鬼：货币、信贷和全球金融体系重建》(普林斯顿，新泽西州：普林斯顿大学出版社，2016 年)。

3. 有关如何做到这一点的一些想法，请参阅保罗·谢尔德，“重新思考宏观经济政策框架”，收录于《十年后：熟悉的结束……对金融经济危机的反思》，重塑布雷顿森林委员会编辑（哈萨克斯坦阿斯塔纳：阿斯塔纳国际金融中心，2018)，177–85 页；保罗·谢尔德，“需要一个更强健的宏观经济政策框架”，收录于《2020 年的美国》，诺埃尔·拉蒂夫（Noel V. Lateef）和迈克·奥斯汀（Michael R. Austin）编辑（纽约：外交政策协会，重大决策特别版，2020 年），45–51 页；保罗·谢尔德，《是时候重新思考传统的宏观经济政策框架了》，布雷顿森林委员会（博客），2019 年 4 月 29 日，https://www.brettonwoods.org/article/its-time-to-rethink-the-conventional-macroeconomic-policy-framework。

4. 参见阿娜特·阿德玛蒂（Anat Admati）和马丁·黑尔维格（Martin Hellwig),《银行家的骗局》(普林斯顿，新泽西州：普林斯顿大学出版社，2013 年)。

5. 参见美国财政部，“美国财政部宣布对俄罗斯实施前所未有的广泛制裁，造成立竿见影并且非常严重的经济成本，” 2022 年 2 月 24 日，https://home.treasury.gov/news/press-releases/jy0608；美国财政部，《财政部禁止与俄罗斯中央银行交易并对俄罗斯主要财富来源实施制裁》，2022 年 2 月 28 日，https://home.treasury.gov/news/press-releases/jy0612；白宫简报室，《关于进一步限制措施的联合声明》，2022 年 2 月 26 日，https://www.whitehouse.gov/briefing-room/statements-releases/2022/02/26/Joint-Statement-on-

further-restrictive-economic-measures/；欧盟委员会，“乌克兰：欧盟同意将俄罗斯主要银行排除在 SWIFT 之外”https://ec.europa.eu/commission/presscorner/detail/en/ip_22_1484。

6. 在比较一个国家与另一个国家的经济规模时，经常使用购买力平价（PPP）来比较它们的相对生活成本，而不是仅仅使用名义汇率将（名义）GDP 转换为共同的可比标准（通常是美元）。通常情况下，购买力平价提高了欠发达经济体相对于较发达经济体的经济规模。如果你是美国居民，你把美元花在印度，理论上会在那里买到更多类似的商品和服务；如果一个印度居民拿出他们的卢比，试图在美国购买等量的商品和服务，可能就无法做到。最著名的购买力平价指标是《经济学人》编制的巨无霸指数。经济学家通常以购买力平价来比较各国经济规模。

7. 要了解其中的一些内容，请参见《中华人民共和国和俄罗斯联邦关于新时代国际关系和全球可持续发展的联合声明》，网址：http：// www.en.kremlin.ru/supplement/5770。

8. 参见艾伦·格林斯潘（Alan Greenspan），“技术与贸易”，在达拉斯大使论坛上的讲话，达拉斯，得克萨斯州，1999 年 4 月 16 日，https://www.federalreserve.gov/boarddocs/speech/1999/19990416.htm。

9. 例如，参见马丁·福特（Martin Ford），《机器人时代：技术工作与经济的未来》（纽约：Basic Books 出版社，2015 年）；卡尔·本尼迪克特·弗雷（Carl Benedikt Frey），《技术陷阱：从工业革命到 AI 时代，技术创新下的资本、劳动与权力》（普林斯顿，新泽西州：普林斯顿大学出版社，2019 年）。

索引

A

Afghanistan, 234
aggregate demand, 64, 65–66, 231
AIG, 144, 164
"all other things equal" assumption, 84
Amazon, 120
arbitrage, 81–83, 201
Asian financial crisis, 145
asset price bubbles, 112, 145, 166–171. *See also* bubbles
asset price equilibrium, 104–105
asset prices, QE and, 104–105, 112, 113
asset purchase programs, 96. *See also* quantitative easing (QE)
assets, 19
  bonds as, 49
  buying, 100. *see also* quantitative easing (QE)
  government debt as, 2
  risky, 221–222
  securitization of, 148
  as stores of value, 5
austerity, 182

B

bailouts, 153, 154–155, 164, 166, 219. *See also* lender of last resort
balance of payments crises, 145
balance sheet, 10. *See also* quantitative easing (QE)
  bank, 19
  central bank, 17, 22, 101, 237–243
  Federal Reserve, 79, 97, 112, 207–208, 209
  monetary policy and, 97
bank deposits. *See* deposits
Bank of America, 162
Bank of England, 96, 187
Bank of International Settlements, 225
Bank of Japan Act, 156
Bank of Japan (BOJ), 76, 93, 99, 102
  credit easing and, 153
  QE and, 96, 187–188
bank panics, 151
bank reserves. *See* reserves
bank runs, 11, 227
banking, narrow, 218
banking crises, 144. *See also* Global Financial Crisis of 2007–2009
  in Japan, 145, 169–171
banknotes, 8–9, 16, 18
bank, central. *See* central bank
banks, commercial, 10, 16
  capital adequacy requirements, 21
  creation of money and, 9, 16, 31
  debts of, 9
  funding squeeze on reserves, 152
  minimum reserve requirements, 21–24
  money in, 7
  regulation and, 233
  relation with central bank, 9, 232–233
Barclays Bank, 162
barter economy, 1, 14
base money (MB), 16, 17, 44. *See also* reserves
Bear Stearns, 144, 152, 156, 159, 162, 163, 164
Bernanke, Ben, 95, 160–162, 209
Bezos, Jeff, 115, 120, 135, 136, 141
BIC/SWIFT, 220, 234
billionaires, 139. *See also* inequality, income/wealth
  taxing, 132
Bitcoin, 3, 12, 211. *See also* cryptocurrencies
  basics of, 213–218
  electricity needed for, 217
  future of, 222–223
  growth rate of, 217
  launch of, 212–213
  supply of, 224
blockchain technology, 12, 215–216, 218, 219, 220. *See also* cryptocurrencies

BOJ (Bank of Japan). *See* Bank of Japan (BOJ)
bond markets, government, 61
bonds, government (Treasuries), 5–6, 9–10, 17, 27–28, 29–30, 45, 227. *See also* debt, government
as asset, 49
bought by banks, 43
bought by central bank, 30–31, 105. *see also* quantitative easing (QE)
bought by nonbanks, 43–44
budget deficit and, 60
buying, 102. *see also* quantitative easing (QE)
converted into central bank money, 108. *see also* quantitative easing (QE)
deficit and, 43–44
electronic, 227
foreign ownership of, 66, 201
purpose of, 45–46
reserves and, 45
rolling over/ refinancing, 61–64
terminology and, 232
viewed as debt, 35
yields on, 81–84
borrowing, private sector, 179
Bretton Woods system, 217
bubbles, 76, 87, 90, 145, 160, 166–171
budget, government. *See also* budget deficits; debt, government
balancing, 47
budget deficits, 9, 10, 31, 34, 42, 58. *See also* bonds, government (Treasuries); debt, government
bonds and, 43–44
constraints on, 45–47
creation of money and, 16, 26–30, 34
determining, 42–43
future generations and, 47–50
increase in, 231
misunderstandings of, 60
as policy tool, 38, 55–56. *see also* policy, fiscal
reserves and, 45
role of in economy, 53–54
budget surplus, 42, 61–62, 63
Bundesbank, 178
Business Roundtable, US, 127

C
capital adequacy requirements, 21
capital flight, 26
capital flows, 193, 194–195
Capital in the Twenty-First Century (Piketty), 116
capital markets crisis, 144. *See also* Global Financial Crisis of 2007–2009
capital stock, 34
capitalism, 225
capitalism, stakeholder, 126–127, 128
capitalization, stock market, 31, 32, 102, 119, 120, 128
category error, 47
CBDCs (central bank digital currencies), 226–228
central bank, 2, 5, 10, 13, 18, 20, 174. *See also* European Central Bank (ECB); Federal Reserve; government, consolidated; interest rate; policy, monetary; quantitative easing (QE); reserves
aggregate demand and, 231
balance sheet, 17, 22, 101, 237–243
budget surplus and, 62
commercial banks and, 9, 232–233
communication and, 78–79, 85
creation of money and, 9, 16, 30–31
credibility of, 85–86
cryptocurrencies and, 225–228
debts of, 8–9
digital currency and, 12
as government department, 28
government issuance of bonds and, 45
government's relation with, 44, 70
independence of, 29, 42, 58, 59–60, 70, 84–85, 88, 89, 91, 107, 227, 229, 230. *see also* policy, monetary
inflation and, 70, 92, 157
inflation targeting and, 76–79
interest rates and, 79–88
as lender of last resort. *see* lender of last resort
liquidity provided by, 165
monetary policy and. *see* policy, monetary
operation of, 23–24
payment system and, 224
price stability and, 70–71
transparency and, 78, 85
central bank digital currencies (CBDCs), 226–228
central bank money, 108, 146–147, 224. *See also* reserves
central bank narrative, 102, 103
Central Bank of Italy, 185
CEO
compensation of, 122–123, 124–128
job of, 124–125, 127, 128

CEO/median worker pay ratio, 123, 127
ceteris paribus assumption, 84
checking accounts, 17, 18
China, 193, 195, 200, 226, 234
circulation, 9. *See also* creation of money
climate change, 235
Cohen, Steven, 129
coins, 18
common market, 175. *See also* European Union (EU)
communication, 78–79, 85, 88
Comprehensive Monetary Easing, 96. *See also* quantitative easing (QE)
Connally, John, 191
consumer price index (CPI), 5, 72
consumption
 extravagant, 137–138
 marginal propensities to consume, 51–52
contracts, smart, 218
coordination challenges, 7
Corbyn, Jeremy, 227
corporations, taxes on, 132
cost of living, 5, 73. *See also* inflation
COVID-19 pandemic, 10, 23, 88, 99, 188, 207, 227
 budget deficit and, 231
 credit easing during, 153–154
 Federal Reserve and, 90, 163
 fiscal policy and, 77
 inflation and, 230
 monetary policy and, 76
 QE after, 96
CPI (consumer price index), 5, 72
creation of money, 2, 9, 10, 13, 16, 40–41, 42, 58, 192
 banks and, 9, 16, 31
 budget deficits and, 16, 26–30, 34
 central banks and, 9, 16, 30–31
 constraints on, 42, 45–47. *see also* policy, monetary
 euros, 180
 government debt and, 38, 44
 histories of money, 14–15
 loans and, 16, 19–26, 31
 stock prices and, 32–34
credibility, monetary, 178
credit creation, 100
credit easing, 153–154, 225
credit facilities, 156
crises, financial. *See* financial crises; Global Financial Crisis of 2007–2009; Great Recession of 2007–2009; sovereign debt crises
cryptocurrencies, 3, 12, 209, 211. *See also* currencies, digital
 basics of, 213–218
 blockchain technology and, 12, 215–216, 218, 219, 220
 challenge to central banks, 223–225
 electricity needed for, 217
 evaluating, 220–223
 financial stability and, 224
 FTX, 222
 future of, 222–223
 Global Financial Crisis and, 219
 launch of, 212–213
 as medium of exchange, 222
 monetary policy and, 224
 money supply of, 224
 as rival to sovereign money, 219–223
 as store of value, 221–222, 223
 as unit of account, 222
 worldview and, 218–219
cryptography, 213
currencies, digital. *See* cryptocurrencies; digital currencies
currency, 3–4, 191. *See also* euro
 national sovereignty and, 178
current account balance, 52
current account surplus, 204–205

D

Dalio, Ray, 129
debt, 8
 banknotes as, 8–9
 financial vs. government, 57–58
 government bonds viewed as, 35
 money as, 8–9
debt, government, 9, 10. *See also* bonds, government (Treasuries); budget deficits
 as asset, 2, 38, 48
 beliefs about, 37–38
 constraints on, 58, 59–60
 creation of money and, 38, 44
 debt-to-GDP ratios, 67–68
 defaulting on, 145
 vs. financial debt, 57–58
 foreign ownership of, 38, 39, 66
 future generations and, 47–50, 57, 60, 66–67
 "government as household" fallacy, 40–45, 47
 misunderstandings of, 57
 planning, 54
 purchasing power and, 68
 repayment and, 57–64, 68
 rolling over/refinancing, 61–64, 109
 size of, 37
 stock of, 41–42
 terminology and, 232
debt securities, government. *See* bonds, government (Treasuries)

debt-to-GDP ratios, 67–68
deficit. *See* budget deficits; debt, government
deflation, 69, 71, 108, 227, 230
demand, aggregate, 64, 65–66, 231
deposit insurance, 5, 150–151, 170
deposits, 15, 17, 18
budget deficits and, 26–30
creating, 19, 101
source of, 16
deregulation, financial, 17
Diem, 221
digital currencies, 12, 223–228. *See also* cryptocurrencies
digital money, 7, 213–214. *See also* cryptocurrencies
electronic payment systems, 226
diminishing marginal returns, 140
Dimon, Jamie, 116, 128
disinflation, 72, 227
distributed ledger technology, 219. *See also* blockchain technology; cryptocurrencies
distribution of income/wealth, 117. *See also* inequality, income/wealth
Dodd-Frank Wall Street Reform and Consumer Protection Act, 123, 127, 163–164
dollar swaps, 207, 208
dot-com crash, 144
double coincidence of wants problem, 14
double-spending problem, 213–214
Draghi, Mario, 172, 173, 187

E

ECB (European Central Bank). *See* European Central Bank (ECB)
economic activity
relation with inflation, 84
stimulation of, 98, 99. *see also* quantitative easing (QE)
Economic and Monetary Union, 180. *See also* euro; European Union (EU)
economic slack, 133
economy, monetary, 6, 10, 11, 15
liquidity mismatch with real economy, 145–148, 149–150, 165
relation with real economy, 235
economy, real, 6, 10, 11, 15
illiquidity of, 147
liquidity mismatch with monetary economy, 145–148, 149–150, 165
relation with monetary economy, 235
Edin, Kathryn, 116
effective lower bound, 74
Emergency Liquidity Assistance, 180
employment, full, 56, 57, 65, 77, 107, 136
central bank's purpose and, 157
entitlement programs, 231. *See also* social safety net
equilibrium, general, 71
equilibrium, partial, 71
equity, negative, 171
Ether, 218
Ethereum, 211, 218, 224. *See also* cryptocurrencies
euro, 177–179. *See also* euro area; European Union (EU)
adoption of, 173, 180
dysfunction of, 174
exchange rate risk eliminated by, 179
inflation and, 179
euro area, 11, 174. *See also* European Central Bank (ECB)
Emergency Liquidity Assistance, 180
sovereign debt crisis of, 11–12, 145, 172, 176–177, 179, 181, 187
exchange rate and, 182, 183
fiscal rules of, 67, 178
during Global Financial Crisis, 181
lack of macroeconomic policy flexibility, 181–182
monetary policy and, 175
as monetary vs. fiscal union, 180–181, 189
sustainability of, 189
European Central Bank (ECB), 11, 99, 172, 174, 180, 182
dollar swaps and, 208
inflation target, 179
monetary credibility of, 178
monetary easing by, 184
Outright Monetary Transactions, 187
QE and, 96, 187, 188
European Coal and Steel Community, 175
European Economic Community, 175, 181
European Exchange Rate Mechanism, 129
European Union (EU), 11, 189. *See also* euro; euro area
development of, 175
economic sanctions on Russia, 188, 233–234
as energy union, 189
frugal north vs. profligate south in, 178
Maastricht Treaty, 175, 178, 179, 180, 184, 185
member states, 175
nature of, 175–176
as political vs. economic project, 189
sovereignty of member states in, 176, 180–181, 189
Stability and Growth Pact, 67, 178, 179
UK's exit from, 173, 177

exchange rate, 26, 196, 206
European Exchange Rate Mechanism, 129
foreign exchange intervention, 198–200
exchange rate, fixed, 196–198
exchange rate, floating/flexible, 12, 196, 217
exchange rate movements, 203
exchange rate risk, 179, 206, 208
executive compensation, 122–123, 124–128
exorbitant privilege, 205–206, 235
externalities, negative, 64–65

F

Facebook, 220–221
"fallacy of composition" effect, 26
Fannie Mae, 160
FDIC (Federal Deposit Insurance Corporation), 150, 164
Federal Deposit Insurance Corporation (FDIC), 150, 164
federal funds rate (overnight interest rate), 73–74, 79–80, 82–88, 90, 92–93
Federal Reserve, 8, 12, 16, 70. *See also* central bank; interest rate; lender of last resort
bailouts and, 154–155. *see also* lender of last resort
balance sheet, 79, 97, 112, 207–208, 209
COVID-19 pandemic and, 90, 163
credit easing and, 153–154
cryptocurrencies and, 225–228
dollar swaps and, 207, 208
Global Financial Crisis and, 158–164, 207
during Great Recession, 153
large-scale asset purchases, 96. *see also* quantitative easing (QE)
QE and, 96, 112, 187
QT and, 111, 112
as world's central bank, 206–209
Federal Reserve Act, 155. *See also* lender of last resort; Section 13(3)
Federal Reserve Note, 8. *See also* banknotes
fiat money, 6–7, 15, 46–47. *See also* banknotes
"finance," use of term, 19
financial conditions, 80–81, 98
easing of, 104, 105. *see also* quantitative easing (QE)
financial conditions policy, 231
financial crises, 11. *See also* Global Financial Crisis of 2007–2009; Great Recession of 2007–2009; lender of last resort; sovereign debt crises
bailouts, 154–155, 219
causes of, 145–146, 166. *see also* bubbles
liquidity mismatch and, 145–148, 165
liquidity vs. solvency and, 148–150
risk and, 164–165
types of, 144–146
financial markets, 129–130, 148
financial panics, 26
financial stability
central bank's purpose and, 157
cryptocurrencies and, 224
fiscal dominance, 227
fiscal policy. *See* policy, fiscal
fiscal probity, 108
fiscal tightening, 136
focal number, 67
Ford, Henry, 65
foreign exchange intervention, 192, 198–200
foreign exchange market, 192–196
foreign exchange rates. *See* exchange rate
foreign exchange reserves, 17. *See also* reserve currencies
forward guidance, 225
fractional reserve banking system, 7
Freddie Mac, 160
Friedman, Milton, 69, 85, 92, 217
FTX, 222. *See also* cryptocurrencies
Fuld, Richard, 143
functional finance perspective, 55
"fund," use of term, 19
fundamentals, 167

G

GDP (Gross Domestic Product). *See* economy, real; gross domestic product (GDP)
Geithner, Timothy, 162
Germany, 182, 183, 184
Giscard d'Estaing, Valéry, 205, 235
Global Financial Crisis of 2007–2009, 10, 11, 23, 62, 79, 88, 93, 143–144, 148, 181, 225. *See also* financial crises
bailouts, 154–155, 219
central banks during, 98
credit easing and, 153–154
cryptocurrencies and, 219
Dodd-Frank Wall Street Reform and Consumer Protection Act, 123, 127, 163–164
EU/euro zone and, 179, 181, 184
Federal Reserve and, 159–160, 207
fiscal policy and, 77
"lender of last resort" clause and, 156. *see also* lender of last resort

monetary policy and, 76
QE and, 96, 187–188
reserves before, 30
glossary of terms, 245–249
gold standard, 217
Gordon, Robert, 122
government, 9. *See also* budget deficits; debt, government
debate about role of, 41
fiat money and, 7
functions of, 27
national accounting identity and, 54
relation with central bank, 28, 29, 42, 44, 58, 59–60, 70, 84–85, 88, 89, 91, 107, 227, 229, 230
size of, 46
government, consolidated, 29, 105–112, 174, 188
"government as household" fallacy, 40–45, 47
government expenditure, meaning of, 231
government programs, 131. *See also* social safety net
government spending
inflation and, 108
meaning of, 231
Grayson, Alan, 208
Great Depression, 71, 144, 156
Great Recession of 2007–2009, 10, 153, 179, 181. *See also* financial crises
Greece
GDP in, 182
sovereign debt crisis, 11, 172, 179, 181, 186. *see also* sovereign debt crises
Greenspan, Alan, 73, 235
Griffin, Ken, 115–116, 129
gross domestic product (GDP), 6, 50–51, 235. *See also* economy, real
composition of, 118–119
debt-to-GDP ratios, 67–68
of EU member states, 182–183, 184
nominal GDP, 51
real GDP, 51
growth of money, excessive, 224

H

Hansen, Alvin, 56
Harari, Yuval Noah, 6
hedge fund investor class, 129
hedge funds, 43
histories of money, 14–15
Hoenig, Thomas, 159
homelessness, 116
housing bubbles, 160, 168, 179
Huntington, Samuel, 218

I

income, national, 51
income redistribution, 41, 65, 134–138. *See also* inequality, income/wealth; taxes
index funds, 168
inequality, income/wealth, 2–3, 10–11. *See also* income redistribution
addressing, 116–117, 139
billionaires, 115–116
causes of, 137
executive compensation and, 122–123, 124–128
hedge fund investor class, 129
helping poor and, 134–138
luck and, 117–118, 119
market-oriented economy and, 65, 118–120
political power and, 139–141
QE and, 112–113
releasing resources to address, 136–137
taxing wealthy and, 131–134
winner takes all effect and, 121–122
inflation, 5, 10, 28, 39, 72–75, 90, 179, 227. *See also* store of value
aggregate demand and, 65
benefits of, 70–71
causes of, 69
central banks and, 70, 92, 157
communication and, 85
controlling, 69, 70, 75–76
government spending and, 108
measuring, 72–73
monetary policy and, 68, 230
in post-pandemic recovery, 86, 230
public's expectations of, 85–87, 98
relation with economic activity, 84
transparency and, 85
inflation, 2 percent, 71, 72, 221
inflation, zero, 71
inflation targeting, 76–79, 84, 85, 87, 88–91, 179
innovation, 12, 17, 18
interbank money market, 21
interbank remittance system, 220
interest on reserves, 24, 60, 82, 92, 98, 111
interest rate, 21, 79–88. *See also* central bank
cutting, 99
natural, 88
raising, 98
zero lower bound, 73–74, 99
interest rate, overnight, 62, 73–74, 79–80, 82–88, 90, 92–93
interest rate, shortest-term, 79–88
interest rate, short-term, 98
interest rate targeting, 24
interest rates, negative, 71, 99, 225
international monetary affairs, 191
commodity prices, 201–203
"exorbitant privilege" in, 205–206, 235

international monetary affairs (*continued*)
foreign exchange intervention, 198–200
foreign exchange market, 192–196
Mundell's impossible trinity, 196–198
recycling petrodollars, 204–205
reserve currencies, 200–201
SWIFT, 220, 234
International Monetary Fund, 11, 225
investment, 34, 53–54, 55, 56, 57
investment, international, 192. *See also* international monetary affairs
investment banking, 129, 130–131, 144
invisible hand, 137
I-owe-you (IOU), 14
Iran, 234
Italy, 182, 184

J
James, LeBron, 116
Japan
bubble economy, 76, 87, 90, 145, 167, 168, 169–171
chronic deflation, 230
current account surplus, 204–205
debt-to-GDP ratios, 67
Deposit Insurance Corporation, 170
Jassy, Andy, 123
Jevons, William Stanley, 3
Jones, Paul Tudor, 129
JPMorgan, 128, 156, 162

K
Keynes, John Maynard, 13, 55
Kindleberger, Charles, 143
Kuroda, Haruhiko, 188

L
labor, price of, 123–124
Lacker, Jeffrey, 159
large-scale asset purchases, 96. *See also* quantitative easing (QE)
Latin American debt crisis, 145
Law of Demand, 165–166
Lehman Brothers, 11, 143, 144, 152, 158–163, 164, 207
lender of last resort, 11, 149, 151–164, 166
interpretation of Section 13(3), 156–157
Lehman Brothers and, 158–163
lending, bank, 10, 58, 101–102
Lerner, Abba, 55
liabilities, 19
Libra, 221
liquidity, 10, 106, 145–151, 165. *See also* lender of last resort; reserves
"loanable funds" theory, 19
loans
creation of money and, 16, 19–26, 31
funding of, 25–26
regulations for, 21–22
loans, interbank, 20, 62
luck, 117–118, 119

M
M&A (mergers and acquisitions), 130–131
M0, 17
M1, 16, 17, 58
M2, 16, 17, 31, 44, 213
M3, 17
Maastricht Treaty, 175, 178, 179, 180, 184, 185
macroeconomic policy, 77–78
macroeconomic stabilization, 107
Manias, Panics, and Crashes (Kindleberger), 143
marginal propensities to consume, 51–52
marginal returns, diminishing, 140
market, deep, 148
market capitalization, 31, 32, 102, 119, 120, 128
market economy, 4
inequalities and, 65, 118–120
inflation and, 5
markets, free, 70–71
May, Timothy C., 211
MB (base money), 16, 17, 44
medium of exchange, 4
cryptocurrencies and, 12, 220, 222
money as, 18
reserve currencies and, 200–201
mergers and acquisitions (M&A), 130–131
Modern Monetary Theory (MMT), 29, 108, 109
monetary aggregates, 16, 30
monetary base (reserves), 44, 58. *See also* base money (MB); reserves
monetary credibility, 178
monetary easing, 184
monetary policy. *See* policy, monetary
monetary tightening, 110, 136–137
monetary union, 174. *See also* euro; European Union (EU)
money
classifying, 16–18
creation of. *see* creation of money
as debt, 8–9
defining, 3
functions of, 40
importance of, 1
liquidity of, 148
measuring, 16–18
as medium of exchange, 18
misconceptions about, 2
narrow vs. broad, 17
public's demand for, 92
as social construct, 6
supplying, 27
understanding, 2
money, central bank, 108, 146–147, 224. *See also* reserves
money, commodity-backed, 14
money, digital, 7
money, fiat, 6–7, 15, 46–47. *See also* banknotes

money, inside, 58
money, outside, 58–59
money, programmable, 228
money multiplier model, 31, 91, 92, 100–101
money stock (M2), 16, 17, 31, 44, 213
money supply, 16, 31, 91, 217
Moore's Law, 235
moral hazard, 154, 165–166
MSCI World Index, 168
Mundell, Robert, 196
Mundell's impossible trinity, 196–198
Musk, Elon, 115, 141

N

Nakamoto, Satoshi, 212, 213, 216, 217
Nasdaq stock bubble, 168
national accounting identity, 50–57, 204
negative carry trade, 62
network effects, 7
neutral federal funds rate, 88
Newman, Frank, 37
Nixon, Richard, 217
non-fungible token, 218

O

oil, 201–205
open capital account, 196–198
output, national, 51. *See also* gross domestic product
Outright Monetary Transactions, 187
overnight call market, 21
overnight interest rate (federal funds rate), 62, 73–74, 79–80, 82–88, 90, 92–93

P

pandemic. *See* COVID-19 pandemic
Paulson, Henry, 162, 163
Paycheck Protection Program, 154
payment systems, 80, 220, 221, 224, 226
People's QE, 227
performance stock units, 124
petrodollars, recycling, 204–205
Phelps, Edmund, 85
philanthropic foundations, 138
Phillips, William, 84
Phillips Curve, 77, 84
Piketty, Thomas, 116
policy, economic, 13
policy, fiscal, 31, 55–56, 88
    aggregate-demand management component, 133, 229
    central bank's role as lender of last resort and, 166
    cryptocurrencies and, 228
    euro area/EU and, 176, 178–179, 182, 184
    falling price levels and, 71
    Global Financial Crisis and, 77
    levels of analysis, 39–40
    monetary policy and, 28, 29, 42, 58, 59, 88, 106–107, 109, 113, 131, 229–230
    pandemic and, 77
    terminology and, 231
policy, monetary, 1, 10, 17, 31, 34, 70. *See also* central bank; interest rate
    ability to control, 196–198
    balance sheet and, 97
    credit easing and, 153–154
    cryptocurrencies and, 224, 228
    easing, 100. *see also* quantitative easing (QE)
    ECB and, 184
    effectiveness of, 87–88, 154
    EU and, 175, 178, 182
    excess reserves and, 30
    financial conditions, 98
    fiscal policy and, 28, 29, 42, 58, 59, 88, 106–107, 109, 113, 131, 229–230
    as game theory, 88–91
    Global Financial Crisis and, 76
    inflation and, 68, 76–79, 230
    influence of, 83
    pandemic and, 76
    primacy of, 91
    QE and, 106–107
    reserves as active instrument of, 92
    responsibilities of, 229
    steps in, 75
    terminology and, 231
    textbook portrayal of, 91
    tightening, 133
policy framework, 229–230
policy rate, 82, 98, 99. *See also* interest rate, overnight
political power, 139–141
political union, 174
price, 3, 4. *See also* unit of account
    inflation and, 86
    of international commodities, 201–203
    supply-and-demand model, 123
price levels, falling, 71
price signals, 130
price stability, 70–71, 72, 73, 77, 107
Prince, Chuck, 167–168
printing money, 10. *See also* quantitative easing (QE)
privilege, exorbitant, 205–206, 235
profits, future, 120–121
programmable money, 228
prosperity, 10, 11
purchasing power, 10, 14, 34, 42
    government debt and, 68
    QE and, 106
    redistributing, 65, 119. *see also* taxes
    transferred across time, 4–5

Q

QE (quantitative easing). *See* quantitative easing (QE)

QT (quantitative tightening). *See* quantitative tightening (QT)
Quantitative and Qualitative Easing (QQE), 96. *See also* quantitative easing (QE)
quantitative easing (QE), 10, 21–22, 23, 25, 31, 60, 95, 96, 183, 187, 225
  adoption of, 96
  asset prices and, 104–105, 112, 113
  criticisms of, 96, 107, 112–113
  as debt refinancing operation of consolidated government, 105–112
  described, 97–100
  ECB and, 187, 188
  Federal Reserve and, 96, 112, 187
  foreign exchange intervention and, 199
  Global Financial Crisis and, 187–188
  as monetary easing mechanism, 100–105
  narratives about, 100, 102–104
  People's QE, 227
  plain vanilla, 102, 103, 105–106
  portfolio rebalance effect of, 103–104
  purchasing power and, 106
  purpose of, 98
  vs. QT, 111
  reversal of, 108
quantitative tightening (QT), 108, 109–112

R

ratchet effect, 121–122
rate, risk-free, 63
rational-expectations revolution, 85
real estate bubbles, 168, 169–171
receipts, 14
redistribution of income, 41, 65, 134–138. *See also* inequality, income/wealth; taxes
regulation, 18, 233. *See also* Dodd-Frank Wall Street Reform and Consumer Protection Act
Reinhart, Carmen, 143
repurchase agreements (repos), 23
reserve currencies, 12, 192, 200–201, 203, 205
reserve currencies, dominant, 206, 233–235
reserves, 17, 18, 20–25, 58, 59, 60, 80. *See also* central bank
  bonds and, 45
  budget deficit and, 45
  control of level of, 24
  excess, 93, 101
  before financial crisis, 30
  funding squeeze on, 152
  interest on, 24, 60, 82, 92, 98, 111
  lending of, 101
  liquidity and, 146–147
  purpose of, 151
  QE and, 105
reserves, foreign exchange. *See* foreign exchange reserves
restricted stock units, 124
revealed preference, 125
reverse repurchase, 23
risk, 164–165, 195, 207
risk, exchange rate, 206, 208
risk, foreign exchange, 206
risk-free rate, 63
risky assets, 221–222
Robertson, Julian, 129
Rogoff, Kenneth, 143
Rosengren, Eric, 159
runs on banking system, 11, 227. *See also* financial crises
Russia, 188, 233–234, 235

S

S&P 500, 168
safety net programs, 119, 131, 134–138, 231
Saudi Arabia, 204, 205
savings, 53–54, 55, 56, 57
Schwarzman, Stephen, 137
Section 13(3), 155–164. *See also* Federal Reserve; lender of last resort
secular stagnation, 56, 108, 227, 230
securitization of assets, 148
securitization of mortgages, 168
seigniorage, 7
shadow banking crisis, 144. *See also* Global Financial Crisis of 2007–2009
Shaefer, Luke, 116
shareholders, 125–127
shares, 32. *See also* stock market
Shaw, David, 129
Simons, James, 129
single-currency systems, 12. *See also* euro; euro area; European Union (EU)
Smith, Adam, 130, 137, 141
social safety net, 119, 131, 134–138, 231
solvency, vs. liquidity, 148–150
Soros, George, 129
sovereign debt crises, 11–12, 145, 172, 176–177, 179, 181, 186–187, 225
sovereignty, fiscal, 11
sovereignty, monetary, 11, 189
sovereignty, national, 176, 178, 180–181
Sowell, Thomas, 115
spending, 51–52
spending, government, 10
Stability and Growth Pact, 67, 178, 179
stablecoins, 218, 220–221
stakeholder capitalism, 126–127, 128
standard of living, 122
Stein, Jeremy, 83
stimulation of economic activity, 98, 99. *See also* quantitative easing (QE)

stock market, 32
  wealth from, 120–121
stock market capitalization, 31, 32, 102, 119, 120, 128
stock market crash, 144–145
stock options, 124
stock prices, 32–34, 127
stocks, 6, 18
store of value, 4–6, 12, 18, 200–201, 220, 221–222, 223. *See also* bonds, government (Treasuries); inflation; stocks
subprime crisis, 144. *See also* Global Financial Crisis of 2007–2009
Summers, Lawrence, 56
supply curve, 202–203
supply-and-demand model, 123, 125
surplus, budget, 42, 61–62, 63
SWIFT, 220, 234
Swiss National Bank, 99
Syria, 234

T
Taliban, 234
TARP (Troubled Asset Relief Program). *See* Troubled Asset Relief Program (TARP)
tax revenues, 56
taxes, 7, 8, 10, 27, 51–52, 56
  controlling aggregate demand and, 65–66
  on corporations, 132
  cost to society of, 132
  as destruction of money, 40–41
  governments' use of, 131
  mitigating negative externalities and, 64–65
  net, 28, 42
  purpose of, 46, 64–66
  redistributing purchasing power/income and, 65
  wealthy and, 131–134, 139
technical handout, 237–243
term premium, 83
terminology, 19, 245–249
  need for overhaul, 230–232
Tether, 218
This Time Is Different (Rogoff and Reinhart), 143
threat, credible, 89, 90
threat, noncredible, 89
tokens, 218
Tokyo Stock Exchange, 102
too big to fail, 154–155, 164. *See also* lender of last resort
trade, international, 57, 191, 192, 200–201. *See also* international monetary affairs
trading floor narrative, 102, 103
transaction settlements, 224
transfers, 51
transparency, 78, 85
Treasuries, United States. *See* bonds, government (Treasuries)
Treasury, United States, 8
Treasury bills, 43. *See also* bonds, government (Treasuries)
Treasury bonds, 43. *See also* bonds, government (Treasuries)
Treasury market, 147
Treasury notes, 43. *See also* bonds, government (Treasuries)
Treaty of Paris, 175
Treaty of Rome, 175
Troubled Asset Relief Program (TARP), 160, 162
Twitter, 141
$2.00 a Day (Edin and Shaefer), 116

U
Ukraine, 188, 233, 235
unemployment rate, 77, 84, 159–160
union, fiscal, 174
union, monetary. *See* euro; euro area; European Union (EU)
union, political, 174
unit of account, 3–4, 18
  cryptocurrencies and, 12, 220, 222
  reserve currencies and, 200–201
United Kingdom
  exit from EU, 173, 177
  GDP in, 182
United States
  economy, 15
  "exorbitant privilege" of, 205–206, 235
  GDP in, 182
US Business Roundtable, 127
US Treasuries. *See* bonds, government (Treasuries)

V
Venezuela, 234
Volcker, Paul, 98

W
wage rate, 123–124
wage rigidity, 73
wages, real, 73
Washington Consensus, 70
Washington Post (newspaper), 141
wealth, 120–121. *See also* inequality, income/wealth
wealth, financial, 3
wealth, paper, 132–133
wealthy, taxing, 131–134, 139
welfare state, 134–138, 231
winner takes all effect, 121–122, 201
World Bank, 225

Y
yield curve, 81–83
yield curve control, 225
yields, 83

Z
Zaslav, David, 123
zero lower bound, 73–74, 99